Lars Völker

Automatisierte Wahl von Kommunikationsprotokollen für das heutige und zukünftige Internet

Automatisierte Wahl
von Kommunikationsprotokollen
für das heutige und zukünftige Internet

von
Lars Völker

Dissertation, Karlsruher Institut für Technologie (KIT)
Fakultät für Informatik
Tag der mündlichen Prüfung: 10.02.2012

Impressum

Karlsruher Institut für Technologie (KIT)
KIT Scientific Publishing
Straße am Forum 2
D-76131 Karlsruhe
www.ksp.kit.edu

KIT – Universität des Landes Baden-Württemberg und
nationales Forschungszentrum in der Helmholtz-Gemeinschaft

KIT Scientific Publishing 2012
Print on Demand

ISBN 978-3-86644-916-9

Automatisierte Wahl von Kommunikationsprotokollen für das heutige und zukünftige Internet

zur Erlangung des akademischen Grads eines

Doktors der Ingenieurwissenschaften

der Fakultät für Informatik
des Karlsruher Instituts für Technologie (KIT)

genehmigte

Dissertation

von

Dipl.-Inform. Lars Völker

aus Wetzlar

Tag der mündlichen Prüfung: 10. Februar 2012

Erste Gutachterin: Prof. Dr. Martina Zitterbart
                            Karlsruher Institut für Technologie (KIT)

Zweiter Gutachter: Prof. Dr. Erwin P. Rathgeb
                            Universität Duisburg-Essen

Für
meine Familie

Inhaltsverzeichnis

Abbildungsverzeichnis

Tabellenverzeichnis

1. Einleitung

Das Internet ist zu einem äußerst wichtigen Medium der Kommunikation geworden. Studien wie die ARD/ZDF-Onlinestudie [1] belegen dies: Alleine in Deutschland hat sich der Anteil der regelmäßigen Internetnutzer in der Bevölkerungsgruppe *über 14 Jahre* von 6,5% im Jahr 1997 auf 73,3% im Jahre 2011 entwickelt. Das Internet hat sich somit von einem Kommunikationsmedium weniger zum Kommunikationsmedium der breiten Masse entwickelt. Sehr eindrucksvoll ist zudem die aktuelle Nutzung des Internets durch die Gruppe der 14- bis 19-Jährigen: 100% der Befragten das Internet zumindest gelegentlich. Die durchschnittliche Nutzungsdauer der befragten Personen liegt bei 127 Minuten pro Tag[1].

Die Gründe für die Internetnutzung sind vielfältig und umfassen laut der ARD/ZDF-Onlinestudie vor allem Informationsbeschaffung und Kommunikation. Aber auch Homebanking, Download von Dateien, Internetauktionen, Internetshopping, Onlinespiele, die Bestellung von Büchern und CDs sowie andere Gründe wurden angegeben.

Allerdings haben nicht nur die Nutzung des Internets und der Anteil der Internetnutzer an der Bevölkerung stark zugenommen. Es wird zudem vorhergesagt, dass der Anteil der Informationstechnologie und Telekommunikation (ITK) am Bruttoinlandsprodukt weiter steigen wird. Die Studie „Deutschland Online 5" [2] nennt einen Anteil von 6,8% für 2004 und prognostiziert einen Anteil von 8,3% für 2010 und sogar 11,8% für 2015[2].

---

[1] Für diese „bundesweite Repräsentativstudie" wurde eine Stichprobe von 1800 deutschsprachigen Personen in Deutschland erfolgreich befragt.

[2] Es ist zu bemerken, dass durch das Internet nur ein Teil der ITK-Ausgaben direkt beeinflusst wird.

Am Beispiel des Umsatzes eines großen Internethändlers wird die große wirtschaftliche Bedeutung des Internets erkennbar. Alleine der nordamerikanische Internetauftritt des Versandhändlers Amazon.com konnte 2008 durchschnittlich 16.000 US Dollar pro Minute umsetzen und der Gesamtumsatz betrug weltweit etwa 36.365 US Dollar pro Minute [3].

Die steigende Wichtigkeit und Verbreitung des Internets führen zu geänderten Anforderungen an die darüber abgewickelte Kommunikation. War das anfängliche Internet noch ein Netz weniger Forscher, welche sich untereinander vertrauten, so ist ein solches Vertrauen im heutigen Internet, mit seiner Vielzahl von Nutzern, nicht mehr möglich. Folglich zeigt eine Studie, dass Internetnutzer in Deutschland die Kommunikation im Internet als wenig vertrauenswürdig ansehen. Nur 23% der Befragten empfanden es als sicher, im Internet mit anderen zu kommunizieren und nur 36%, im Internet Waren zu kaufen oder zu verkaufen [4]. In Verbindung mit der wirtschaftlichen Wichtigkeit des Internets führt dies vor allem zu gesteigerten Anforderungen an Sicherheit des Internets. Die wichtigsten Ziele der *Sicherheit* umfassen Authentizität, Integrität und Vertraulichkeit von ausgetauschten Daten. Aber auch andere Aspekte, wie beispielsweise Energiebedarf, Mobilität, Robustheit und Dienstgüte der Kommunikation, werden im Internet immer wichtiger. Dies gilt insbesondere auch im Kontext mobiler Geräte und Multimediakommunikation. Zu den heutigen Anforderungen an das Internet gehört auch, dass die im Internet genutzte Software eine ausreichende *Nutzerfreundlichkeit* aufweisen muss, damit es von der mit Technik wenig vertrauten Bevölkerung gut genutzt werden kann.

Ein weiterer Grund für geänderte Anforderungen an die Internetkommunikation sind neue Anwendungsszenarien, die zu einem stetigen Wandel des Internets zu einem immer vielfältigeren Kommunikationsmedium beitragen. In Zukunft soll das Internet beispielsweise als Grundlage für die Fahrzeugkommunikation, Hausautomatisierung und für die Kommunikation mit intelligenten Stromzählern und Sensornetzen genutzt werden. Solche Anwendungsszenarien zeichnen sich dadurch aus, dass nicht mehr der Mensch im Zentrum der Kommunikation steht, sondern die Kommunikation vor allem zwischen unterschiedlichen elektronischen Systemen geschieht (Machine-to-Machine, M2M). Dies kann zu geänderten, stark anwendungsabhängigen Anforderungen an die Kommunikationsprotokolle führen, welche von den heutigen Kommunikationsprotokollen nicht mehr ausreichend gut erfüllt werden können. Eine mögliche Lösung hierfür sind spezialisierte Kommunikationsprotokolle, die auf das Anwendungsszenario maßgeschneidert werden, um dessen Anforderungen bestmöglich zu erfüllen.

Maßgeschneiderte Kommunikationsprotokolle sind mit einem erhöhten Aufwand verbunden, vor allem, wenn mit einer stark erhöhten Anzahl von Kommunikationsprotokollen gerechnet werden muss. Beim Einsatz maßgeschneiderter Kommunikationsprotokolle können nämlich für jede neue Anwendung ein oder mehrere Kommunikationsprotokolle eingesetzt werden, welche entworfen und implementiert werden müssen. Statt allerdings jedes Kommunikationsprotokoll vollständig neu zu entwickeln, ist es sinnvoll, den Aufwand für das Erstellen der Kommunikationsprotokolle durch den Einsatz geeigneter Methoden zu reduzieren. Ein vielversprechender Ansatz hierfür ist die Protokollkomposition, die Kommunikationsprotokolle aus Bausteinen zusammensetzt. Dieser Ansatz erlaubt eine Wiederverwendung von Protokollbausteinen und somit eine Reduktion des Entwicklungsaufwands.

1.1 Problemstellung

Die vorliegende Arbeit betrachtet die Wahl von Kommunikationsprotokollen und die hierfür notwendigen Grundlagen und Mechanismen. Werden Kommunikationsprotokolle automatisiert und dynamisch gewählt, können hierdurch Nutzer entlasten werden – denn sie müssen die Wahl des Protokolls nicht mehr selbst treffen – und es kann, gerade auch in Kombination mit Netzwerkvirtualisierung, einer *Verknöcherung des Internets* entgegengewirkt werden [5, 6]. Die Verknöcherung des Internets beschreibt den Umstand, dass heutigen Internet Änderungen an der Architektur und/oder den Kommunikationsprotokollen nur sehr begrenzt möglich sind. Die Netzwerkvirtualisierung vereinfacht es, eine größere Vielfalt von Kommunikationsprotokollen einzusetzen und somit mehr Alternativen anzubieten. Die kritische Auswahl der für die jeweilige Problemlösung geeignetsten Alternative ist dann aber umso wichtiger.

Die vorliegende Arbeit betrachtet die automatisierte Wahl von Kommunikationsprotokollen in zwei ausgewählten Szenarien, welche sich auf unterschiedliche Teilaspekte des Gesamtproblems konzentrieren:

1. Automatisierte Wahl von Sicherheitsprotokollen.
2. Automatisierte Protokollwahl im zukünftigen Internet.

Das Szenario *automatisierte Wahl von Sicherheitsprotokollen* befasst sich mit dem Problem, dass die Kommunikation der Internetnutzer oft nicht optimal geschützt wird und untersucht, inwieweit Kommunikation automatisch, also ohne Eingriff des Nutzers, geschützt werden kann.

Anforderungen an die Sicherheit im Internet können in der Mehrzahl durch den Einsatz vorhandener Sicherheitsprotokolle bereits heute erfüllt werden. Diese erbringen beispielsweise Authentizität, Integrität und Vertraulichkeit der Kommunikation. Sie werden allerdings im heutigen Internet nicht konsequent verwendet. Gründe hierfür sind, dass die Nutzung und Konfiguration von Sicherheit mit heutigen Anwendungen die Nutzer oft überfordert [7, 8] und dass Sicherheitsaspekte bei der Kommunikation über das

Internet einfach ignoriert werden [9]: Dies wird vor allem bei der Betrachtung aktueller Standardanwendungen, wie E-Mail-Clients und Webbrowser, sichtbar.

Gerade in den letzten Jahren ist ein gewisser Fortschritt bei den E-Mail-Clients sichtbar. Für die Kommunikation musste bislang ein Nutzer nicht nur die IP-Adresse oder den DNS-Namen des E-Mail-Servers konfigurieren, sondern auch auswählen, ob die Kommunikation zu diesem geschützt werden soll. Hierbei boten E-Mail-Clients nicht nur die Wahl zwischen *geschützter* und *ungeschützter* Kommunikation, sondern erfordern oftmals auch zahlreiche weitere Konfigurationen sicherheitsrelevanter Optionen. Erste E-Mail-Clients versuchen mittlerweile den Nutzer zu unterstützen, indem sie versuchen die Sicherheit automatisch zu konfigurieren.

Der große Vorteil einer automatischen Konfiguration der Sicherheit wird offensichtlich, da während der Nutzung der E-Mail-Clients der Nutzer selbst keinen Unterschied zwischen geschützter und ungeschützter Kommunikation sieht. Fehler in der Konfiguration oder in der Anwendung, die zur ungeschützten Kommunikation führen, sind daher für den Nutzer nicht erkennbar. Es kommt hinzu, dass Nutzer die Einstellung für ein E-Mail-Postfach zumeist nur ein einziges Mal, nämlich nach der Installation, konfigurieren. Wird zu diesem Zeitpunkt keine Sicherheit konfiguriert, so wird auch später nur unsicher kommuniziert.

Aber auch die Kommunikation eines Webbrowsers ist nicht immer geschützt. Betrachtet man Webbrowser, so wird die Nutzung von Sicherheitsprotokollen dort explizit und direkt durch die anzufragende „Adresse" gewählt. Lautet der Anfang einer Adresse *http*, so wird das *Hypertext Transport Protokoll (HTTP)* genutzt, bei einem *https* am Anfang der Adresse hingegen das sichere *HTTP Secure (HTTPS)*. HTTPS bedeutet, dass HTTP in Kombination mit dem Sicherheitsprotokoll Transport Layer Security (TLS) für die Kommunikation eingesetzt wird. Für den Nutzer ist die Wahl, ob HTTPS oder HTTP genutzt werden soll, einfach ersichtlich und sie kann direkt für jede Anfrage beeinflusst werden. Es ist dem Nutzer aber nicht möglich, generelle und somit anfragenunabhängige Sicherheitsanforderungen zu definieren. Der Nutzer muss vielmehr für jede Anfrage diese Anforderungen definieren und die Sicherheit ständig im Auge behalten. Dies ist nicht nutzerfreundlich und führt zu dem hohen Risiko, dass die Anforderungen des Nutzers nicht erfüllt werden. Es kommt noch hinzu, dass Webbrowser automatisch weitere Anfragen zum Beispiel nach eingebetteten Bildern stellen. Bislang können einige Webbrowser nur davor warnen, dass weitere Anfragen ungeschützt ausgeführt werden. Ein automatisierter Schutz dieser Abfragen oder expliziter Eingriff des Nutzers ist hingegen nicht möglich.

In beiden Beispielen wird durch das Verhalten des Nutzers die Verwendung eines Sicherheitsprotokolls beeinflusst. Wenn der Nutzer nicht in der Lage ist, geeignete Sicher-

heitsanforderungen zu erkennen und auszuwählen, wird auch die Anwendung kein geeignetes Sicherheitsprotokoll nutzen: Die Kommunikation bleibt ungeschützt. Sowohl
erste E-Mail-Clients als auch Erweiterungen versuchen, automatisch die Sicherheit der
Kommunikation zu erhöhen. Aber auch für andere Kommunikationsprotokolle ist die
Verbesserung der Kommunikationssicherheit sinnvoll. Die vorliegende Arbeit betrachtet daher einen generischen Ansatz, um den Nutzer zu entlasten und gleichzeitig die
Sicherheit zu erhöhen.

Das zweite Szenario der vorliegenden Arbeit ist die *automatisierte Protokollwahl im zukünftigen Internet*, in welchem die Herausforderungen, welche bei der automatisierten
Wahl maßgeschneiderter Kommunikationsprotokolle auftreten, im Mittelpunkt stehen.

Mit der Möglichkeit, für jede Anwendung einfach maßgeschneiderte Kommunikationsprotokolle einzusetzen, liegt es nahe, neue Erkenntnisse aus der Forschung schneller
umzusetzen und neue innovative Kommunikationsprotokolle für Anwendungen anzubieten. Um den Aufwand ständiger Änderungen an Anwendungen zu reduzieren oder
gänzlich zu vermeiden, muss eine Änderung der genutzten Kommunikationsprotokolle ermöglicht werden, indem beispielsweise die Anwendung aus einer Menge maßgeschneiderter Kommunikationsprotokolle auswählt. Diese können sich beispielsweise in
ihrer Eignung in Bezug auf die genutzten Kommunikationsnetze und deren Eigenschaften unterscheiden. Ein Kommunikationsprotokoll kann auf ein Netz mit hoher Übertragungsgeschwindigkeit optimiert sein, während ein anderes auf ein Netz mit besonders
hoher Fehlerrate zugeschnitten ist. Aber auch der umgekehrte Fall ist denkbar, nämlich
dass ein Kommunikationsprotokoll für mehr als eine Anwendung verwendet wird. Dies
kann dann der Fall sein, wenn Anwendungen sich in ihren Anforderungen nicht wesentlich unterscheiden, aber auch, wenn neue Anwendungen hinzukommen, für welche
noch keine eigenen maßgeschneiderten Protokolle existieren. Ist bereits eine entsprechend große Anzahl unterschiedlicher Protokolle vorhanden, ist es möglich, dass ein
ausreichend gut geeignetes Protokoll bereits vorhanden ist. In einem solchen Fall kann
die Anwendung zuerst mit dem vorhandenen Protokoll betrieben und erst später ein
besseres maßgeschneidertes Protokoll entworfen und implementiert werden. Über die
Lebensdauer einer Anwendung ist es daher möglich, dass verschiedene Protokolle zur
Kommunikation verwendet werden.

Liegen verschiedene maßgeschneiderte Protokolle zur Verwendung vor, ist es notwendig, das am besten geeignete Protokoll zu wählen. Geschieht diese Wahl allerdings beim
Entwurf der Anwendung, führt dies dazu, dass die Anwendung immer angepasst werden muss, falls ein besseres Protokoll hinzukommt oder das zuvor gewählte Protokoll
nicht weiter verwendet werden kann. Zudem kann die Anwendung beispielsweise nicht
adaptiv auf den derzeitigen Sicherheitsbedarf des Systems oder die verfügbaren Net-

ze reagieren. Die Wahl des geeigneten Protokolls sollte daher zur Laufzeit und unter Berücksichtigung der aktuellen Gegebenheiten geschehen.

In beiden Szenarien, nämlich der automatisierten Wahl von Sicherheitsprotokollen und der automatisierten Protokollwahl im zukünftigen Internet, wird die automatisierte Wahl von Kommunikationsprotokollen als grundlegender Bestandteil verwendet. Die vorliegende Arbeit betrachtet im Folgenden die automatisierte Wahl von Kommunikationsprotokollen in beiden Szenarien: Die Sicherheit der Nutzer wird automatisch erhöht, ohne dabei die Einschränkungen und Nachteile der Sicherheitsprotokolle unberücksichtigt zu lassen, während für das zukünftige Internet eine Grundlage zur einfachen Einführung von maßgeschneiderten Protokollen gelegt wird.

1.2 Aufbau der Arbeit

Im Anschluss an diese Einleitung werden in Kapitel 2 die für die vorliegende Arbeit relevanten Grundlagen betrachtet.

Die beiden in dieser Arbeit betrachteten Szenarien, die automatisierte Wahl von Sicherheitsprotokollen und die automatisierte Protokollwahl im zukünftigen Internet, haben gemein, dass sie aus einer Menge von möglichen Protokollkombinationen wählen müssen. Im ersten Szenario muss gewählt werden, welches Sicherheitsprotokoll zur Kommunikation hinzugefügt werden soll, und im zweiten Szenario steht die Wahl maßgeschneiderter Protokolle im zukünftigen Internet im Fokus.

Um eine automatisierte Auswahl zu ermöglichen, ist es zunächst erforderlich, Kommunikationsprotokolle anhand von geeigneten Kriterien zu beschreiben. In Kapitel 3 werden entsprechende Kommunikationseigenschaften definiert. Diese werden in Kapitel 4 durch eine Entscheidungsfindung ergänzt, welche die letztendliche Auswahl von Kommunikationsprotokollen erlaubt.

Abbildung 1.1: Kernthemen der vorliegenden Arbeit

Aufbauend auf der Entscheidungsfindung wird das erste Szenario, die automatisierte Wahl von Sicherheitsprotokollen, in Kapitel 5 und das zweite Szenario, die Wahl von komponierten Protokollen im zukünftigen Internet, in Kapitel 6 betrachtet. Abbildung 1.1 setzt die zentralen Kapitel dieser Arbeit und somit die wesentlichen Teile einer Gesamtlösung in Relation.

Kapitel 7 schließt die Arbeit mit einer Zusammenfassung der vorgestellten Konzepte und Ergebnisse sowie einem Ausblick auf zukünftige Arbeiten ab.

2. Grundlagen

Dieses Kapitel beschreibt die für das Verständnis dieser Arbeit wesentlichen Grundlagen und Fachbegriffen.

2.1 Kommunikationsprotokolle

Sollen Computersysteme miteinander kommunizieren, so werden hierfür *Kommunikationsnetze* eingesetzt, welche aus verschiedenen beteiligten Systemen und Übertragungswegen bestehen. Im Folgenden werden einige wesentliche Begriffe definiert, welche sich am ISO/OSI-Basisreferenzmodell (Basic Reference Model) und der Schichtenarchitektur (layered architecture) orientieren [10].

Definition 2.1 *„Ein **Kommunikationsnetz**, kurz **Netz** ist die Gesamtheit von Vermittlungseinrichtungen, Endstellen und Übertragungswegen." [11].*

Die mögliche Größe der Netze reicht von sehr kleinen, auf das Umfeld eines menschlichen Körpers beschränkte, *Personal Area Networks*, über das weltumspannende Internet, bis hin zu *interplanetaren Netzen*. Alle diese Netze haben gemein, dass für die Kommunikation, genau wie bei der Kommunikation zwischen Menschen, Vereinbarungen notwendig ist, damit die Kommunikationsteilnehmer einander verstehen. Bei der Kommunikation zwischen Computersystemen werden diese durch Kommunikationsprotokolle umgesetzt.

Definition 2.2 *Kommunikationsprotokoll, kurz* **Protokoll***: „(N)-protocol: A set of rules and formats (semantic and syntactic) which determines the communication behavior of (N)-entities in the performance of (N)-functions." [10].*

Abbildung 2.1 zeigt eine einfache schematische Darstellung eines Kommunikationsprotokolls. Das Protokoll wird zwischen zwei benachbarten *Protokollinstanzen* verwendet. Diese befinden sich auf an der Kommunikation teilnehmenden Systemen und können in Hardware oder Software implementiert sein. Das Protokoll trägt dazu bei, dass Protokollinstanzen *Dienste* an ihren *Dienstzugangspunkten* anbieten können.

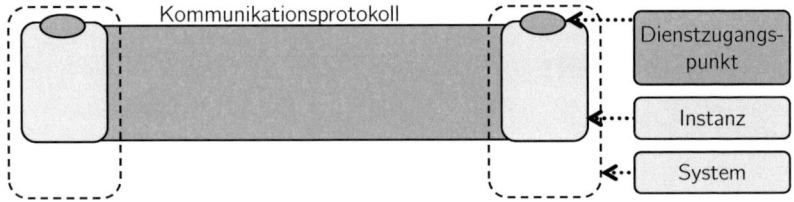

Abbildung 2.1: Schematische Darstellung eines Protokolls

Definition 2.3 *(N)-Subsystem: „(N)-subsystem: An element in a hierarchical division of an open system which interacts directly only with elements in the next higher division or the next lower division of that open system." [10].*

Definition 2.4 *(N)-Schicht: „(N)-layer: A subdivision of the OSI architecture, constituted by subsystems of the same rank (N)" [10].*

Ein Kommunikationssystem wird somit in hierarchische Subsysteme unterteilt, um eine bessere Organisation zu erreichen. Subsysteme des gleichen Rangs werden zu Schichten zusammengefasst. Nach [10] existieren die folgenden Schichten:

- Application Layer – Anwendungsschicht
- Presentation Layer – Darstellungsschicht
- Session Layer – Kommunikationssteuerungsschicht
- Transport Layer – Transportschicht
- Network Layer – Vermittlungsschicht
- Data Link Layer – Sicherungsschicht
- Physical Layer – Bitübertragungsschicht

Für eine genauere Erklärung der Funktionen der jeweiligen Schichten sei auf [10] verwiesen.

Definition 2.5 *(N)-Dienst, kurz Dienst:* „*(N)-service: A capability of the (N)-layer and the layers beneath it, which is provided to (N+1)-entities at the boundary between the (N)-layer and the (N+1)-layer.*" *[10].*

Definition 2.6 *(N)-Dienstzugangspunkt, kurz (N)-SAP:* „*(N)-service-access-point, (N)-SAP: The point at which (N)-services are provided by an (N)-entity to an (N+1)-entity.*" *[10].*

Ein Dienst selbst kann durch eine oder mehrere Instanzen genutzt werden. Dies ermöglicht es, mehrere Instanzen, und somit Protokolle, zu stapeln (Protokollstapel), um die Komplexität der einzelnen Instanzen und Protokolle zu begrenzen und gleichzeitig einen komplexeren Dienst bereitzustellen. Dieser kann dann von einer Anwendung für die Kommunikation mit einer anderen Anwendung verwendet werden.

Durch die Nutzung verschiedener Protokolle[1] können unterschiedliche Dienste bereitgestellt werden. Es ist zudem möglich, einen Dienst durch Hinzufügen eines weiteren Protokolls zu verändern. Beispielsweise kann ein Dienst für Datenübertragung durch das Hinzufügen eines Sicherheitsprotokolls zum Protokollstapel zu einem Dienst für sichere Datenübertragung werden. Relevant wird dies für das Szenario *automatisierte Wahl von Sicherheitsprotokollen* der vorliegenden Arbeit, in dem das Hinzufügen von Sicherheitsprotokollen[2] zur Kommunikation betrachtet wird.

Das zweite Szenario dieser Arbeit ist *automatisierte Protokollwahl im zukünftigen Internet.* Hier steht die Wahl von maßgeschneiderten Protokollen im zukünftigen Internet im Fokus. Die vorliegende Arbeit geht von einer so großen Menge maßgeschneiderter Protokolle aus, die parallel ausgeführt und verwendet werden können, dass es sinnvoll ist diese effizient zu erstellen. Hierfür soll die Protokollkomposition genutzt werden, die es ermöglicht, Protokolle aus wiederverwendbaren Bausteinen, den sogenannten *funktionalen Blöcken,* zusammenzusetzen.

Definition 2.7 *Funktionaler Block (FB): Ein Protokollbestandteil, der eine oder mehrere bestimmte Funktionen ganz oder teilweise erbringt. Ein Funktionaler Block kann zum Beispiel eine Funktion zum Dekrementieren einer Zahl oder auch ein komplettes Protokoll beinhalten.*

---

[1] Wenn im Kontext dieser Arbeit Protokolle zum Beispiel zusammengesetzt, gestapelt, geändert, gewählt oder genutzt werden, so betrifft dies genauso die zugehörigen Instanzen, auch wenn im Folgenden auf ihre Nennung verzichtet wird.

[2] Als Sicherheitsprotokolle werden in der vorliegenden Arbeit solche Protokolle bezeichnet, die als Zweck das Erreichen von Schutzzielen (siehe Abschnitt 2.2) besitzen. Sie werden daher in Kombination mit anderen Kommunikationsprotokollen eingesetzt. Typische Sicherheitsprotokolle im heutigen Internet sind IPsec und TLS, die in Abschnitt 2.5 betrachtet werden.

Abbildung 2.2 stellt Möglichkeiten zur Kombination von Protokollen vor. Zuerst werden zwei gestapelte Protokolle dargestellt (links in der Abbildung). In der Mitte der Abbildung werden drei Möglichkeiten aufgezeigt, wie weitere Protokolle an verschiedenen Stellen in diesen Stapel eingefügt werden können. Hierbei kann es sich um eingefügte Sicherheitsprotokolle handeln. Rechts in der Abbildung werden dann komponierte Protokolle dargestellt, wie sie bei maßgeschneiderten Protokollen vorkommen können. Aus verschiedenen funktionalen Blöcken werden unterschiedliche Protokolle zusammengesetzt.

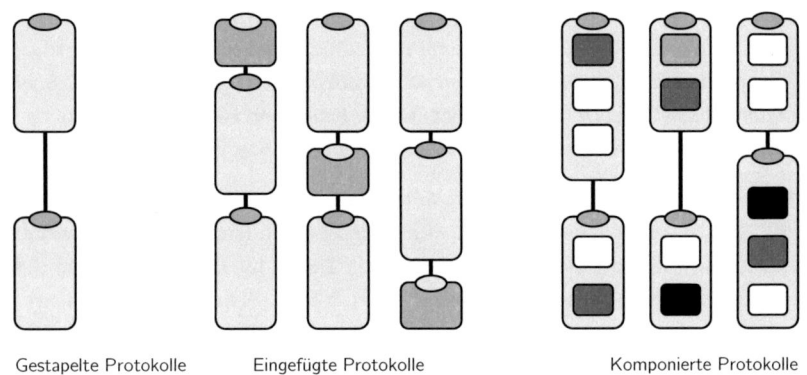

Gestapelte Protokolle   Eingefügte Protokolle   Komponierte Protokolle

Abbildung 2.2: Protokollkombinationen

Für die Auswahl geeigneter Protokolle, seien sie maßgeschneidert oder nicht, ist es notwendig, die Protokolle zu unterscheiden. Die hierfür notwendigen Unterscheidungskriterien können sich nicht alleine auf die isolierten Eigenschaften des Protokolls stützen. Sie müssen vielmehr auch die Eignung des Protokolls berücksichtigen, einen unter Berücksichtigung der Anwendungsanforderungen geeigneten Kommunikationskanal über vorhandene Kommunikationsnetze bereitstellen zu können. Hierfür ist es wesentlich, auch die Eigenschaften der Kommunikationsnetze zu kennen.

Definition 2.8 *Kommunikationskanal, kurz Kanal Eine uni- oder bidirektionale Verbindung oder Assoziation zweier oder mehrerer Kommunikationspartner. In der vorliegenden Arbeit wird dabei nur ein Ende-zu-Ende-Kanal betrachtet, da die bei der Wahl der Kommunikationsprotokolle die Endsysteme im Vordergrund stehen. Dies bedeutet, dass der Kanal durch zumindest die Schichten 1–3 des ISO/OSI-Basisreferenzmodells bereitgestellt wird.*

Definition 2.9 *Kommunikationseigenschaften Eigenschaften eines durch ein Kommunikationsnetz, einen Kommunikationskanal oder ein Kommunikationsprotokoll an einem Dienstzugangspunkt bereitgestellten Dienstes.*

2.2 Schutzziele und Angreifer

Sicherheitsprotokolle nutzen kryptografische Verfahren, um Schutzziele auch in Anwesenheit von Angreifern zu erreichen. Daher werden zuerst die für die Arbeit relevanten Schutzziele und Angreifermodelle vorgestellt, bevor die kryptografischen Verfahren betrachtet werden.

Definition 2.10 *„Unter der **Authentizität** eines Objekts bzw. Subjekts (engl. authenticity) verstehen wir die Echtheit und Glaubwürdigkeit des Objekts bzw. Subjekts, die anhand einer eindeutigen Identität und charakteristischen Eigenschaft überprüfbar ist"* *[12].*

Die Überprüfung der Authentizität geschieht durch Authentifzierungsmaßnahmen.

Definition 2.11 *„Wir sagen, dass das System die **Datenintegrität** (engl. integrity) gewährleistet, wenn es Subjekten nicht möglich ist, die zu schützenden Daten unautorisiert und unbemerkt zu manipulieren"* *[12].*

Typische Manipulationen der Daten umfassen Änderungen, Einfügungen, Duplizierungen, Löschungen und Unterdrückungen.

Definition 2.12 *„Wir sagen, dass das System die **Informationsvertraulichkeit** (engl. confidentiality) gewährleistet, wenn es keine unautorisierte Informationsgewinnung ermöglicht"* *[12].*

Im Folgenden wird anstatt Informationsvertraulichkeit der Begriff Vertraulichkeit verwendet.

Zudem existieren weitere Schutzziele, welche allerdings in dieser Arbeit nicht explizit betrachtet werden, da sie unter anderem nicht von Kommunikationsprotokollen alleine, sondern ganz oder teilweise von Anwendungen umgesetzt werden. Hierzu zählen unter anderem: Verbindlichkeit (non repudiation), Zurechenbarkeit (accountability), Verfügbarkeit (availability) und kontrollierter Zugang (controlled access) [12, 13].

In der Netzsicherheit werden in der Regel zwei verschiedene Angreifermodelle verwendet: Der *aktive Angreifer* nach dem Dolev-Yao-Angreifermodell [14] kann unter anderem Nachrichten mithören, unterdrücken, modifizieren, wiedereinspielen und einfügen, während der *passive Angreifer* nur Nachrichten mithören kann.

Im Anschluss zu diesem Abschnitt werden ausgewählte Verfahren heutiger Sicherheitsprotokolle vorgestellt, welche es ermöglichen, die hier genannten Schutzziele auch unter Anwesenheit von Angreifern zu erreichen.

2.3   Verfahren für Sicherheitsprotokolle

Im Folgenden werden relevante Verfahren vorgestellt, die genutzt werden können, um die zuvor definierten Schutzziele zu erreichen. Die Darstellung beschränkt sich hierbei auf die üblicherweise in Sicherheitsprotokollen eingesetzten Verfahren.

2.3.1   Verschlüsselung

Das Ziel der *Verschlüsselung* ist es, die Vertraulichkeit von Daten zu erreichen. Bei unverschlüsselten Daten spricht man von *Klartext*. Dieser wird durch Verschlüsselung in *Chiffretext* überführt. Nur die berechtigten Parteien sollen dann in der Lage sein, den Chiffretext wieder in Klartext zu überführen, also an die Nachricht oder Daten zu gelangen. Die Transformation von Chiffretext zu Klartext wird als *Entschlüsselung* bezeichnet.

Es ist sinnvoll, bekannte und geprüfte Verfahren für Verschlüsselung und Entschlüsselung zu nutzen, bei denen die Sicherheit nicht auf der Geheimhaltung des Verschlüsselungsverfahrens selbst, sondern auf der Geheimhaltung von Schlüsseln basiert (Kerckhoffs'-Prinzip) [15]. Die *Schlüssel* parametrisieren Verschlüsselungs- und Entschlüsselungsverfahren. Abbildung 2.3 zeigt diesen Zusammenhang.

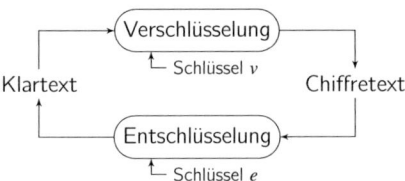

Abbildung 2.3: Verschlüsselung und Entschlüsselung

Sind die Schlüssel für Verschlüsselung (in der Abbildung *v*) und Entschlüsselung (in der Abbildung *e*) identisch, so spricht man von einem *symmetrischen Verschlüsselungsverfahren*. Sind die beiden Schlüssel jedoch unterschiedlich, so handelt es sich um ein *asymmetrisches Verschlüsselungsverfahren*. Bei einem asymmetrischen Verschlüsselungsverfahren darf der Schlüssel *v* aus dem Schlüssel *e* leicht ableitbar sein, die Umkehrung muss jedoch möglichst schwierig sein.

Der Vorteil asymmetrischer Verschlüsselungsverfahren liegt darin, den eigenen Schlüssel *v* für die Verschlüsselung der Öffentlichkeit bekannt geben zu können, da damit nur verschlüsselt, aber nicht entschlüsselt werden kann. Man spricht hierbei von einem *öffentlichen Schlüssel (public key)*. Das Pendant dazu ist der *private Schlüssel (private key)*, welcher die Entschlüsselung der Daten erlaubt (Schlüssel *e* in der Abbildung). Asymmetrische Verschlüsselungsverfahren sind jedoch vergleichsweise aufwendig in

Bezug auf Rechenzeit und bieten auf gleicher Hardware eine geringere Geschwindigkeit.

Ein Vorteil symmetrischer Verschlüsselungsverfahren ist die in der Regel größere Geschwindigkeit. Das heißt, dass sich die Nutzung symmetrischer Verschlüsselungsverfahren gerade für große Mengen von Daten anbietet. Dafür müssen jedoch beide Kommunikationspartner den gleichen geheimen Schlüssel kennen.

Üblicherweise werden im Kontext sicherer Netzwerkkommunikation die Vorteile der asymmetrischen und symmetrischen Verschlüsselungsverfahren kombiniert. Es wird mithilfe eines asymmetrischen Verfahrens nur ein Schlüssel übermittelt, nämlich der Schlüssel für ein symmetrisches Verfahren. Man spricht dann von einem *hybriden Verschlüsselungsverfahren*.

Bekannte Verfahren der symmetrischen Verschlüsselung sind zum Beispiel der *Data Encryption Standard (DES)* [16] und der *Advanced Encryption Standard (AES)* [17, 18]. Ein Vertreter der asymmetrischen Verschlüsselung ist das Verfahren nach *Rivest, Shamir and Adleman (RSA)* [19, 20]. Dem RSA-Verfahren liegt das Problem der Faktorisierung von Ganzzahlen – Integer Factorization Problem (IFP) – zugrunde. Zudem existieren noch weitere Verfahren zum Beispiel auf Basis elliptischer Kurven.

2.3.2 Signaturen

Außer der asymmetrischen Verschlüsselung kennt die Kryptografie noch weitere wichtige Verfahren, die auf asymmetrischen Schlüsseln basieren. Im Kontext der sicheren Netzwerkkommunikation sind insbesondere die asymmetrischen Signaturverfahren wichtig. Sie erlauben es, Daten nachweisbar mit einem öffentlichen Schlüssel zu verknüpfen. Die Daten werden hierbei mit einer *Signatur* versehen, welche durch einen privaten Schlüssel erstellt und durch den zugehörigen öffentlichen Schlüssel verifiziert werden kann.

Mithilfe eines Signaturverfahrens können zum Beispiel Authentizität, Datenauthentizität, Datenintegrität und Nichtabstreitbarkeit erreicht werden. Bekannte Signaturverfahren sind neben dem RSA-Verfahren der *Digital Signature Algorithm (DSA)* [21] und eine Variante von DSA, die auf elliptischen Kurven basiert: *Elliptic Curve Digital Signature Algorithm (ECDSA)* [21]. Im Gegensatz zu RSA liegen DSA das *Discrete Logarithm Problem (DLP)* und ECDSA das *Elliptic Curve Discrete Logarithm Problem (ECDLP)* zugrunde [22].

Mithilfe von Signaturen können Zertifikate erstellt werden. *Zertifikate* enthalten im Allgemeinen zumindest einen Namen, einen öffentlichen Schlüssel und eine Signatur einer vertrauenswürdigen Partei (Aussteller). In vielen Fällen kommt noch eine Gültigkeitsdauer des Zertifikats hinzu. Wird der Signatur von den Kommunikationspartnern vertraut, so kann sich eine Partei mittels Zertifikat ausweisen, da das Zertifikat einen Namen sicher mit einem öffentlichen Schlüssel verknüpft [13]. Zertifikate bilden daher ein verbreitetes Mittel zur Authentifizierung und sicheren Identifizierung von Kommunikationsparteien. Der Zertifikatsausteller (engl. certificate authority, CA) und alle von ihm ausgestellten Zertifikate sind Teil einer *Public Key Infrastructure* (PKI).

2.3.3 Hashfunktion

Eine *Hashfunktion* bildet eine beliebig große Eingabe auf einen sogenannten *Hashwert* fester Länge ab. Für eine Hashfunktion im Kontext der sicheren Netzwerkkommunikation ist es zudem wesentlich, dass sie folgende Anforderungen erfüllt [23]:

- Ein Hashwert darf nicht gezielt auf eine Eingabe zurückzuführen sein (preimage resistant).
- Für eine Eingabe und den dazugehörigen Hashwert darf nicht einfacher als durch das Ausprobieren aller möglichen Eingaben (brute force) eine weitere Eingabe zu finden sein, die auf den gleichen Hashwert abgebildet wird (second preimage resistant).
- Zwei Eingaben mit gleichem Hashwert sollen nicht einfacher als durch *brute force* zu finden sein (collision resistant).

Bekannte Beispiele für Hashfunktionen sind der *Message-Digest Algorithm 5 (MD5)* [24] und der *Secure Hash Algorithm 1 (SHA-1)* [25]. Sowohl für MD5 und SHA-1 sind mittlerweile Schwächen bekannt, welche den Aufwand von Angriffen reduzieren. Es wir daher mittlerweile empfohlen, die Nachfolger von SHA-1 zu verwenden: SHA-256, SHA-384 und SHA-512 [26, 25].

Ein Einsatzgebiet für Hashfunktionen sind die Message Authentication Codes.

2.3.4 Message Authentication Codes

Eine Klasse von Verfahren, die auf Basis von symmetrischen Schlüsseln die Datenintegrität und Authentizität erreichen können, sind die *Message Authentication Code (MAC)*-Verfahren. Genau wie die Signaturen fügen sie den Daten oder Nachrichten Authentifizierungsdaten hinzu, welche es erlauben, die Datenintegrität und Authentizität zu prüfen. Diese Daten werden in der Regel als *Message Authentication Code (MAC)* oder als *Integrity Check Value (ICV)* bezeichnet. Im Gegensatz zu Signaturen sind MACs einfacher und schneller zu berechnen. Signaturen können jedoch durch dritte Parteien überprüft und so für das Erreichen von *Nichtabstreitbarkeit* genutzt werden. Dies ist mit MACs so nicht möglich, da eine dritte Partei die beiden beteiligten Parteien nicht zweifelsfrei unterscheiden kann: Beide Parteien besitzen die gleiche Kenntnis über den gemeinsamen Schlüssel. Somit kann sich jede Partei immer als die jeweils andere Partei ausgeben.

2.3.4.1   Keyed Hash Message Authentication Code

Ein in der sicheren Netzwerkkommunikation häufig verwendetes MAC-Verfahren ist
der *keyed Hash Message Authentication Code (HMAC)* [27, 28], welcher in Kombination mit einer Hashfunktion eingesetzt wird, um die Datenintegrität zu erreichen.

Abbildung 2.4 stellt das HMAC-Verfahren dar. Aus dem Schlüssel werden mithilfe der
XOR-Operation ($\oplus$) und zwei Konstanten *ipad* und *opod* zwei Zwischenwerte erzeugt.
Der Nachricht wird der erste Zwischenwert vorangestellt und auf die Kombination eine
Hashfunktion angewendet. Dem hieraus resultierenden Hashwert wird dann der zweite
Zwischenwert vorangestellt und auf die Kombination wieder die Hashfunktion angewendet. Das Ergebnis kann im Anschluss als ICV übertragen werden. Da dessen Länge
jedoch je nach verwendeter Hashfunktion unerwünscht groß sein kann, ist es üblich, ihn
auf eine vorher ausgehandelte Länge von beispielsweise 96 Bit zu kürzen. Dies ist zum
Beispiel der Fall, wenn HMAC in Kombination mit MD5 (z. B. als HMAC-MD5-96
[29]) oder SHA-1 (z. B. als HMAC-SHA-1-96 [30]) in gebräuchlichen Sicherheitsprotokollen, wie IPsec, eingesetzt wird.

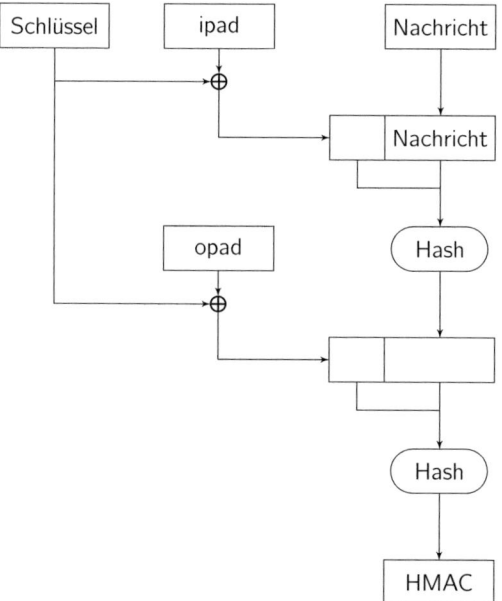

Abbildung 2.4: Ablauf des HMAC-Verfahrens

2.3.5 Bereitstellung kryptografischer Schlüssel

Für die Bereitstellung von Sitzungsschlüsseln für kryptografische Verfahren existieren verschiedene Ansätze. Man spricht unter anderem von Schlüsselzuweisung, Schlüsselaushandlung oder Schlüsselaustausch. Die für diese Arbeit relevanten Verfahren können wie folgt kategorisiert werden: Verfahren, bei denen Schlüssel von einem Kommunikationspartner erzeugt werden (Schlüsselzuweisung) und Verfahren, bei denen Schlüssel kooperativ von den Kommunikationspartnern erzeugt werden (Schlüsselaushandlung). Bei der *Schlüsselzuweisung* werden die erzeugten Schlüssel kryptografisch geschützt an den oder die Kommunikationspartner übertragen. Hierbei handelt sich in der Regel um eine Form der hybriden Verschlüsselung. Bei der *Schlüsselaushandlung* wird in der Regel das Diffie-Hellman-Verfahren verwendet, welches im Anschluss erläutert wird.

Zur Vereinfachung bietet es sich an, den Begriff *Schlüsselaustausch* als Oberbegriff der Schlüsselzuweisung und Schlüsselaushandlung zu definieren. Wird daher von *Verfahren zum Schlüsselaustausch* gesprochen, umfassen diese immer die Verfahren zur Schlüsselaushandlung und die Verfahren zur Schlüsselzuweisung.

2.3.5.1 Diffie-Hellman

Das *Diffie-Hellman-Verfahren (DH)* [31] bildet die Basis für den Schlüsselaustausch vieler aktueller Sicherheitsprotokolle, wie TLS und IPsec.

Vor einem Schlüsselaustausch müssen sich die Protokollteilnehmer auf einen Generator g und eine Primzahl p einigen, welche nicht geheim gehalten werden müssen. Viele Sicherheitsprotokolle geben daher bereits eine Menge erlaubter Kombinationen von g und p vor.

Wollen zwei Kommunikationspartner Alice und Bob miteinander kommunizieren, so wählt zuerst Alice eine Zufallszahl $a \in \mathbb{Z}_p^*$ und überträgt $g^a \pmod{p}$ an Bob[3]. Auch Bob generiert eine Zufallszahl $b \in \mathbb{Z}_p^*$ und überträgt $g^b \pmod{p}$ an Alice. Beide können jetzt die Zahl $g^{ab} \pmod{p}$ berechnen, indem sie $(g^a)^b \pmod{p}$ beziehungsweise $(g^b)^a \pmod{p}$ berechnen, und das Ergebnis $(g^{ab} \pmod{p})$ als Sitzungsgeheimnis nutzen. Einem passiven Angreifer ist dies jedoch nicht möglich. Um auch Angriffe aktiver Angreifer erkennen und verhindern zu können, wird DH mit Authentifizierung mittels „Langzeitgeheimnis" kombiniert.

Eine besondere Eigenschaft des Diffie-Hellman-Verfahrens ist, dass es *Perfect Forward Secrecy (PFS)* erreicht [32]. PFS bedeutet, dass eine Kompromittierung des Geheimnisses für die Authentifizierung nicht zu einer nachträglichen Kompromittierung der zuvor ausgehandelten Sitzungsschlüssel führt.

---

[3] $\mathbb{Z}_p^*$ ist die Restklassengruppe, die mit einer großen Primzahl p gebildet wird (mod p). Sie enthält die ganzen Zahlen von 0 bis $p-1$.

2.3.6 Weitere Verfahren

Mit den zuvor vorgestellten Verfahren, wie zum Beispiel MACs und Signaturverfahren, kann die Integrität und Authentizität von Daten erreicht werden. In der Datenkommunikation ist es üblich, dass Daten für die Übertragung auf Dateneinheiten verteilt werden. Für die Integrität und Authentizität von Dateneinheiten sind dann weitere Verfahren notwendig, welche in Abschnitt 2.3.6.1 beschrieben werden.

Ein weiteres wichtiges Konzept sind die Einmalzahlen, welche in Abschnitt 2.3.6.2 erklärt werden.

2.3.6.1 Sequenznummern, -zähler und -fenster

Die in verbreiteten Sicherheitsprotokollen genutzten Ansätze, um Datenintegrität und Datenauthentizität für mehrere Dateneinheiten zu erreichen, basieren auf *Sequenznummern*. Die Nutzung von Sequenznummern ist teilweise ähnlich zur Nutzung von Sequenznummern in Transportprotokollen. In diesem Abschnitt wird nur die Verwendung von Sequenznummern in Sicherheitsprotokollen betrachtet.

Beim Einsatz von Sequenznummern werden die Dateneinheiten durchnummeriert, um feststellen zu können, ob zum Beispiel Dateneinheiten verloren, unterdrückt, vertauscht oder dupliziert wurden. Angriffe, die Dateneinheiten sofort oder in zeitlichem Abstand duplizieren, werden als *Wiedereinspielungsangriffe* bezeichnet.

Um diese Angriffe zu detektieren, wird beim Senden in jede Dateneinheit eine – für die Folge von Dateneinheiten – eindeutige Sequenznummer eingebettet und vom verwendeten Verfahren für die Datenauthentizität und Datenintegrität mitgeschützt. Wird eine Dateneinheit empfangen, prüft der Empfänger, ob diese Dateneinheit bereits empfangen wurde und verwirft sie, falls dies zutrifft. Um festzustellen, ob eine Dateneinheit bereits empfangen wurde, sind zwei Mittel üblich: Sequenznummernzähler und Sequenznummernfenster.

Beiden Verfahren ist gemein, dass Sequenznummern nur eine begrenzte Größe besitzen und es zu einem sogenannten Überlauf kommen kann. Man spricht von einem *Überlauf des Sequenznummernzählers*, wenn zum Beispiel bei einem von 0 beginnenden Zähler die größte darstellbare Sequenznummer angenommen wurde und wieder von 0 begonnen werden muss. Ein Überlauf ist jedoch auch dann möglich, wenn nicht bei 0 gestartet wird. Tritt ein Überlauf ein, müssen die kryptografischen Sitzungsschlüssel neu ausgetauscht werden, um einen Wiederholungsangriff zu verhindern. Zur Vereinfachung wird in den folgenden Erklärungen davon ausgegangen, dass Sequenznummern von 0 an nummeriert werden.

Der *Sequenznummernzähler* speichert die zuletzt empfangene Sequenznummer und erlaubt nur den Empfang von Dateneinheiten mit einer echt größeren Sequenznummer.

Dateneinheiten mit einer kleineren oder der gleichen Sequenznummer werden verworfen. Dies führt allerdings dazu, dass bereits bei Vertauschung Dateneinheiten verworfen werden.

Mit Vertauschung besser umgehen können hingegen Verfahren mit *Sequenznummernfenster*. Im Gegensatz zu Verfahren ohne Sequenznummernfenster kennen und speichern sie nicht nur die nächste zulässige Sequenznummer. Das Sequenznummernfenster betrachtet eine gewisse Anzahl von Sequenznummern vor der größten bislang empfangenen Sequenznummer und stellt dar, ob für diese Sequenznummern bereits Dateneinheiten empfangen wurden. Die Größe des Sequenznummernfensters definiert hierbei die Anzahl der gleichzeitig betrachteten Sequenznummern, für die festgestellt werden kann, ob sie bereits erfolgreich empfangen wurden. Dies wird dadurch erreicht, dass das Sequenznummernfenster verschoben wird, sobald eine (authentische) Nachricht erhalten wird, deren Sequenznummer größer als die größte vom Sequenznummernfenster betrachtete Sequenznummer ist. Liegt die Sequenznummer einer Nachricht innerhalb des durch das Sequenznummernfenster betrachteten Bereichs, so kann einfach entschieden werden, ob die Nachricht bereits empfangen wurde. Die Nachricht wird dann gegebenenfalls verworfen. Nachrichten, deren Sequenznummern kleiner als die im Sequenznummernfenster betrachteten Sequenznummern sind, werden immer verworfen. Werden dann bei der Kommunikation Dateneinheiten vertauscht, so kann ein Verfahren dies mithilfe des Sequenznummernfensters feststellen und auch die Dateneinheiten annehmen, deren Sequenznummer zwar kleiner als der aktuelle Wert des Sequenznummernzählers ist, aber noch im Sequenznummernfenster liegt. Eine übliche Größe für das Sequenznummernfenster ist 64; diese Größe wird zum Beispiel von IPsec verwendet [33].

2.3.6.2 Einmalzahlen

Ein sehr einfaches Konzept der Kryptografie ist die Einmalzahl (number used once, nonce). Hiermit werden in der Regel Zahlen bezeichnet, welche möglichst für jeden Protokollablauf eindeutig sind und zum Beispiel Zufallszahlen sind [12].

Einmalzahlen werden vor allem zum Schutz vor Wiedereinspielungsangriffen in Sicherheitsprotokollen eingesetzt.

2.4 Stärke der Sicherheit

Da die zuvor vorgestellten Verfahren in der Regel immer nur eine Teilmenge der Schutzziele erreichen, ist es in der Kommunikationssicherheit üblich, dass mehrere Verfahren in Kombination eingesetzt werden. Es werden zum Beispiel ein symmetrisches Verschlüsselungsverfahren für den Schutz der Vertraulichkeit, ein MAC für die Datenauthentifizierung sowie ein Verfahren zum Schlüsselaustausch auf Basis eines asymmetrischen Verschlüsselungsverfahrens und ein Verfahren zur Authentifizierung der Nutzer kombiniert. Für jedes dieser Verfahren stehen in der Regel allerdings mehrere mögliche Alternativen zur Verfügung, welche unterschiedlich stark gegen Angriffe schützen können. Durch die kombinierte Nutzung hängt die Gesamtsicherheit von der Stärke der einzelnen genutzten Verfahren ab. Ist eines der gewählten Verfahren im Vergleich zum Rest schwach, so wird die resultierende Gesamtkombination auch nur schwache Sicherheit bieten können.

Es ist möglich, die jeweils stärksten Verfahren zu kombinieren und so zu versuchen, immer die maximale Sicherheit zu erreichen. In der Regel ist diese Wahl jedoch mit Nachteilen verbunden, da die starken Verfahren oft höhere Kosten, wie zum Beispiel gesteigerten Energiebedarf, verursachen. Daher ist es wesentlich, dass eine ausgewogene Kombination von Verfahren gewählt wird. Um dies zu erreichen, soll die Stärke der verwendbaren Verfahren vergleichbar sein, sodass eine optimale Auswahl bezüglich Sicherheit und Kosten getroffen werden kann. Die Stärke einer solchen ausgewogenen Kombination muss nicht zwangsläufig deutlich schwächer sein, weil oft das schwächste Verfahren einer Kombination die Gesamtstärke der Kombination überproportional beeinflusst.

Mit der Vergleichbarkeit der Stärke kryptografischer Algorithmen hat sich die Literatur bereits vielfach befasst. Neben den wichtigsten Vertretern dieser Thematik werden weitere Empfehlungen für die Wahl der genutzten Algorithmen und Algorithmenkombinationen vorgestellt.

Die Computer Security Division des *National Institute of Standards and Technology* (NIST) bringt solche Empfehlungen für die USA heraus. Die NIST-Empfehlung [34] bildet hierbei verschiedene Verfahren auf die „Sicherheitsstärke" ab. Beispielsweise besitzen AES-128 und RSA-3072 die Sicherheitsstärke 128. Einen Auszug dieser Empfehlungen stellt die Tabelle 2.1 dar. Es ist zu beachten, dass für diese Tabelle die folgende Ordnung nach Stärke gilt: SHA-1, SHA-224, SHA-256, SHA-384, SHA-512. Das heißt, SHA-256 wird als stärker als SHA-1 aber schwächer als SHA-512 angesehen.

Die National Security Agency der USA veröffentlicht unter dem Namen *Suite B* einen einfachen Vorschlag für ausgewogene Verfahrenskombinationen [35]. Diese werden von Tabelle 2.2 wiedergegeben. Die dazugehörige Suite A ist nicht öffentlich.

Neben diesen relativ einfachen Relationen zur Sicherheitsstärke existieren auch komplexere Modelle, welche versuchen, mathematisch die Sicherheitsstärke zu berechnen. Hierzu gehören vor allem [36] und [37]. Nach [37] wird der *Sicherheitslevel* eines symmetrischen Verschlüsselungsverfahrens durch den Aufwand eines Brute-Force-Angriffs definiert. Umfasst der Schlüssel λ Bit Länge, dann müssen im Mittel $2^{\lambda-1}$ und maximal

Sicherheitsstärke (Bits)	128	192	256
Symmetrisch	AES-128	AES-192	AES-256
FFC: (z. B. DH, DSA)	L=3072, N=256	L=7680, N=384	L=15360, N=512
IFC: (z. B. RSA)	3072	7680	15360
ECC: (z. B. ECDSA)	256-383	384-511	512+
Digitale Signaturen	min. SHA-256	min. SHA-384	min. SHA-512
HMAC	min. SHA-1	min. SHA-224	min. SHA-256
Schlüsselhierarchie	min. SHA-1	min. SHA-224	min. SHA-256
Pseudozufallszahlengen.	min. SHA-1	min. SHA-224	min. SHA-256

Tabelle 2.1: NIST-Empfehlungen zur Sicherheitsstärke (Auszug)

Name	Secret	Top Secret
Sicherheitsstärke (Bits)	-	-
Verschlüsselung	AES-128	AES-256
Signatur	ECDSA-256	ECDSA-384
Schlüsselaustausch	EC-DH-256	EC-DH-384
Hash	SHA-256	SHA-384

Tabelle 2.2: NSA-Empfehlungen zur Sicherheitsstärke (Suite B)

2^λ Schlüssel ausprobiert werden. Der Sicherheitslevel ist dann λ. Der Sicherheitslevel einer kryptografischen Hash-Funktion hingegen wird als $\frac{1}{2}\lambda$ angegeben. Tabelle 2.3 gibt einen Überblick über Sicherheitslevels verbreiteter Blockchiffren und Tabelle 2.4 über die der Hashfunktionen.

Da Brute-Force-Angriffe je nach Algorithmus unterschiedlich viel Zeit und Kosten pro getesteter Eingabe, wie zum Beispiel Schlüssel, verursachen, sind die Sicherheitslevel unterschiedlicher Algorithmen nicht direkt vergleichbar. Hier müssen nämlich auch die Kosten und der Zeitaufwand mitbetrachtet werden. Ein aktuelles Verschlüsselungsverfahren, wie z. B. AES, kann schneller als 3DES berechnet werden – die Sicherheitslevel beider Verfahren sind daher nicht zwangsläufig direkt vergleichbar.

Als asymmetrisches Verfahren betrachtet [37] RSA, dessen Sicherheitslevel in Tabelle 2.5 dargestellt werden.

Unter der Annahme, dass die für die Bestimmung der Sicherheitsstärke relevanten Angriffe parallelisierbar sind, wird definiert, dass ein Angriff mit einem System mit Kosten c eine Anzahl von Tagen d dauert. Durch die Parallelisierung auf w Systeme kann dann die Angriffsdauer auf $\frac{d}{w}$ reduziert werden. Allerdings steigen die Kosten dann auf cw. Weiterhin ist zu erwarten, dass die Kosten c durch zukünftige Entwicklung bei Prozessoren und Computern im Allgemeinen immer weiter sinken. Man geht hierbei von *Moores Gesetz* aus, das besagt, dass die Leistungsfähigkeit von Prozessoren sich etwa alle 18

Verfahren	Schlüssellänge	Blocklänge	Sicherheitslevel
DES	56	64	56
3DES (2 Schlüssel)	112	64	112
3DES (3 Schlüssel)	168	64	123
DESX	120	64	120
IDEA	128	64	128
AES-128	128	128	128
AES-192	192	128	192
AES-256	256	128	256

Tabelle 2.3: Sicherheitslevel für Blockchiffren [37]

Verfahren	Hashlänge (H)	Sicherheitslevel
RIPEMD-160	160	80
SHA-1	160	80
SHA-256	256	128
SHA-384	384	192
SHA-512	512	256

Tabelle 2.4: Sicherheitslevel für Hashfunktionen [37]

Monate bei gleichen Anschaffungskosten verdoppelt. Hieraus folgt dann, dass die Kosten oder die Angriffsdauer für einen Angriff sich alle 18 Monate halbieren. Ob Moores Gesetz eingehalten werden kann, ist allerdings nicht unumstritten. Auch sinkende Preise für Arbeitsspeicher und fortschreitende Parallelisierung können die Angriffsdauer beeinflussen [37].

Basierend auf Moores Gesetz kann berechnet werden, welches Sicherheitslevel λ für einen adäquaten Schutz vor Brute-Force-Angriffen bis ins Jahr y notwendig ist [37]:

$$\lambda(y) = 56 + \frac{2(y - 1982)}{3} \qquad (2.1)$$

Verfahren	Länge des Modulus	Sicherheitslevel (konservativ)	Sicherheitslevel (optimistisch)
RSA	1024	72	72
RSA	1280	78	80
RSA	1536	82	85
RSA	2048	88	95
RSA	3072	90	112
RSA	4096	108	125
RSA	8192	135	163

Tabelle 2.5: Sicherheitslevel für RSA (Auszug) [37]

Die Autoren weisen darauf hin, dass eine langfristige Vorhersage wegen möglicher neuer Ergebnisse in der Kryptoanalyse mit einer gewissen Unsicherheit behaftet ist.

Nicht nur NIST, NSA und [37] geben Schätzungen über die Stärke unterschiedlicher kryptografischer Verfahren ab. Es existiert zum Beispiel auch eine Empfehlung der IETF [38], Empfehlungen des EU-Projekts ECRYPT2 [39] und eine Empfehlung der Bundesnetzagentur für Elektrizität, Gas, Telekommunikation, Post und Eisenbahnen [40]. Zudem findet sich in [41] ein Überblick und Vergleich der vorgestellten und weiteren Empfehlungen zur Sicherheitsstärke.

2.5   Sicherheitsprotokolle

Im Folgenden werden die für die vorliegende Arbeit relevanten Sicherheitsprotokolle vorgestellt.

2.5.1   IP Security (IPsec)

Das Ziel von *IP Security (IPsec)* [33] ist es, beliebige IP-Kommunikation schützen zu können. Zu den unterstützten Protokollen gehören das Internet Protocol in Version 4 (IPv4) [42] und das Internet Protocol in Version 6 (IPv6) [43] in Kombination mit den Transportprotokollen Transmission Control Protocol (TCP) [44], User Datagram Protocol (UDP) [45], Datagram Congestion Control Protocol (DCCP) [46] und dem Stream Control Transmission Protocol (SCTP) [47].

IPsec nutzt für den geschützten Datentransport zwei verschiedene Protokolle: IP Authentication Header (AH) [48] und IP Encapsulating Security Payload (ESP) [49], welche beide für IPv4 und IPv6 verwendet werden können. Die Möglichkeiten von AH und ESP sind teilweise unterschiedlich; beide bieten allerdings Integritätsschutz der übertragenen Daten, Datenauthentizität, Authentifizierung des Kommunikationspartners sowie einen Schutz gegen Wiedereinspielungsangriffe. Zusätzlich bietet AH teilweisen Integritätsschutz des IP-Kopfs, und ESP erlaubt es, die übertragenen Daten zu verschlüsseln. AH und ESP werden im Anschluss genauer beschrieben.

Beiden Protokollen ist zudem die Unterstützung der beiden Operationsmodi Transportmodus und Tunnelmodus gemein. Im *Transportmodus* wird „einfach" der AH- oder ESP-Kopf zwischen IP-Kopf und Daten eingefügt, wohingegen der *Tunnelmodus* es ermöglicht, ein ganzes IP-Paket mit IP-Kopf „einzupacken". Abbildung 2.5 illustriert beide Modi. In der Abbildung sind jeweils oben die ursprünglichen Dateneinheiten und unten die geschützten Dateneinheiten dargestellt.

Die Einsatzmöglichkeiten des Tunnelmodus sind naturgemäß etwas umfangreicher, da ein zweiter IP-Kopf verwendet wird und somit IPsec wie ein sicherer Tunnel verwendet werden kann. Dies ermöglicht unter anderem die sichere Kopplung von Netzen, selbst bei der Nutzung von nicht öffentlich verwendbaren IP-Adressen. Zusätzlich erlaubt der Tunnelmodus in Kombination mit ESP, die Größe der ursprünglichen Dateneinheit zu verschleiern. Diese Funktion wird als *Traffic Flow Confidentiality Padding* bezeichnet.

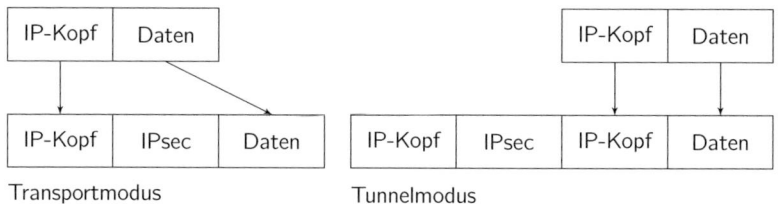

Abbildung 2.5: IPsec Transport- und Tunnelmodus

IPsec wird mittels *Security Policy Database (SPD)* und *Security Association Database (SAD)* gesteuert. Die SPD ist hierbei für die Abbildung von Verkehr auf Aktionen zuständig: IPsec kann eine bestimmte Dateneinheit schützen *(protect)*, nicht schützen *(bypass)* oder verwerfen *(discard)*.

Die SAD speichert hingegen Security Associations und deren Daten. Eine *Security Association (SA)* ist die Assoziation zwischen den IPsec-Teilnehmern mittels AH und ESP[4]. Zur SA zählen nicht nur die gewählten Verfahren, sondern auch alle Informationen, die IPsec für die Verarbeitung einer Dateneinheit braucht, also zum Beispiel kryptographische Schlüssel, Initialisierungsvektoren und der aktuelle Zustand der Sequenznummernzähler und Sequenznummernfenster. Der genaue Inhalt eines SAD-Eintrags hängt vom verwendeten IPsec-Protokoll (also AH oder ESP) und den ausgehandelten kryptografischen Verfahren ab.

Abbildung 2.6 zeigt den Aufbau des Authentication Headers. Das Feld *Next Header* ist bereits aus anderen Protokollen bekannt und enthält den Typ des nächsten Nachrichtenkopfs. *Payload Length* gibt die Größe der auf AH folgenden Daten im IP-Paket an. Unbenutzt und somit auf 0 zu setzen ist das Feld *Reserved*. Danach folgt das Feld *Security Parameter Index* (SPI). Der SPI ist ein eindeutiger Bezeichner der unidirektionalen Assoziation von AH. Der Empfänger nutzt den SPI als Index in seiner lokalen SAD, um die für diese Assoziation relevanten Informationen aufzufinden.

Sequence Number Field transportiert die Sequenznummer der AH-Assoziation. Hierdurch können Paketduplikate erkannt und somit Wiedereinspielungsangriffe verhindert werden. Den Abschluss im AH-Nachrichtenkopf bildet das Feld *Integrity Check Value* (ICV), welches die Daten des MAC-Verfahrens aufnimmt. Die Interpretation und die

---

[4] IPsec unterstützt neben AH und ESP auch das IP Payload Compression Protocol (IPComp) [50]. IPComp wird allerdings an dieser Stelle nicht weiter betrachtet.

Größe dieses Felds werden durch das zuvor ausgehandelte Verfahren zum Schutz der Datenintegrität bestimmt. Ein populäres Verfahren ist HMAC-SHA-1-96, welches die Kombination von HMAC mit der Hashfunktion SHA-1 ist. Die „96" zeigt an, dass allerdings nur die ersten 96 Bit des Ergebnisses der HMAC-Berechnung im ICV-Feld übertragen werden.

0	8	16	31
Next Header	Payload Length	Reserved	
Security Parameter Index (SPI)			
Sequence Number Field			
Integrity Check Value (ICV) (variable Länge)			

Abbildung 2.6: AH-Nachrichtenkopf

Der Nachrichtenkopf von ESP wird in Abbildung 2.7 illustriert. *Security Parameter Index*, *Sequence Number Field* und *Integrity Check Value* entsprechen den gleichnamigen Feldern des AH. Es folgt ein optionaler, für das Verschlüsselungsverfahren geeigneter *Initialisierungsvektor (IV)* und die zu *übertragenden Daten (Payload)*, welche verschlüsselt übertragen werden. Diese Daten umfassen alle weitere Nachrichtenköpfe, z. B. die des genutzten Transportprotokolls. Im Anschluss an die Daten folgt das optionale *Padding*. Padding ist vor allem dann notwendig, wenn für das Verschlüsselungsverfahren Einschränkungen für die Länge der Daten vorliegen. Beispielsweise verlangen blockbasierte Verfahren[5], dass sich die zu verschlüsselnden Daten restlos auf Blöcke verteilen lassen. Mithilfe von Padding kann dies erreicht werden. Zu dem verschlüsselten Bereich gehören neben den zu übertragenen Daten und des Paddings auch die Felder *Pad Length*, um die Länge des Paddings anzuzeigen, und *Next Header*, welches analog zum gleichnamigen Feld in AH genutzt wird.

Die Bereitstellung der kryptografischen Schlüssel für IPsec kann per manueller Konfiguration oder automatisch per Schlüsselaustauschprotokoll geschehen. Das aktuelle Protokoll der IETF hierfür nennt sich *Internet Key Exchange (IKEv2)* [51]. Die beiden Kommunikationspartner werden im Kontext von IKEv2 als Initiator und Responder bezeichnet. Der *Initiator* baut die Kommunikation auf, während der Responder auf den Aufbau der Kommunikation wartet. Dies ist ähnlich zu den sonst genutzten Bezeichnungen Client und Server.

---

[5] Blockbasierte Verschlüsselungsverfahren agieren immer auf einem Block von Daten. Typische Blockgrößen sind zum Beispiel 64 Bit (DES) und 128 Bit (AES). Im Gegensatz dazu betrachten *strombasierte* Verfahren einzelne Bits.

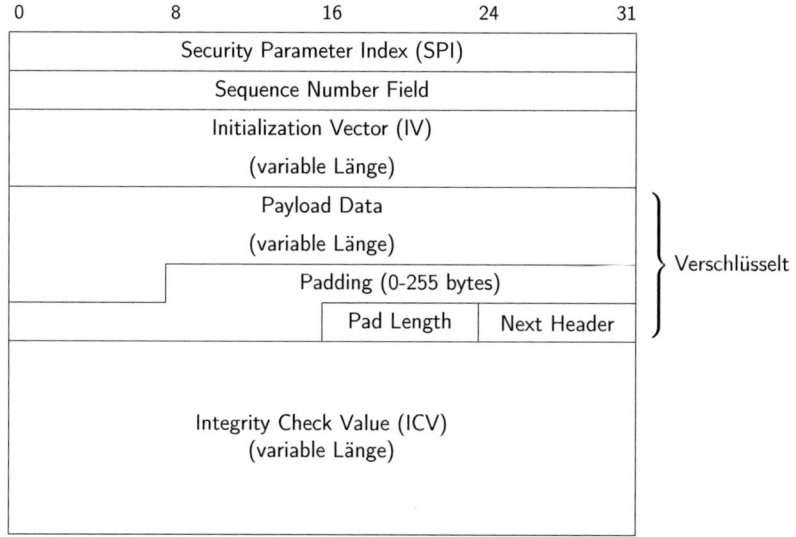

Abbildung 2.7: ESP-geschützte Nachricht

Der Schlüsselaustausch mit IKEv2 lässt sich in zwei Phasen aufteilen: In der ersten Phase des Schlüsselaustauschs wird ein durch Verschlüsselung geschützter Kanal aufgebaut, welcher dann in der zweiten Phase für die Authentifizierung der Kommunikationspartner und die Aushandlung der Schutzverfahren sowie dem Austausch der kryptografischen Schlüssel genutzt wird. Hierbei werden verschiedene „Nachrichten" genutzt, welche auf UDP-Dateneinheiten verteilt werden.

Die Wahl der genutzten Verfahren für den Schlüsselaustausch geschieht mit den Sicherheitsassoziationsnachrichten *(SA)*. Der Initiator bietet dem Responder hierbei eine Liste unterstützter Kombinationen von Verfahren (proposals of transforms) an, aus welcher der Responder eine Kombination (proposal) auswählt. Gleichzeitig geschieht bereits der Schlüsselaustausch für die zweite Phase. Hierfür übermitteln die Kommunikationspartner Diffie-Hellman-Werte, also g^a mod n und g^b mod n, in den Schlüsselnachrichten *(KEY)* und Einmalzahlen in den Einmalzahlnachrichten *(NONCE)*. Aus den Diffie-Hellman-Werten und Einmalzahlen beider Kommunikationspartner werden die kryptografischen Schlüssel generiert und die verbleibende Aushandlung kann verschlüsselt und integritätsgeschützt werden. Durch den Einsatz der Einmalzahlen ist es möglich, Diffie-Hellman-Werte erneut einzusetzen, ohne dass ein Wiedereinspielungsangriff möglich wird.

In der zweiten Phase werden die Identitäten mittels Identitätsnachrichten *(ID)* ausgetauscht und die Kommunikationspartner authentifizieren sich gegenseitig durch die Authentifizierungsnachrichten *(AUTH)*. Werden Zertifikate hierfür verwendet, werden diese per Zertifikatsanforderungsnachrichten *(CERTREQ)* angefordert und per Zertifikatsnachrichten *(CERT)* übermittelt. Zusätzlich werden mithilfe von *SA-Nachrichten* auch die verwendeten Verfahren für den Schutz der Kommunikation ausgehandelt und diese Kommunikation per Verkehrsselektornachrichten *(TS)* beschrieben.

Nachdem der Schlüsselaustausch von IKEv2 abgeschlossen ist, trägt IKEv2 die ausgehandelten SAs in die SAD und gegebenenfalls in die SPD ein. Die Kommunikation kann nun durch IPsec geschützt werden.

Dieser Ablauf von IKEv2 wird in Abbildung 2.8 dargestellt.

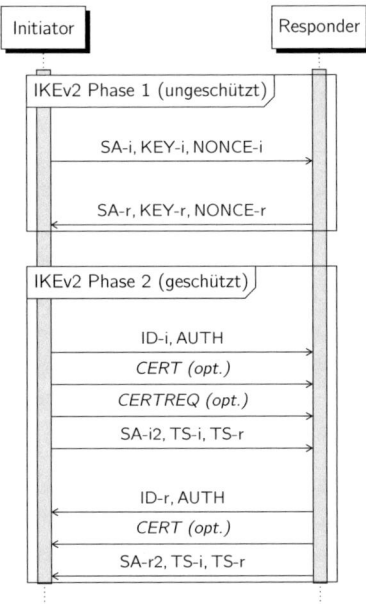

Abbildung 2.8: IKEv2-Schlüsselaustausch

2.5.2 Transport Layer Security (TLS)

Ein sehr weitverbreitetes Sicherheitsprotokoll ist das ursprünglich als *Secure Socket Layer (SSL)* bekannte *Transport Layer Security (TLS)* [52]. In der vorliegenden Arbeit werden die beiden Varianten des Sicherheitsprotokolls nicht weiter unterschieden und im Folgenden immer als TLS bezeichnet.

TLS erlaubt es, TCP-basierte Kommunikation zu schützen und wird konzeptuell zwischen TCP und den Anwendungsprotokollen eingesetzt. Das heißt, dass nach dem TCP-

3-Wege-Handshake nicht direkt das Anwendungsprotokoll folgt (siehe Abbildung 2.9 links), sondern zuerst TLS einen Schlüsselaustausch durchführt und danach das Anwendungsprotokoll mit TLS geschützt wird (Abbildung 2.9 rechts).

TLS kann viele der in Abschnitt 2.3 vorgestellten kryptografischen Verfahren, wie zum Beispiel RSA oder DSA zur Authentifizierung, RSA oder DH zum Schlüsselaustausch, HMAC-MD5 oder HMAC-SHA-1 zum Integritätsschutz sowie AES oder DES zur Verschlüsselung nutzen. Für jede Verbindung handelt TLS eine Kombination dieser kryptografischen Verfahren aus, die als *Cipher Suite* bezeichnet wird. Der Client bietet eine Liste von unterstützten Cipher Suites in der *ClientHello-Nachricht* an, und der Server wählt eine davon in der *ServerHello-Nachricht* aus. Die beiden Hello-Nachrichten enthalten zudem je eine Zufallszahl.

Die Identifizierung des Servers geschieht durch ein Zertifikat, welches er in der *Certificate-Nachricht* überträgt. Da der Client die *ClientKeyExchange-Nachricht* mit dem öffentlichen Schlüssel des Servers verschlüsselt und so nur der Besitzer des Zertifikats diese Nachricht entschlüsseln kann, wird hierdurch nicht nur der Schlüsselaustausch, sondern auch die Authentifizierung des Servers erreicht.

Einen Sonderfall stellt der Einsatz von DH bei TLS dar. TLS kennt nicht nur die übliche DH-Variante, in der die beiden DH-Werte ausgetauscht werden (DHE), sondern auch eine Variante, in der der DH-Wert des Servers sich im Zertifikat befindet (DH). Wird eine Cipher Suite mit DH oder DHE ausgewählt, so überträgt der Client seinen DH-Wert unverschlüsselt in der *ClientKeyExchange-Nachricht* und der Server antwortet entweder mit seinem signierten DH-Wert (DHE) in der *ServerKeyExchange-Nachricht* oder er sendet keinen DH-Wert, da dieser bereits im Zertifikat enthalten ist (DH).

Nach dem Schlüsselaustausch können beide Kommunikationspartner die notwendigen kryptografischen Sitzungsschlüssel für den Integritätsschutz und die Verschlüsselung der Nutzdaten berechnen. Dies geschieht durch die sogenannte *Key Derivation Function*, die hierfür die Zufallszahlen und das ausgetauschte oder berechnete (DH oder DHE) Geheimnis nutzt.

Optional kann TLS auch den Client authentifizieren, indem der Server dies mittels einer *CertificateRequest-Nachricht* anfordert und der Client mittels Zertifikat in der *Certificate*-Nachricht und einem signierten Hash der bislang übertragenen Nachrichten in der *CertificateVerify*-Nachricht antwortet.

Es existiert zudem eine Möglichkeit mittels TLS auch Kommunikation über das Transportprotokoll SCTP zu schützen [53] und mit *Datagram TLS* eine Variante von TLS zum Schutz der Kommunikation über den Transportprotokollen UDP [54] und DCCP [55].

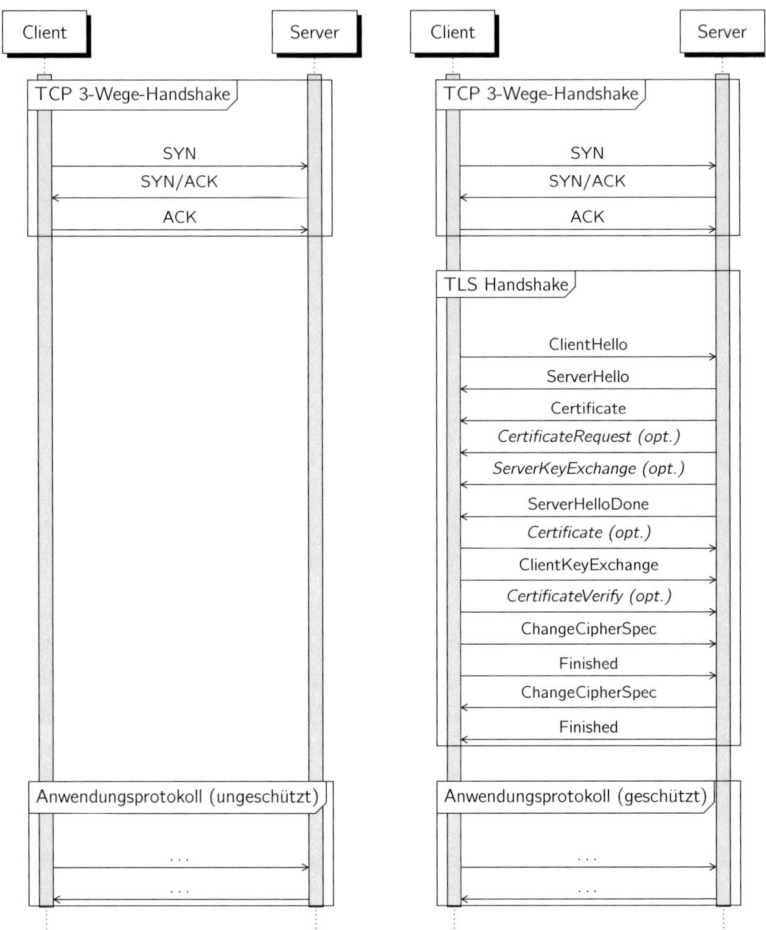

Abbildung 2.9: Schutz eines Anwendungsprotokolls durch TLS

2.6 Protokollkomposition

Unter *Protokollkomposition* versteht man das Zusammenfügen von Kommunikationsprotokollen aus Bausteinen, wie z. B. funktionalen Blöcken. Ein Kompositionsansatz
kann zu einer flexiblen Lösung führen, falls die Komposition leicht änderbar ist, beziehungsweise das Erstellen von neuen Kompositionen mit nur wenig Aufwand verbunden
ist. Zudem ermöglicht die Nutzung der Protokollkomposition eine Wiederverwendung
von Bausteinen.

Zu den wichtigsten Unterschieden verschiedener Ansätze der Protokollkomposition gehören die Zeitpunkte der Kompositionsentscheidung und der tatsächlichen Komposition. Die Kompositionsentscheidung kann zur Entwurfs- oder Laufzeit getroffen werden, der Schritt des Zusammenfügens kann zudem auch zur Implementierungszeit geschehen.

Trifft man die *Kompositionsentscheidung zur Entwurfszeit*, steht dem Protokollentwickler eine Vielzahl von Freiheiten zur Verfügung – er kann beispielsweise die verwendeten Bausteine beliebig anordnen und kombinieren. Bei dieser Art der Komposition ist es von Vorteil, dass der Protokollentwickler sich direkt während der Kompositionsentscheidung mit der Semantik der Bausteinfunktionalitäten befassen kann. Er kann so sicherstellen, dass das Zusammenspiel von Bausteinen zum erwarteten Ergebnis führt und negative Auswirkungen begrenzen. Hingegen ist dies bei der *Kompositionsentscheidung zur Laufzeit* nicht einfach möglich. Die Folgen der Komposition können hier nur mittels Semantikbeschreibung vorhergesagt, mittels Bausteinentwurf begrenzt (zum Beispiel durch Anbieten nur eines funktionalen Blocks „Sicherheit" anstatt einer Menge feingranularer Sicherheitsblöcke, um ungeeignete Kombinationen von Sicherheitsblöcken untereinander auszuschließen) oder durch automatische Lernverfahren erfasst werden. Vor allem in Fällen mit wichtigen Anforderungen z. B. an Sicherheit oder Dienstgüte kann nicht garantiert werden, dass diese Anforderungen eingehalten werden. Allerdings bietet die Kompositionsentscheidung zur Laufzeit eine große Flexibilität und Adaptivität, da Kommunikationsprotokolle passend auf neue Anforderungen zusammengesetzt und bei geänderten Bedingungen auch leicht angepasst werden können. Dies ist beides zwar auch zur Entwurfszeit erreichbar, die notwendige Adaptivität muss dann aber vorhergesehen werden.

Das *Zusammenfügen der Bausteine* selbst kann zur Entwurfs-, Implementierungs- oder Laufzeit geschehen. Hierbei können während der Entwurfszeit zum Beispiel Modelle von Protokollbausteinen zusammengefügt, zur Implementierungszeit Quelltexte zusammenkompiliert oder zur Laufzeit fertigimplementierte Bausteine zusammengesetzt werden. Dies hat Auswirkungen auf die Leistungsfähigkeit der aus der Komposition entstehenden Implementierung. Protokollkompositionen zur Laufzeit können im Vergleich zu den anderen Ansätzen zu Geschwindigkeitsnachteilen führen, da zum Beispiel Optimierungen während der Kompilierung nur auf die einzelnen Bausteine angewendet werden und nicht, wie bei den beiden anderen Ansätzen, auf die gesamte Protokollimplementierung. Im Gegenzug ist allerdings eine Komposition zur Laufzeit deutlich flexibler, denn sie erlaubt beispielsweise auch die Verwendung von Bausteinen, welche nicht als Modell oder Quelltext vorliegen. Dies ermöglicht es zum Beispiel Unternehmen, Bausteine zu verkaufen, ohne dass deren Interna offen gelegt werden müssen.

Im Folgenden wird eine Auswahl von Arbeiten und Ansätzen zur Protokollkomposition vorgestellt.

2.6.1 Arbeiten zur Protokollkomposition

Protokollkomposition wird bereits seit mehr als 30 Jahren verfolgt, wobei die Motivationen für die Nutzung durchaus unterschiedlich sind. Einige Ansätze versuchen durch die Komposition eine bessere Auslastung der vorhandenen Hardware und/oder eine höhere Übertragungsgeschwindigkeit zu erreichen, wohingegen andere Ansätze höhere Flexibilität und Adaptivität als Ziel haben.

Für die Protokollkomposition relevante Arbeiten umfassen unter anderem auch Protokollbeschreibungssprachen. Diese erlauben es, verschiedene Teilaspekte von Kommunikationsprotokollen zu beschreiben. Hierzu gehören typischerweise Formate von Nachrichtenköpfen, Zustandsautomaten und Nachrichtensequenzen. Zu den bekannten Vertreter der Protokollbeschreibungssprachen gehören die *Language of Temporal Ordering Specification (LOTOS)* [56], *Estelle* [57], *Specification and Description Language (SDL)* [58] und *real-time asynchronous grammars (RTAG)* [59]. Andere Sprachen unterstützen zumindest Teilaspekte. Hierzu gehören unter anderen *Abstract Syntax Notation One (ASN.1)* [60], *Augmented Backus-Naur Form (ABNF)* [61], *Cosmogol* [62], *State Chart XML* [63] und die *Unified Modeling Language (UML)* [64].

Im Bereich der Transportprotokolle wurde bereits sehr früh deren Strukturierung untersucht. Durch die bessere Strukturierung sollten größere Geschwindigkeiten erreicht werden, denn sie erlaubt es, Protokolle – zum Beispiel durch parallelen Einsatz von Bausteinen – spezifisch auf die Hardware-Gegebenheiten anzupassen. Vertreter dieser Klasse von Transportprotokollen sind das Versatile Message Transaction Protocol (VMTP) [65] und das Xpress Transfer Protocol (XTP) [66, 67].

Weitere Forschungsprojekte betrachteten die Protokollkomposition nicht ausschließlich im Kontext der Parallelisierung, um höhere Geschwindigkeiten zu erreichen, sondern sie versuchen zudem, Anwendungsanforderungen umzusetzen. Die hohe, resultierende Geschwindigkeit der Kommunikationsprotokolle wird – wie bei den Ansätzen zuvor – durch parallelen Einsatz der Bausteine erreicht. Die Flexibilität, auf Anwendungsanforderungen einzugehen, basiert bei diesen Ansätzen in der Regel auf einer Beschreibung der Bausteine beziehungsweise ihrer Wirkungen. Einige Ansätze erlauben es, dass die Anforderungen dynamisch von der Anwendung gestellt werden und dann passende Kommunikationsprotokolle komponiert werden. Zu den Vertretern dieser Ansätze gehören unter anderen *ADAPTIVE* [68], *Dynamic Configuration of Protocols (Da Capo)* [69] und das *Function-Based Communication Subsystem (F-CSS)* [70].

Parallel hierzu entstanden Systeme, die Protokollkomposition für verbesserte Flexibilität nutzen. Zu den bekanntesten gehören *x-Kernel* [71], *Click* [72] und *Netgraph* [73]. Diesen Systemen ist gemein, dass sie statische Protokollkomposition für Linux beziehungsweise FreeBSD ermöglichen.

In den letzten Jahren wurde Protokollkomposition vor allem im Rahmen der Forschung am zukünftigen Internet betrachtet. Zu den Projekten in diesem Kontext gehören unter anderem RNA, SILO, ANA und ADAPT.

Recursive Network Architecture (RNA) sieht ein *Metaprotokoll* vor, welches die Ausgangsbasis für die Protokolle jeder Schicht stellt [74]. Jedes Protokoll wird vom Metaprotokoll abgeleitet und umfasst daher nur einen Teil des Metaprotokolls. Das heißt, nicht notwendige Teile des Metaprotokolls werden im jeweiligen Protokoll deaktiviert beziehungsweise nicht aktiviert. Wie viele Schichten mit welchen Ausprägungen des Metaprotokolls genutzt werden, wird anhand von Anforderungen und Gegebenheiten entschieden [75]. Auf die Semantik der Protokolle geht RNA vor allem während des Entwurfs des Metaprotokolls ein und gibt dabei unter anderem die Reihenfolge der Protokollbausteine vor. RNA wurde als Erweiterung von Click implementiert [76].

Services Integration, controL and Optimization for the Future Internet (SILO) ist ein weiterer Ansatz der dynamischen Protokollkomposition zur Laufzeit [77]. SILO schlägt einen mehrstufigen, rekursiven Kompositionsansatz vor [78], um Kommunikationsprotokolle zu komponieren. Dieser Ansatz berücksichtigt verschiedene Abhängigkeiten – zum Beispiel Reihenfolgeabhängigkeiten – und stellt sie durch Ontologien dar. Die Architektur von SILO [79] beinhaltet zudem Mechanismen, um unter anderem Cross-Layer-Optimierungen der Protokolle durchzuführen.

Das EU-Projekt *Autonomic Network Architecture* (ANA) verwendet Protokollkomposition, um Protokolle zu erstellen [80]. Dies wird durch einen nachrichtenorientierten Ansatz der Protokollkomposition umgesetzt. Das heißt, einzelne Protokollbausteine kommunizieren nicht direkt, sondern senden einander interne Nachrichten. Die einzelnen Bausteine bieten hierfür öffentliche und private Austauschpunkte, die sogenannten *Information Dispatch Points (IDPs)*, an [81]. Da die Kompositionslogik in *Kompositions-Plug-ins* gekapselt wird, erlaubt ANA die Nutzung verschiedener Kompositionsansätze.

ADAPT [82, 83] befasst sich mit Protokollkomposition und betrachtet hierbei die Semantikmodellierung mittels Ontologien. Dies soll es ermöglichen, geeignete Protokollkompositionen für spezifische Kommunikationsanfragen zu erzeugen. Die Ontologien sollen dann mittels eines Expertensystems auf Metriken abgebildet und mittels eines multikriteriellen Entscheidungsverfahrens nach Eignung sortiert werden. ADAPT setzt allerdings die letzten Schritte nicht um.

Einen ganz anderen Ansatz zur Protokollkomposition stellt *SDL-MDD* [84] dar. SDL-
MDD nutzt *Model-Driven Development (MDD)* [85] mit der Specification and Description Language (SDL) [58]. Hierbei werden konsequent Modelle des Protokolls erstellt –
unter anderen in SDL – und verfeinert. Diese Modelle können automatisch zusammengefügt – also komponiert – werden. Aus den zusammengefügten Modellen kann dann
automatisch eine Implementierung generiert werden.

Ansatz	Entscheidung	Zusammenfügen	Bemerkung
RNA	Laufzeit	Laufzeit	Reihenfolge vorgegeben
SILO	Laufzeit	Laufzeit	Reihenfolge vorgegeben
ANA	beliebig	Laufzeit	Nachrichtenbasiert Adaption zur Laufzeit
ADAPT	Laufzeit	Laufzeit	Semantik modelliert
SDL-MDD	Entwurfszeit	Kompilierung	Modelgetriebener Ansatz

Tabelle 2.6: Übersicht aktueller Protokollkompositionsansätze

Tabelle 2.6 gibt einen Überblick über einige der zuvor vorgestellten Protokollkompositionsansätze und stellt dabei die Zeitpunkte der Kompositionsentscheidung und des
Zusammenfügens der Komposition dar.

2.7 Entscheidungsverfahren

Laut [86] wird unter einer *Entscheidung* „ganz allgemein die (mehr oder weniger be-
wusste) Auswahl einer von mehreren möglichen Handlungsalternativen verstanden".
Hier spielt es keine Rolle, in welchem Kontext die Entscheidung geschieht, sei es zum
Beispiel die Suche einer geeigneten Firmenstrategie oder die Wahl des Abendessens.

Für die Lösung des Entscheidungsproblems werden im Allgemeinen mehrere Alternativen betrachtet und unter diesen die bestgeeignete Alternative bestimmt. Hierfür können
ein oder mehrere *Kriterien*, also Entscheidungsmerkmale, betrachtet werden. Bedarfs es
einer Entscheidung unter gleichzeitiger Berücksichtigung mehrerer Kriterien, so handelt es sich um ein *multikriterielles Entscheidungsproblem*. Im Folgenden wird eine
Auswahl an Verfahren vorgestellt, um multikriterielle Entscheidungsprobleme, wie sie
bei der Wahl von Protokollen auftreten, zu lösen.

2.7.1 Nutzwertanalyse

Die Nutzwertanalyse gehört zu den multikriteriellen Entscheidungsverfahren und basiert auf dem Ansatz, den Gesamtnutzwert durch die Wahl einer geeigneten Alternative
zu maximieren. Der *Nutzwert* ist „der subjektive, durch die Tauglichkeit zur Bedürf-
nisbefriedigung bestimmte Wert eines Gutes" [87]. Während der Nutzwertanalyse wird

der Nutzwert jedes einzelnen Kriteriums für jede Alternative bestimmt und dann zum Gesamtnutzwert der Alternative aggregiert. Auf Basis der Gesamtnutzwerte kann eine Präferenzordnung der Alternativen bestimmt werden. Anschließend wird die Alternative mit dem höchsten Gesamtnutzwert gewählt.

Die Nutzwertanalyse zeichnet sich dadurch aus, dass sie die subjektive Komponente einer Entscheidung berücksichtigt. Somit ist die Nutzwertanalyse auch für Entscheidungsverfahren geeignet, bei denen nicht rein objektiv bewertet werden kann.

Für die Berechnung des Gesamtnutzwerts sind verschiedene Funktionen möglich; die in der Literatur gebräuchlichste ist hierbei die *gewichtete Summe*. Sie setzt den Gesamtnutzwert der Summe der gewichteten Kriteriennutzwerte gleich. Hierfür müssen allerdings zuerst die einzelnen Nutzwerte der Kriterien bestimmt werden. Dies erfordert, dass für jedes Kriterium c_j eine geeignete Abbildung v_j existiert, die alle möglichen Ausprägungen des Kriteriums auf einen Nutzwert abbildet. Eine solche Abbildung v_j wird als *Nutzenfunktion* bezeichnet. Hierdurch ergibt sich:

$$v(a_i) = \sum_{j=1}^{m} w_j \cdot v_j(c_j(a_i)) \tag{2.2}$$

Der Gesamtnutzwert v der Alternative a_i ist hierbei die Summe über alle mit w_j gewichteten partiellen Nutzenfunktionen v_j über die Kriterien c_j der Alternative a_i. Die für die Nutzwertanalyse genutzten Symbole fasst Tabelle 2.7 zusammen.

Symbol	Erläuterung
a_i	Alternative i
c_j	Kriterium j
w_j	Gewicht des Kriteriums j
$c_j(a_i)$	Wert der Alternative a_i bezüglich des Kriteriums c_j
$v_j(c_j(a_i))$	Nutzenfunktion für Kriterium c_j
$v(a_i)$	Gesamtnutzwert der Alternative a_i

Tabelle 2.7: Symbole der Nutzwertanalyse

Die Stärke der Nutzwertanalyse ist hierbei die Berücksichtigung der Subjektivität der Bewertung. Diese Subjektivität beeinflusst die Wahl und Definition der Nutzenfunktionen und Gewichte und somit die Bestimmung der einzelnen Nutzwerte.

2.7.1.1 Eigenschaften der Nutzwertanalyse

Im Folgenden werden wichtige Voraussetzungen und Eigenschaften der Nutzwertanalyse diskutiert.

Eine wichtige Voraussetzung bei Nutzung der Nutzwertanalyse ist die *Nutzenunabhängigkeit*. Sie bedeutet, dass eine Ausprägung eines Kriteriums nicht den Nutzwert eines anderen Kriteriums beeinflusst. Wird die Nutzwertanalyse beispielsweise für die Bewertung eines Abendessens verwendet, kann die Vorspeise, der Hauptgang und der Nachtisch jeweils getrennt bewertet und somit der jeweilige Nutzwert bestimmt werden. Hierbei geht man dann davon aus, dass die Präferenzen der einzelnen Gänge voneinander unabhängig sind. Wenn man allerdings beobachtet, dass zu einem gewissen Hauptgang bestimmte Nachspeisen besser als andere passen, ist die Nutzenunabhängigkeit nicht mehr gegeben, denn die Wahl eines bestimmten Hauptgangs verändert die Nutzwerte der Nachspeisen. Laut [86] ist „[d]ie Annahme der vollständigen Nutzenunabhängigkeit [...] allerdings wirklichkeitsfremd". Durch geschickte Wahl der Kriterien kann die Nutzenunabhängigkeit jedoch in vielen Fällen erreicht werden.

Weil die Bestimmung des Nutzwerts eines Kriteriums sehr flexibel geschehen kann, sind nahezu beliebige Kriterien möglich. Die Nutzwertanalyse kann auch mit *Kriterien ohne Ordnungsrelationen* umgehen, indem sie jede mögliche Ausprägung der Kriterien direkt auf Nutzwerte abbildet. Zusätzlich ist es auch möglich, dass man solche Kriterien nicht in die Berechnung des Gesamtnutzwerts einbezieht, sondern sie als Ausschlusskriterium nutzt. In diesem Fall wird die Menge der Alternativen vor der Berechnung des Gesamtnutzwerts mithilfe der Ausschlusskriterien gefiltert.

Durch die Wahl einer geeigneten Aggregationsfunktion ist es möglich, auch eine *Kategorisierung der Kriterien* vorzunehmen. Nutzer können dann auch Kategorien statt einzelner Kriterien gewichten. Hierdurch kann eine Vereinfachung für den Nutzer erreicht werden.

Die Nutzwertanalyse ermöglicht ein großes Maß an *Flexibilität*, da Anpassungen an mehreren Stellen möglich sind. Zum einen kann die Bestimmung des Nutzwerts eines Kriteriums angepasst werden. Hierfür kann eine bestimmte Nutzenfunktion gewählt, ausgetauscht oder parametrisiert werden. Zum anderen können auch verschiedene Formen der Aggregation gewählt und mittels Gewichten angepasst werden, um die Entscheidungsfindung maßgeblich zu beeinflussen.

Trotz der hohen Flexibilität der Nutzwertanalyse zeichnet sie sich in der Regel durch einen *geringen Berechnungsaufwand* aus. Der Aufwand für das Summieren der gewichteten Nutzwerte selbst sowie die Berechnung (einfacher) Nutzenfunktionen umfasst keine rechenintensiven Operationen. Aber auch komplexere Aggregations- und Nutzenfunktionen können mit einem vergleichsweise begrenzten Aufwand berechnet werden.

Die wichtigsten *Nachteile der Nutzwertanalyse* umfassen die Notwendigkeit für Nutzenfunktionen und Gewichte sowie die kompensatorische Natur des Verfahrens.

Da der Nutzwert aller Kriterien berechnet werden muss, ist es notwendig, für jedes Kriterium, das betrachtet werden soll, eine *geeignete Nutzenfunktion* und ein *Gewicht* bereitzustellen. Da beide eine gewisse Subjektivität widerspiegeln, ist es nicht möglich, diese fest zu definieren, sondern sie müssen durch Nutzer anpassbar sein.

Die Nutzwertanalyse bestimmt den Gesamtnutzwert der einzelnen Kriterien durch das Aufsummieren der gewichteten Nutzwerte der Kriterien und bewertet somit alle Kriterien gleichzeitig. Daher tritt ein *kompensatorischer Effekt* auf. Das heißt, dass ein hoher Nutzwert eines Kriteriums den niedrigen Nutzwert eines anderen Kriteriums kompensieren kann. Diese Eigenschaft der Nutzwertanalyse stellt allerdings im Kontext der vorliegenden Arbeit eher einen Vorteil als einen nennenswerten Nachteil dar: In der Tat können, durch einen vor der Anwendung der Nutzerwertanalyse durchzuführenden Filterschritt (auf Basis der zuvor betrachteten Ausschlusskriterien), nur solche Verfahren gewählt werden, die auch in allen Kriterien den Mindestanforderungen entsprechen. Es kann somit zwar zum Beispiel die Sicherheit einer Alternative mit seiner Dienstgüte kompensiert werden, allerdings nur, falls beide bereits Mindestanforderungen erfüllen.

2.7.2 Analytic Hierarchy Process

In [88] wird ein Ansatz beschrieben, der „inkonsistente empirische Vergleichsargumente als Ausgangspunkt nimmt" [89]. Beim *Analytic Hierarchy Process (AHP)* von Saaty basiert darauf, alle Kriterien paarweise zu vergleichen und für jeden dieser Vergleiche zu definieren, welches Kriterium wichtiger ist. Dies wird mittels einer Skala mit ganzzahligen Werten von eins bis neun ausgedrückt, wobei der Vergleichswert des wichtigeren mit dem unwichtigeren Kriterium den Wert x erhält und der umgekehrte Vergleich den Wert $\frac{1}{x}$. Alle diese Werte werden als Matrix dargestellt und mittels Berechnung der Eigenvektoren die Gewichte bestimmt. Mit den Konstrukten von AHP wird dann eine Nutzwertanalyse durchgeführt [89].

Obwohl die Inkonsistenzen der Bewertungen berücksichtigt werden, ist AHP nicht unumstritten und von seinen Autoren „naturgemäß sehr optimistisch" dargestellt worden [89]. Laut [89] werden in [90] einige Schwachstellen diskutiert und auf erforderliche Prämissen hingewiesen, „die in Saatys Darstellung wenig transparent gemacht werden". [90] weißt unter anderem auf die Beschränkungen der Skala hin: Wenn a^1 absolut a^2 bevorzugt wird und a^2 absolut a^3 bevorzugt wird, gilt: $r_k^{12} = 9$ und $r_k^{23} = 9$. Es gilt allerdings: $r_k^{13} \leq 9$, obwohl man von $r_k^{13} = 81$ ausgehen würde [90].

Ein weiterer Nachteil ist der mit der Anzahl der Alternativen quadratisch steigende Aufwand der Paarvergleiche.

2.7.3 Idealpunktverfahren

Idealpunktverfahren basieren auf den Abständen der Alternativen zum positiven und negativen Idealpunkt. Der positive Idealpunkt hat hierbei für jedes Kriterium den bestmöglichen Wert, wohingegen der negative Idealpunkt immer den schlechtesten Wert annimmt. Berechnet man nun für jede Alternative die beiden Abstände zu den Idealpunkten, können mittels dieser Abstände die Alternativen geordnet werden. Genau wie bei den anderen Verfahren können Gewichte eingesetzt werden, um die einzelnen Kriterien zu differenzieren. Bei den Idealpunktverfahren können sie einfach in die Berechnung der Abstände einfließen. Ein bekannter Vertreter dieser Verfahren ist die *Technique for Order Performance by Similarity to Ideal Solution (TOPSIS)* [91].

Nachteile von Idealpunktverfahren sind, dass alle Kriterien Kardinalskalen aufweisen und Idealpunkte existieren müssen. Wie auch bei anderen Entscheidungsverfahren tritt bei Idealpunktverfahren ein kompensatorischer Effekt auf. Zudem besitzen – im Gegensatz zur Nutzwertanalyse – die Kriterien immer einen gleichmäßigen Einfluss auf das Gesamtergebnis. Es ist zum Beispiel nicht möglich darzustellen, dass ab einem bestimmten Wert eines Kriteriums eine Verbesserung nicht mehr wesentlich zum Gesamtergebnis beitragen soll.

2.7.4 Outranking-Verfahren

Outranking-Verfahren, wie die der ELECTRE-Familie, vergleichen Alternativen (a_i) anhand von Kriterien $(g_j(a_i))$ paarweise [92]. Das Besondere hierbei ist, dass jedes Kriterium eine Indifferenz, schwache Präferenz, starke Präferenz oder ein Veto ausdrücken kann. Zudem kann als Gesamtergebnis eine Unvergleichbarkeit vorliegen, das bedeutet, dass für die vorliegenden Eingaben keine beste Alternative bestimmt werden kann. Die *Indifferenz* bedeutet, dass anhand des Kriteriums beide Alternativen (etwa) gleich gut sind, da ihre Differenz kleiner als die *Indifferenzschwelle* q_j des Kriteriums g_j ist. Das bedeutet, dass Alternative a_1 in Hinblick auf Kriterium g_j nicht schlechter als Alternative a_2 ist, wenn $g_j(a_2) - g_j(a_1) \leq q_j$ ist. Eine schwache Präferenz für a_2 liegt dann vor, wenn $g_j(a_2) - g_j(a_1) > q_j$ gilt und eine starke Präferenz, falls gilt $g_j(a_2) - g_j(a_1) > p_j$, mit einer weiteren Schwelle p_j für welche gilt $p_j > q_j$.

Basierend auf Indifferenzen sowie schwachen und starken Präferenzen für den Vergleich unter Berücksichtigung jedes Kriteriums wird dann versucht, eine Gesamtpräferenz zu bestimmen. Wird zum Beispiel a_1 für jedes Kriterium gegenüber a_2 präferiert, so sind diese in Übereinstimmung und a_1 wird auch insgesamt a_2 vorgezogen. Sollte jedoch a_2 nur für ein Kriterium g_i gegenüber a_1 stark präferiert werden, so liegt für dieses Kriterium g_i eine Uneinigkeit vor. Anhand der übereinstimmenden und uneinigen Kriterien wird ein Übereinstimmungsindex berechnet, der ausdrückt, wie stark die Übereinstimmung ist. Zusätzlich existiert eine Vetoschwelle v_j. Falls für ein Kriterium g_j die Ungleichung $g_j(a_1) - g_j(a_2) > v_j$ gilt, dann kann a_2 nicht a_1 vorgezogen werden.

Bei den Verfahren ELECTRE I, II und IV müssen die Kriterien anhand ihrer Stärke geordnet sein. Ein stärkeres Kriterium wirkt dabei stärker auf die Gesamtentscheidung. ELECTRE III und A hingegen erlauben es, für jedes Kriterium die Stärke explizit festzulegen. Weitere Details der Outranking-Verfahren können [92] entnommen werden.

Die Outranking-Verfahren weisen eine relative hohe Komplexität auf. Einerseits sind unterschiedliche Schwellen und Konstanten festzulegen, andererseits vergleichen alle Outranking-Verfahren die Alternativen paarweise. Gerade bei einer großen Anzahl von Alternativen führt dies zu einem hohen Aufwand. Ein weiteres Kennzeichen der Outranking-Verfahren der ELECTRE-Familie besteht darin, „Unvergleichbarkeit zwischen bestimmten Aktionen [. . .] auch noch als Resultat der Entscheidungsanalyse zu akzeptieren" [89]. Dies kann dazu führen, dass alle Alternativen vom Entscheidungsverfahren als gleichwertig angegeben werden.

2.8 Usability

Die Benutzerfreundlichkeit (engl. Usability) beschäftigt sich mit der Eignung von Computer-Mensch-Schnittstellen. Diese Schnittstellen können unterschiedlich gut geeignet sein und den Nutzer bei seiner Arbeit unterstützen oder behindern. Im Rahmen dieser Arbeit wird nur ein kleiner Teilbereich der Usability berührt, und zwar der Teilbereich, der Nutzerfreundlichkeit und Sicherheit gleichzeitig betrachtet. Dieser wird in der englischen Sprache unter anderem mit dem Ausdruck *Useful Computer Security* bezeichnet. Hierunter fällt zum Beispiel die Nutzerfreundlichkeit von grafischen Nutzerschnittstellen für die Konfiguration und/oder Nutzung von Sicherheitslösungen und Sicherheitsprotokollen. Aber auch für Authentifizierungsverfahren ist Nutzerfreundlichkeit wichtig. Einen Überblick über Untersuchungen zur Nutzerfreundlichkeit bietet [93]. Im Folgenden werden einige relevante Arbeiten vorgestellt.

Eine der bekanntesten Veröffentlichungen in diesem Umfeld ist [7]. Hierbei wurde untersucht, wie gut Nutzer mit einer verbreiteten Lösung zur E-Mail-Verschlüsselung (PGP 5.0) umgehen können. Als Fazit wurde der Software eine sehr schlechte Bedienbarkeit attestiert. Ähnliche Arbeiten betrachteten andere Arten der E-Mail-Sicherheit, wie [8] und [94].

Aber nicht nur E-Mail-Sicherheit wird im Kontext der Benutzerfreundlichkeit betrachtet, auch z. B. die Sicherheit beim Websurfing ist Gegenstand einiger Untersuchungen. Sicherheitsrelevante Fehler beim Entwurf von Bank-Webseiten werden in [95] thematisiert, während [9] feststellte, dass Nutzer oft nicht überprüfen, ob sicherheitskritische

Kommunikation (in diesem Fall Online-Banking) geschützt ist. Als Lösung hierfür werden Änderungen an der Mensch-Computer-Schnittstelle vorgeschlagen.

3. Kommunikationseigenschaften

Für die Unterstützung einer automatisierten Wahl von Kommunikationsprotokollen ist es erforderlich, die verfügbaren *Alternativen* (Stapel von Kommunikationsprotokollen) zueinander in Beziehung zu setzen und geeignete Unterscheidungsmerkmale zu definieren, welche im Folgenden als *Kommunikationseigenschaften* (siehe auch Abschnitt 2.1) bezeichnet werden. Im Gegensatz zur Leistungsbewertung von Kommunikationsprotokollen sind hierfür jedoch keine exakten quantitativen Aussagen notwendig, da nur verschiedene Kommunikationsprotokolle verglichen werden müssen. Für den Vergleich der Kommunikationsprotokolle sind beispielsweise auch ordinal skalierte Kommunikationseigenschaften ausreichend. Vereinfachungen bei der Bestimmung der Kommunikationseigenschaften führen durchaus noch zum korrekten Ergebnis beim Vergleich der Kommunikationsprotokolle, wenn die Vereinfachungen sich auf alle untersuchten Kommunikationsprotokolle gleich auswirken.

Das Ziel dieses Kapitels ist es, für die in dieser Arbeit betrachteten Szenarien (Abschnitt 1.1) geeignete Kommunikationseigenschaften zu definieren. In den folgenden Abschnitten wird daher zuerst die Wahl von Kommunikationsprotokollen modellhaft betrachtet (Abschnitt 3.1). Im Anschluss daran werden Kommunikationseigenschaften allgemein untersucht (Abschnitt 3.2) sowie geeignete Kommunikationseigenschaften vorgestellt (Abschnitt 3.3). In Abschnitt 3.4 wird die Bestimmung der Kommunikationseigenschaften in den Szenarien der vorliegenden Arbeit betrachtet und in Abschnitt 3.5 folgt ein kurzes Fazit.

3.1 Wahl von Kommunikationsprotokollen

Bevor für die Wahl von Kommunikationsprotokollen geeignete Kommunikationseigenschaften definiert werden, wird diese Wahl modellhaft betrachtet. In Abbildung 3.1
wird ein geeignetes abstraktes Modell gezeigt. Es werden zwei Kommunikationspartner
dargestellt, welche als *Kommunikationspartner* K_1 und *Kommunikationspartner* K_2 (im
Folgenden auch nur kurz K_1 und K_2) bezeichnet werden. Die folgenden Betrachtungen
beziehen sich auf Kommunikationsvorgänge zwischen K_1 und K_2. Während es sich bei
dem System von K_1 um ein herkömmliches System handelt, unterstützt das System von
K_2 die automatisierte Wahl von Kommunikationsprotokollen. Somit hat K_2 bei einer
von ihm initiierten Kommunikation die Möglichkeit, automatisiert geeignete Kommunikationsprotokolle zu wählen. Dies ist beispielsweise dann vorteilhaft, wenn mehrere
Kommunikationsprotokolle mit unterschiedlichen Kommunikationseigenschaften existieren, deren Eignung aber situationsabhängig ist. Ein Kommunikationsprotokoll könnte
eine besonders geschützte Datenübertragung erlauben, während ein anderes besonders
wenig Energie benötigt. Für vertrauliche Informationen und falls ausreichend Energie
vorhanden ist, wäre das erste Kommunikationsprotokoll eine gute Wahl. Falls jedoch
die Daten nicht vertraulich sind und die Energie begrenzt ist, kann das zweite Kommunikationsprotokoll eine bessere Alternative darstellen.

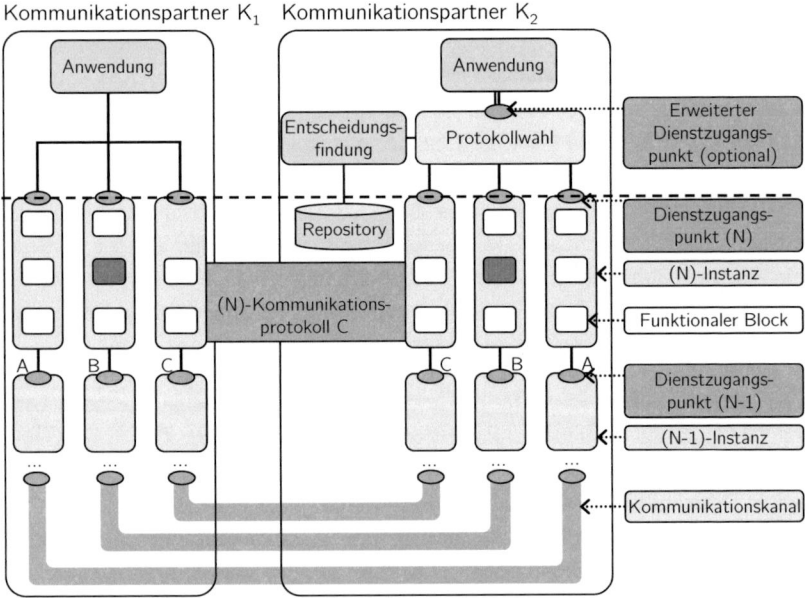

Abbildung 3.1: Abstraktes Modell der Protokollwahl

Wenn K_1 nur eine Alternative für die Kommunikation unterstützt, kann K_2 keine Auswahl treffen. Unabhängig von der Anzahl der Alternativen kann jedoch immer entschieden werden, ob überhaupt kommuniziert werden soll: Zum Beispiel kann ungeschützte Kommunikation verhindert werden, falls die Sicherheitsanforderungen eine gesicherte Kommunikation verlangen. Ungeschützte Kommunikation kann nur erlaubt werden, wenn keine Sicherheitsanforderungen erfüllt werden müssen.

Die Protokollwahl wird vom Kommunikationspartner durchgeführt, der die Kommunikation initiiert. Daher ist die Protokollwahl auch nur dann möglich, wenn dieser Kommunikationspartner sie unterstützt. Zudem kann ein Kommunikationspartner auch eingehende Kommunikationswünsche ablehnen. So wird zwar keine Wahl durch diesen Kommunikationspartner ermöglicht, jedoch werden die Wahlmöglichkeiten des anderen Kommunikationspartners eingeschränkt.

In dem hier betrachteten Beispiel (Abbildung 3.1) unterstützt nur K_2 die Protokollwahl, und somit wird nur für die von ihm aufgebaute Kommunikation eine Protokollwahl durchgeführt. Wird die Protokollwahl jedoch von beiden Kommunikationspartnern unterstützt, wäre zudem eine kooperative Entscheidungsfindung für die Protokollwahl möglich. Das bedeutet, dass die Auswahl des zu nutzenden Kommunikationsprotokolls von beiden Kommunikationspartnern in Kooperation getroffen wird.

Eine kooperative Entscheidungsfindung ist allerdings im Internet nur schwer einsetzbar, da sie es erfordert, dass für jede zu schützende Kommunikation jeweils beide Kommunikationspartner ihre Systeme anpassen. Alle Kommunikationspartner zu Änderungen ihrer Systeme zu bewegen, ist zumindest im heutigen Internet kein Erfolg versprechender Lösungsansatz. Ein weiterer Nachteil einer kooperativen Entscheidungsfindung ist es, dass sie noch vor dem Aufbau der Kommunikation eine Signalisierung zwischen den Kommunikationspartnern benötigt, welche gegen Angreifer geschützt werden muss und zusätzlichen Aufwand bedeutet. Die kooperative Entscheidungsfindung wird aufgrund der Nachteile in der vorliegenden Arbeit nicht betrachtet. Selbst wenn beide Kommunikationspartner eine Entscheidungsfindung durchführen können, so geschieht die Protokollwahl im Rahmen der vorliegenden Arbeit immer nur durch den Kommunikationspartner, der die Kommunikation initiiert. Da bei der nicht-kooperativen Entscheidungsfindung ein Kommunikationspartner aus den „Angeboten" des anderen Kommunikationspartners wählt, ist diese Entscheidungsfindung funktional nicht unbedingt von Nachteil gegenüber der kooperativen Entscheidungsfindung.

Abbildung 3.1 ist mittels einer gestrichelten Linie in zwei Teile aufgeteilt: Der untere Teil befasst sich mit den Kommunikationsprotokollen, während im oberen Teil die Wahl der Kommunikationsprotokolle betrachtet wird.

Im *unteren Teil der Abbildung* werden drei (N)-Instanzen (A, B und C) je Kommunikationspartner mit jeweils einer darunterliegenden (N-1)-Instanz dargestellt. Nach [10] ist hierbei die (N)-Instanz die Instanz der Schicht N. Auf die Darstellung der Schichten wurde in Abbildung 3.1 verzichtet.

Zwischen jeweils zwei „zusammengehörigen" (N)-Instanzen der involvierten Kommunikationspartner wird dabei ein Kommunikationsprotokoll eingesetzt. In der Abbildung ist nur das (N)-Kommunikationsprotokoll C dargestellt, welches zwischen den (N)-Instanzen C der beiden Kommunikationspartner genutzt wird. Auf die Darstellung der anderen beiden (N)-Kommunikationsprotokolle A und B sowie die Darstellung der (N-1)-Kommunikationsprotokolle wird zugunsten der Übersichtlichkeit verzichtet.

Die Kommunikation der Anwendung erfolgt über die Dienstzugangspunkte (N) und somit mittels der (N)-Instanzen und (N)-Kommunikationsprotokolle, welche wiederum (N-1)-Instanzen und (N-1)-Kommunikationsprotokolle nutzen. Wären alle (N)-Instanzen identisch und würde nur verbindungsorientierte Kommunikation betrachtet, so sollten [10] folgend die (N)-Instanzen einen gemeinsamen Dienstzugangspunkt nutzen und mithilfe von „Connection Endpoint IDs" die einzelnen Verbindungen unterscheiden. Diese beiden Bedingungen treffen jedoch im Allgemeinen nicht zu.

Weitere involvierte darunterliegende Instanzen und Kommunikationsprotokolle sind in der Abbildung nicht explizit dargestellt. Die Instanzen nehmen letztendlich die Dienste von Kommunikationskanälen (Definition in Abschnitt 2.1) in Anspruch. Diese umfassen zumindest die Schichten 1–3 des ISO/OSI-Basisreferenzmodells und bieten daher Ende-zu-Ende-Kommunikation an. Ebenso wie die gezeigten Instanzen bieten die *Kommunikationskanäle* Dienstzugangspunkte nach oben an. Interna der Kommunikationskanäle werden in der vorliegenden Arbeit nicht weiter betrachtet. Es kann jedoch für die Protokollwahl erforderlich sein, dass die Kommunikationseigenschaften der Kommunikationskanäle vorliegen: Nutzen die Kommunikationsprotokolle Dienste unterschiedlicher Kommunikationskanäle, so bedingt die Wahl eines Kommunikationsprotokolls auch die Wahl des Kommunikationskanals. Die Kommunikationseigenschaften der Kommunikationsprotokolle reichen dann für die Entscheidungsfindung nicht mehr aus. Dieser Fall wird in Kapitel 6 betrachtet.

Die Abbildung zeigt zudem noch am Beispiel der (N)-Instanzen die Möglichkeit, sie aus funktionalen Blöcken zusammenzusetzen. Die funktionalen Blöcke werden zunächst nicht weiter betrachtet, aber in Kapitel 6 im Kontext der Komposition von Kommunikationsprotokollen aus solchen funktionalen Blöcken wieder aufgegriffen.

Der *obere Teil der Abbildung* befasst sich mit der Wahl der Kommunikationsprotokolle. Statt die Auswahl des Kommunikationsprotokolls in jede Anwendung zu integrieren, wird eine *Protokollwahlkomponente* genutzt, die beim Kommunikationsaufbau die

Kommunikation einem Dienstzugangspunkt (N) zuordnet. Diese Komponente befindet sich in der Abbildung genau unterhalb der Anwendung und bietet der Anwendung einen *erweiterten Dienstzugangspunkt* an. Diese Schnittstelle wird nicht nur für die Kommunikation selbst eingesetzt, sondern sie erlaubt es der Anwendung, auch Anforderungen und Einschränkungen in Bezug auf die Kommunikation mitzuteilen (in der Abbildung durch eine dünne Linie dargestellt), welche in die Entscheidungsfindung eingehen. Anwendungen, die keine Anforderungen und Einschränkungen nutzen, müssen diese optionale Erweiterung der Dienstzugangspunkte nicht implementieren.

Für den *erweiterten Dienstzugangspunkt* existieren zwei Entwurfsoptionen: Es kann ein vollständig neuer Dienstzugangspunkt entworfen oder der bestehende Dienstzugangspunkt (zum Beispiel die Socket-Schnittstelle) erweitert werden. Während ein Neuentwurf eine größere Flexibilität bietet, kann durch eine Erweiterung des bestehenden Dienstzugangspunkts Abwärtskompatibilität erreicht werden. Bestehende Anwendungen müssen in diesem Fall nicht angepasst werden, um weiterhin kommunizieren zu können. Die Entwurfsoptionen für den erweiterten Dienstzugangspunkt sind Gegenstand der Betrachtungen von Abschnitt 5.3.

Mithilfe des erweiterten Dienstzugangspunkts kann die Anwendung der Entscheidungsfindung Anforderungen und Einschränkungen im Rahmen eines Kommunikationsaufbauwunsches mitteilen. Daraufhin wählt die Entscheidungsfindung das bestgeeignete Kommunikationsprotokoll aus und teilt das gewählte Kommunikationsprotokoll der Anwendung mit, falls diese den optionalen erweiterten Dienstzugangspunkt unterstützt.

Eine Protokollwahl für bestehende Kommunikation und somit ein Wechsel der Kommunikationsprotokolle während einer bestehenden Kommunikation wird von dieser Arbeit nicht betrachtet, da sie im Allgemeinen zur Unterbrechung der Kommunikation führt (Wiederaufbau beim Wechsel eines Kommunikationsprotokolls) oder explizite Unterstützung durch Kommunikationsprotokolle und/oder das System erfordert (zum Beispiel Zustandsmigration).

Das Ziel der Entscheidungsfindung ist die Wahl der besten Alternative für die Kommunikation. Hierfür müssen ausreichende Beschreibungen der Alternativen in Form von Kommunikationseigenschaften vorliegen. Diese erhält die Entscheidungsfindung aus dem Repository der funktionalen Blöcke (siehe Abbildung 3.1). In Kombination mit den Anforderungen und Einschränkungen der Anwendung sowie dem aktuellen Netz- und Systemzustand kann die Entscheidungsfindung dann die Wahl des bestgeeigneten Kommunikationsprotokolls vornehmen.

Einige Kommunikationsprotokolle verhalten sich nicht immer gleich, da sie verschiedene Optionen beim Kommunikationsaufbau aushandeln. Zum Beispiel handelt das Sicherheitsprotokoll TLS die verwendeten kryptografischen Verfahren in Form von *Ci-*

pher Suites aus [52]. Abhängig von der genutzten *Cipher Suite* gelten aber unterschiedliche Kommunikationseigenschaften. Daher werden in der vorliegenden Arbeit nicht nur die Kommunikationsprotokolle selbst, sondern auch deren relevante Optionen betrachtet und gewählt. Die Ausprägungen der Optionen werden im Folgenden als die *Konfigurationen* des Kommunikationsprotokolls bezeichnet. Hat die Entscheidungsfindung ein Kommunikationsprotokoll nebst Konfiguration ausgewählt, so wird diese Wahl umgesetzt, indem die Kommunikation der Anwendung auf den Dienstzugangspunkt der Instanz des gewählten Kommunikationsprotokolls geleitet und der Kommunikationsaufbau gestartet wird.

Da die Entscheidungsfindung die Konfiguration des Kommunikationsprotokolls vorgibt, wird die Wahl beziehungsweise die Aushandlungsfreiheit des Kommunikationsprotokolls beschränkt: Zuvor konnte das Kommunikationsprotokoll die Konfiguration selbst wählen, jetzt wird seine Auswahl auf eine Teilmenge beschränkt oder entfällt gänzlich, falls die Entscheidungsfindung bereits die Auswahl trifft. Diese Einschränkung ist allerdings kein Nachteil der Protokollwahl, da die Entscheidungsfindung, im Gegensatz zu vielen Kommunikationsprotokollen, Anforderungen und Einschränkungen von Nutzern und Anwendungen sowie den aktuellen Netz- und Systemzustand bei der Auswahl in Betracht zieht.

Im Gegensatz zum System von K_2 umfasst das System von K_1 keine Entscheidungsfindung, keine Komponenten, um die Kommunikation der Anwendung je nach Entscheidung auf den Dienstzugangspunkt abzubilden, und kein Repository. Es wird jedoch angenommen, dass K_1 verschiedene Kommunikationsprotokolle nutzt und hierdurch dem System von K_2 verschiedene Wahlmöglichkeiten eröffnet. Diese Annahme ist bereits heute in vielen Fällen erfüllt: Server wie zum Beispiel Web- und Mailserver bieten ihre Dienste meist mittels geschützter und ungeschützter Kommunikation an. Sicherheitsprotokolle bieten häufig Wahlmöglichkeiten in Bezug auf die verwendeten kryptografischen Verfahren und selbst das Internetprotokoll ist bereits auf vielen Kommunikationsgeräten in den Varianten IPv4 und IPv6 vorhanden.

Kapitel 4 umfasst eine genaue Beschreibung der Entscheidungsfindung. Die für die Entscheidungsfindung notwendigen Kommunikationseigenschaften werden in den folgenden Abschnitten dieses Kapitels betrachtet.

3.2 Merkmale von Kommunikationseigenschaften

Kommunikationseigenschaften können in funktionale und nicht-funktionale Kommunikationseigenschaften eingeteilt werden. *Funktional* heißt in diesem Kontext, dass Kommunikationseigenschaften direkt die Funktion des durch das Kommunikationsprotokoll erbrachten Dienstes beschreiben, während *nicht-funktionale* Kommunikationseigenschaften nicht die Funktion, sondern andere Aspekte, wie zum Beispiel die Leistungsfähigkeit oder Kosten, beschreiben. Betrachtet man zum Beispiel ein Sicherheitsprotokoll mit einem Verschlüsselungsverfahren, so ist die „Sicherheitsstärke" der genutzten Verschlüsselung eine funktionale und der „Energieverbrauch" eine nicht-funktionale Kommunikationseigenschaft. In diesem Beispiel wird zudem klar, dass funktionale und nicht-funktionale Kommunikationseigenschaften oft gleichzeitig beeinflusst werden. Die Nutzung des Sicherheitsprotokolls beeinflusst einerseits die funktionale Kommunikationseigenschaft „Sicherheitsstärke", andererseits aber auch die nicht-funktionale Kommunikationseigenschaft „Energieverbrauch", da für die Nutzung von Verschlüsselungsverfahren zusätzliche Rechenleistung und damit Energie benötigt wird.

Im folgenden Abschnitt werden Kommunikationseigenschaften vorgestellt, die im Rahmen der vorliegenden Arbeit berücksichtigt werden.

3.3 Kommunikationseigenschaften

Damit die Entscheidungsfindung die Wahl des bestgeeigneten Kommunikationsprotokolls durchführen kann, ist es notwendig, die Kommunikationsprotokolle geeignet durch Kommunikationseigenschaften zu beschreiben. Während es dabei in einigen Szenarien nicht notwendig ist, die Eignung des Kommunikationsprotokolls unter Berücksichtigung des zu nutzenden Kommunikationskanals zu beurteilen (siehe Kapitel 5), ist dies in anderen Fällen jedoch erforderlich. Dies bedeutet, dass die Entscheidungsfindung das bestgeeignete Kommunikationsprotokoll nur unter Berücksichtigung des zu nutzenden Kommunikationskanals wählen kann. Hierbei können die wählbaren Kommunikationsprotokolle unterschiedlich gut für die verschiedenen Kommunikationskanäle geeignet sein oder die Wahl des Kommunikationskanals wird durch die Wahl der Kommunikationsprotokolle bedingt. Beide Fälle werden in Kapitel 6 betrachtet. Es ist daher nicht nur notwendig, dass die Kommunikationseigenschaften geeignet sind, um die Kommunikationsprotokolle zu beschreiben, sondern sie müssen auch – zumindest teilweise – die Kommunikationskanäle beschreiben können.

Der in der vorliegenden Arbeit entwickelte Ansatz sieht vor, dass Anwendungen und Nutzer dem Kommunikationssystem über den optionalen erweiterten Dienstzugangspunkt Anforderungen und Einschränkungen mitteilen können. Hierfür ist es von großem Vorteil, die Kommunikationseigenschaften geeignet zu kategorisieren. Einerseits lassen sich so die Kommunikationseigenschaften besser überblicken, andererseits können Kategorien von Kommunikationseigenschaften gleichzeitig beeinflusst werden: Es können nicht nur Anforderungen und Einschränkungen, die sich auf einzelne Kommunikationseigenschaften beziehen, definiert werden, sondern auch solche, die sich auf eine Menge von Kommunikationseigenschaften – nämlich die einer Kategorie – beziehen. Beispielsweise könnte also ein Nutzer Sicherheit gegenüber Energiebedarf abwägen und nicht nur einzelne Kommunikationseigenschaften gegeneinander. Die Entscheidungsfindung muss hierfür mit einer Hierarchie von Kommunikationseigenschaften umgehen. Dies wird in Kapitel 4 weiter thematisiert.

Die in dieser Arbeit betrachteten Kommunikationseigenschaften werden in vier Kategorien eingeteilt: Dienstgüte, Zuverlässigkeit, Energiebedarf und Sicherheit. Eine Kategorie kann weiter in Unterkategorien unterteilt sein. Die *Dienstgüte* umfasst die Unterkategorien Latenz/Latenzschwankungen, Kommunikationsaufbauverzögerung, Kapazität und Overhead. Zur *Zuverlässigkeit* gehören die Unterkategorien Verlust, Duplikate, Verfälschung und Vertauschung. Authentifizierung, Schlüsselaustausch, Verschlüsselung und Datenauthentizität/Integrität sind Unterkategorien der Kategorie *Sicherheit*. Die Kategorie *Energiebedarf* wird nicht in weitere Unterkategorien unterteilt. Eine Über-·sicht der Kategorien und Unterkategorien gibt Abbildung 3.2. Die einzelnen Kommunikationseigenschaften dieser Kategorien und Unterkategorien werden im Anschluss detailliert vorgestellt. Es ist zu beachten, dass es nicht Ziel dieser Arbeit ist, eine vollständige Liste der möglichen Kategorien und/oder Kommunikationseigenschaften zusammenzustellen. Die Kategorien und Kommunikationseigenschaften wurden stark auf die in der vorliegenden Arbeit betrachteten Fragestellungen hin ausgewählt. Eine Erweiterung der Kategorien und/oder Kommunikationseigenschaften ist jedoch einfach möglich.

Im Folgenden werden die Kategorien und die darin enthaltenen Kommunikationseigenschaften betrachtet: Die Kommunikationseigenschaften der Kategorie Dienstgüte in Abschnitt 3.3.1, die der Kategorie Zuverlässigkeit in Abschnitt 3.3.2, die der Kategorie Energiebedarf in Abschnitt 3.3.3 und die der Kategorie Sicherheit in Abschnitt 3.3.4.

3.3.1 Dienstgüte

Die Kategorie Dienstgüte umfasst nicht-funktionale Kommunikationseigenschaften. Zu den Unterkategorien der Dienstgüte gehören Latenz/Latenzschwankung, Kommunikationsaufbauverzögerung, Kapazität und Overhead.

Latenz/Latenzschwankung und Kapazität umfassen verbreitete Kommunikationseigenschaften, welche für die Beschreibung von Kommunikationskanälen im Internet als auch für die Beschreibung von Kommunikationsprotokollen eingesetzt werden. Die Kommunikationseigenschaften der Unterkategorie Kommunikationsaufbauverzögerung werden dafür verwendet, die Wartezeit beim Kommunikationsaufbau zu beschreiben, welche z. B. durch den Schlüsselaustausch von Sicherheitsprotokollen beeinflusst wird. Der Overhead hingegen beschreibt den Zusatzaufwand in Form von zusätzlich zu den eigentlichen Nutzdaten übertragenen Redundanz- oder Kontrolldaten und wird für die

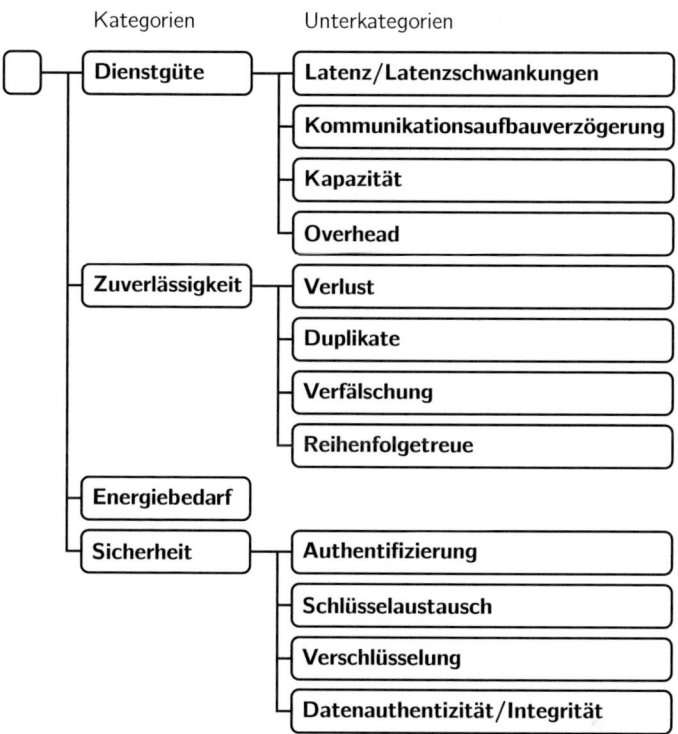

Abbildung 3.2: Kategorien und Unterkategorien der betrachteten Kommunikationseigenschaften

Beschreibung von Kommunikationskanälen üblicherweise nicht berücksichtigt. Die Betrachtung des Overheads ist aber insbesondere auch dann nützlich, wenn für einen Kommunikationskanal mit unbekannten Kommunikationseigenschaften ein Kommunikationsprotokoll gewählt werden soll, wie es beispielsweise Gegenstand von Kapitel 5 ist. Denn liegen die Kommunikationseigenschaften des Kommunikationskanals nicht vor, so ist zum Beispiel eine genaue Bestimmung der Kapazität, die durch die Kombination von Kommunikationskanal und Kommunikationsprotokoll bereitgestellt wird, nicht möglich. Die Betrachtung des Overheads ist in diesem Fall jedoch möglich und erlaubt es, einen begrenzten Einfluss auf die Kapazität zu berücksichtigen, nämlich den Einfluss von Redundanz- und Kontrolldaten.

Im Folgenden werden die Kommunikationseigenschaften der Dienstgüte näher betrachtet und definiert. Da die Kategorisierung der Kommunikationseigenschaften in dieser Arbeit in Hinblick auf die Wahl von Kommunikationsprotokollen und deren Steuerung zum Beispiel durch Anforderungen durchgeführt wurde (siehe Einleitung zu Abschnitt 3.3), werden einige Kommunikationseigenschaften, die in anderen Arbeiten zur Dienstgüte gezählt werden, in eigene Kategorien und nicht zur Dienstgüte eingeordnet. Hierzu zählen Kommunikationseigenschaften der Zuverlässigkeit (Abschnitt 3.3.2) und je nach Definition des Begriffs Dienstgüte auch Kommunikationseigenschaften des Energiebedarfs (Abschnitt 3.3.3) sowie der Sicherheit (Abschnitt 3.3.4).

3.3.1.1 Latenz und Latenzschwankungen

Die Zeitdauer für die Übermittlung einer Dateneinheit vom Sender zum Empfänger (1-Weg-Verzögerung, one way delay) bzw. vom Sender zum Empfänger und wieder zurück (2-Wege-Verzögerung, round trip delay) wird im Allgemeinen als *Latenz*, *Verzögerung* oder auch *Umlaufzeit* (2-Wege-Verzögerung) bezeichnet. Die Latenz setzt sich in der Regel aus vier zeitlichen Anteilen zusammen:

- Die *Ausbreitungsverzögerung* oder auch Signallaufzeit ist die Zeit, die benötigt wird, um ein Bit entlang eines Übertragungsmediums von der Quelle zum Ziel zu übertragen.
- Die *Sendezeit* ist die Zeit, die benötigt wird, um eine Dateneinheit vollständig an das Übertragungsmedium zu übergeben. Sendezeiten treten sowohl beim Sender als auch bei Zwischensystemen auf.
- Die *Verarbeitungszeit* ist die Zeitdauer der Verarbeitung durch die Protokollinstanzen.
- Die *Wartezeit* ist die Aufenthaltszeit in Warteschlangen (zum Beispiel Sendewarteschlange).

Die Ausbreitungsverzögerung und Sendezeit sind im Kontext der vorliegenden Arbeit nur am Rande von Belang, da die Ausbreitungsverzögerung nicht bekannt ist und einzig die Sendezeit des lokalen Systems bestimmt werden kann. Für die Sendezeiten der Zwischensysteme ist dies jedoch nicht möglich. Es ist jedoch denkbar, dass die Sendezeiten der Zwischensysteme bei der Bestimmung der Kommunikationseigenschaften des Kommunikationskanals, zum Beispiel durch Netzbetreiber, berücksichtigt werden. Diese Bestimmung ist aber nicht Gegenstand der vorliegenden Arbeit.

Vor allem Verarbeitungszeit und Wartezeit können sich über die Zeit, bedingt durch die aktuelle Auslastung involvierter, asynchroner Systeme, ändern. Zur Darstellung sind daher einzelne konstante Werte in der Regel nicht ausreichend. Es wird daher mit dem *Minimum* die untere Schranke und mit dem *Median* der gegenüber Ausreißern robustere mittlere Wert beschrieben. Mit der Bestimmung der Verzögerungen in IP-basierten Kommunikationsnetzen befassen sich zum Beispiel [96] und [97].

Im verbleibenden Teil der vorliegenden Arbeit wird die Latenz nur als *minimale 1-Weg-Verzögerung* und *mittlere 1-Weg-Verzögerung* auf Basis des Medians beschrieben. Unter

Berücksichtigung der in der vorliegenden Arbeit betrachteten Kommunikationskanäle –
sie werden jeweils nur als Ganzes betrachtet – wird für die Protokollwahl vereinfachend
davon ausgegangen, dass Dateneinheiten in beiden Kommunikationsrichtungen einem
Kommunikationspfad mit gleichen Kommunikationseigenschaften folgen und die Wartezeiten, Verarbeitungszeiten, Sendezeiten und Ausbreitungsverzögerungen für beide
Richtungen gleich sind. Daher wird die 1-Weg-Verzögerung immer als Hälfte der 2-
Wege-Verzögerung angenommen. Mit einer differenzierteren Betrachtung der Kommunikationskanäle können zwar Auswirkungen durch zum Beispiel asymmetrisches Rou-
ting, Funkstrecken oder asymmetrische Kommunikationsstrecken (zum Beispiel ADSL)
genauer dargestellt werden, eine solche Betrachtung wird aber in der vorliegenden Arbeit nicht durchgeführt.

Neben der Nutzung von minimaler 1-Weg-Verzögerung und mittlerer 1-Weg-Verzöge-
rung kann das Schwankungsverhalten der 1-Weg-Verzögerung – beispielsweise verursacht durch Schwankungen von Verarbeitungs- und Wartezeiten – noch weiter durch
Latenzschwankungen beschrieben werden. Die Latenzschwankung selbst wird üblicherweise in zwei verschiedenen Ausprägungen betrachtet, nämlich Paketverzögerungs-
schwankung (Packet Delay Variation, PDV) und Zwischenpaketverzögerungsschwan-
kung (Inter Packet Delay Variation, IPDV)[1]. PDV gibt die Differenz zwischen maximaler Latenz – beziehungsweise dem 99,9%-Quantil – und minimaler Latenz wieder [98]
und die Bestimmung der IPDV betrachtet Schwankungen des zeitlichen Abstands auf-
einanderfolgender Paare von Dateneinheiten [99]. Die Nutzung des 99,9%-Quantils beschränkt die Auswirkung von Ausreißern. Weitere Überlegungen und eine Gegenüber-
stellung von PDV und IPDV finden sich in [100]. Unter anderem wird angemerkt, dass
schnelle Latenzschwankungen besser mittels der IPDV und langsame Latenzschwankungen besser mittels der PDV dargestellt werden können. Zudem ist die PDV besser geeignet für die Größenbestimmung des Empfangspuffers zum Ausgleich der Latenzschwankungen („de-jitter buffer"). Dieser ist ein weitverbreitetes Mittel, um die
Latenzschwankungen zu glätten. Unter anderem Live-Streaming-Anwendungen setzen
dafür einen solchen Puffer ein und dimensionieren ihn anhand der größten zu kompen-
sierenden Latenzschwankung. Damit solche Anwendungen geeignete Anforderungen
definieren können, wird in der vorliegenden Arbeit die PDV für die Beschreibung der
Latenzschwankungen genutzt. Statt der Nutzung der PDV wäre auch eine Kommunikationseigenschaft „maximale 1-Weg-Verzögerung" denkbar, welche durch Addition der
minimalen 1-Weg-Verzögerung zur PDV bestimmt werden kann. Für Anwendungen,
die direkt die Größe des „de-jitter buffers" bestimmen wollen, ist jedoch PDV nahe-

---

[1] Auch wenn PDV und IPDV explizit *Paket* und nicht *Dateneinheiten* im Namen enthalten, werden diese
Bezeichnungen trotzdem im Folgenden im Kontext von Dateneinheiten angewendet.

liegender. Einen Vorteil für die automatisierte Wahl von Kommunikationsprotokollen bietet die „maximale 1-Weg-Verzögerung" jedoch nicht.

Für Latenzschwankungen gilt, dass diese sich über die Zeit ändern können. Daher werden üblicherweise in der Literatur für die Beschreibung der PDV von Kommunikationsnetzen keine absoluten Zahlen verwendet, sondern Maximum oder 99,9%-Quantil. Die Verwendung von Minimum oder Median ist hingegen weniger sinnvoll. Mithilfe des Maximums kann zum Beispiel ein „de-jitter buffer" dimensioniert werden, mit Minimum oder Median ist dies nicht möglich.

Basiert das Maximum der Latenzschwankung auf einer Messung, so gibt es die größte gemessene Schwankung in einem Zeitraum wieder, welche im späteren Verlauf noch übertroffen werden kann. Das Gleiche gilt für das 99,9%-Quantil, das durch eine große Anzahl von Dateneinheiten bestimmt wird, indem die größten 0,1% der Schwankungen ausgelassen werden. Die Latenzschwankungen bei 99,9% der beobachteten Dateneinheiten sind somit kleiner oder gleich dem 99,9%-Quantil. Da die vorliegende Arbeit für Kommunikationskanäle und Kommunikationsprotokolle eine Vorhersage und keine Beschreibung des Verhaltens eines vergangenen Zeitraums benötigt, ist für die Wahl der Protokolle die Unterscheidung zwischen Maximum und 99,9%-Quantil nicht notwendig. Es ist jedoch erforderlich, dass eine vergleichbare Vorhersage der Latenzschwankung verschiedener Kommunikationskanäle erfolgt, damit die Wahl der Kommunikationsprotokolle nicht negativ beeinflusst wird. Wird für die Vorhersage der Latenzschwankung auf eine Menge von beobachteten Werten zurückgegriffen, so bietet es sich an, bei der Bestimmung der Latenzschwankungen der Kommunikationskanäle das 99,9%-Quantil zu nutzen, da es im Vergleich zum Maximum etwas robuster gegen Ausreißer ist.

Bei der Bestimmung der durch Kommunikationsprotokolle verursachten Latenzschwankungen ist für die Protokollwahl eine weniger genaue Bestimmung als in der Leistungsbewertung ausreichend. Es muss nur die Vergleichbarkeit der Kommunikationsprotokolle geleistet werden. Sollen zum Beispiel Daten in einem Kommunikationsnetz unter Berücksichtigung eines begrenzten Verlusts von Dateneinheiten übertragen werden, so sind zwei Alternativen für Kommunikationsprotokolle denkbar: Verluste durch Vorwärtsfehlerkorrektur (FEC) bereits vor dem Auftreten auszugleichen oder Verluste mittels Quittungen, Timeouts und Sendewiederholungen zu erkennen und zu korrigieren. Statt zu versuchen, die Latenzschwankungen beider Varianten detailliert zu beschreiben, können beide Varianten bereits ausreichend gut differenziert werden, indem beispielsweise die Latenzschwankung der ersten Variante als „niedrig" und die der zweiten Variante als „potenziell hoch" bezeichnet wird. Diese Werte können dann auf einfache numerische Werte abgebildet werden. Es bietet sich in diesem Beispiel an, „hoch" in der Größenordnung beispielsweise der Summe von 1-Weg-Verzögerung und eines Timeouts zu wählen und „niedrig" als deutlich weniger, nämlich beispielsweise in der Größenordnung der Summe von Sendezeit und zeitlicher Entfernung von FEC-Dateneinheiten (Interleaving), zu definieren.

Tabelle 3.1 zeigt die Kommunikationseigenschaften der Unterkategorie Latenz/Latenzschwankung: die *minimale 1-Weg-Verzögerung* basierend auf dem Minimum der zu erwartenden 1-Weg-Verzögerungen, die *mittlere 1-Weg-Verzögerung* basierend auf dem Median der zu erwartenden 1-Weg-Verzögerungen und die *Latenzschwankung* als PDV. Wie bereits zuvor erwähnt, bleibt die 2-Wege-Verzögerung außen vor, da angenommen wird, dass die 1-Weg-Verzögerung der halben 2-Wege-Verzögerung entspricht. Auf eine gesonderte Betrachtung wird daher verzichtet.

Kategorie: Unterkategorie Kommunikationseigenschaft	Wertebereich	Einheit
Dienstgüte: Latenz/Latenzschwankungen		
Minimale 1-Weg-Verzögerung	$\mathbb{R}_+$	s
Mittlere 1-Weg-Verzögerung	$\mathbb{R}_+$	s
Latenzschwankung	$\mathbb{R}_+$	s

Tabelle 3.1: Unterkategorie Latenz und Latenzschwankungen

3.3.1.2 Kommunikationsaufbauverzögerung

Die bislang betrachteten Kommunikationseigenschaften sind in der Lage, die Latenz für die Übertragung einzelner Dateneinheiten und ihre Schwankungen zu beschreiben. Sie betrachten jedoch nicht die Zeit, bis ein durch ein Kommunikationsprotokoll erbrachter Dienst nach der Initiierung verwendet werden kann. Eine solche Verzögerung tritt zum Beispiel dann auf, wenn TCP einen 3-Wege-Handshake zum Verbindungsaufbau durchführt oder Sicherheitsprotokolle anfangs kryptografische Schlüssel austauschen.

Betrachtet man als Beispiel einen stark vereinfachten Schlüsselaustausch auf Basis des Diffie-Hellman-Verfahrens (siehe Abschnitt 2.3.5.1), so besteht dieser zumindest aus einem Austausch von $g^a(\mathrm{mod}\,p)$ und $g^b(\mathrm{mod}\,p)$ sowie der jeweiligen Berechnung des Sitzungsgeheimnisses $g^{ab}(\mathrm{mod}\,p)$. Dieses Beispiel macht klar, dass die Kommunikationsaufbauverzögerung sich aus unterschiedlichen Anteilen zusammensetzt und daher mehrere Kommunikationseigenschaften für die Beschreibung der Kommunikationsaufbauverzögerung nötig sind, nämlich *Kommunikationsaufbauverzögerung durch Kommunikation* und *Kommunikationsaufbauverzögerung durch Verarbeitung*. Diese beiden Kommunikationseigenschaften werden durch zwei Faktoren beeinflusst: *Latenz* und *Verarbeitungszeiten der beteiligten Kommunikationspartner*. Zusätzlich kann die Kommunikationsaufbauverzögerung auch durch andere Faktoren wie zum Beispiel Wartezeiten beim Verlust von Dateneinheiten (Timeout) bedingt werden. Statt diese in weiteren Kommunikationseigenschaften darzustellen, werden auch solche Verzögerungen

den beiden bestehenden Kommunikationseigenschaften zugerechnet. Sind die Wartezeiten von der 1-Weg-Verzögerung abhängig, werden sie in die *Kommunikationsaufbauverzögerung durch Kommunikation* eingerechnet und somit als Vielfaches der 1-
Weg-Verzögerung dargestellt. Ansonsten gehen sie in die *Kommunikationsaufbauverzögerung durch Verarbeitung* als reelle Zahlen mit der Einheit Sekunde ein.

Obwohl die beiden Kommunikationseigenschaften der Kommunikationsaufbauverzögerung beide als reelle Zahlen mit der Einheit Sekunde dargestellt werden können,
liegt es nahe, die *Kommunikationsaufbauverzögerung durch Kommunikation* als Anzahl von 1-Weg-Verzögerungen darzustellen. Unter der Annahme, dass für alle Alternativen die 1-Weg-Verzögerung gleich ist, kann so diese Kommunikationsaufbauverzögerung relativ zum tatsächlichen Wert der 1-Weg-Verzögerungen – zum Beispiel als
Faktor – beschrieben werden. Ändert sich dann die 1-Weg-Verzögerung zum Beispiel
durch einen Wechsel des Zugangsnetzes, so muss die *Kommunikationsaufbauverzögerung durch Kommunikation* nicht neu bestimmt werden. Ein weiterer Vorteil ist es, dass
so auch der Einfluss der Latenzschwankung bei der Beschreibung der Kommunikationsaufbauverzögerung eines Kommunikationsprotokolls vernachlässigt werden kann.
Diese Vorteile des Vermeidens einer Abhängigkeit zwischen Kommunikationseigenschaften werden in Kapitel 6 aufgegriffen.

Für die *Kommunikationsaufbauverzögerung durch Verarbeitung* wäre neben der Darstellung als reelle Zahl von Sekunden auch beispielsweise eine Darstellung als Anzahl
von Taktzyklen des verarbeitenden Prozessors denkbar. Der erste Ansatz hat jedoch
einen entscheidenden Vorteil: Die Verzögerungen sind auch ohne Kenntnis der Hardwa-
re-Plattform durch einfache Messungen bestimmbar. Für die Bestimmung von Werten
der *Kommunikationsaufbauverzögerung durch Verarbeitung* können Messungen, Schätzungen oder analytische Verfahren verwendet werden.

Bei der Bestimmung der Kommunikationseigenschaften der Kommunikationsaufbauverzögerung bestehen in den von der vorliegenden Arbeit betrachteten Szenarien allerdings Grenzen. Ein einzelner Kommunikationspartner kann nicht in jedem Fall die
Kommunikationsaufbauverzögerung einfach isoliert bestimmen. Es ist zum Beispiel
nicht möglich, Initialisierungsoperationen von Protokollinstanzen des Kommunikationspartners, deren Zeitdauer abhängig vom verwendeten System und dessen Auslastung ist, ohne Weiteres genau festzustellen. Für diesen Fall sind allerdings im Allgemeinen zwei Ansätze denkbar: Einerseits kann die Kommunikationsaufbauverzögerung
gemessen werden, andererseits kann das Verhalten des Kommunikationspartners, dessen Auslastung und Protokollimplementierung auf Basis der eigenen Implementierung
geschätzt werden.

Eine *Messung der Kommunikationsaufbauverzögerung* hat zum einen den Vorteil, dass sie einerseits relativ einfach umzusetzen ist, indem für die Messung die Kommunikation aufgebaut und die Dauer dieses Vorgangs gemessen wird. Zum anderen könnte so auf die Unterscheidung in *Kommunikationsaufbauverzögerung durch Kommunikation* und *Kommunikationsaufbauverzögerung durch Verarbeitung* verzichtet werden. Allerdings besitzt dieser Ansatz wesentliche Nachteile:

- Da der Wert der Kommunikationsaufbauverzögerung von der *Latenz abhängt*, muss die Messung immer dann wiederholt werden, wenn sich die Latenz ändert. Alternativ könnten ein Modell und ein geeigneter Schätzer konstruiert werden, um die Kommunikationsaufbauverzögerung abhängig der Latenz zu schätzen.
- Zudem ist jede Messung mit *zeitlichem Aufwand* verbunden. Der zeitliche Aufwand für die Messung kann dabei ähnlich groß wie der zeitliche Aufwand für den eigentlichen Kommunikationsaufbau werden.
- Letztendlich kann eine solche Messung auch zu *unerwünschten Nebenwirkungen* führen. Hierzu zählen zum Beispiel Fehlalarme sowie Reaktionen von Intrusion Detection Systems und Firewalls.

Neben der Messung der Kommunikationsaufbauverzögerung ist auch eine *lokale Schätzung* möglich. Bei diesem Ansatz wird angenommen, dass der Kommunikationspartner eine in Hinblick auf die Kommunikationsaufbauverzögerung identische Implementierung des Kommunikationsprotokolls in Kombination mit einer Hardwareplattform mit ähnlicher Leistung und Auslastung nutzt. So kann auf Basis des lokalen Systems eine Schätzung der Kommunikationseigenschaften der Kommunikationsaufbauverzögerung getroffen werden. Die Vorteile dieses Ansatzes umfassen den wesentlich niedrigeren Aufwand zur Laufzeit, das Fehlen von Seiteneffekten und die Möglichkeit, die Kommunikationseigenschaften auch ohne Messung der Implementierung des Kommunikationspartners zu erreichen. Der Nachteil dieses Ansatzes liegt vor allem in der Gefahr, dass die oben genannten Annahmen nicht eingehalten werden und dadurch die Kommunikationsaufbauverzögerung nicht mehr ausreichend genau bestimmt wird. Weichen hierdurch die Schätzungen für unterschiedliche Kommunikationsprotokolle unterschiedlich stark von den jeweiligen tatsächlichen Werten ab, so wird die Vergleichbarkeit der Kommunikationsprotokolle und somit die Protokollwahl negativ beeinflusst.

In der vorliegenden Arbeit wird auf die Messung der Kommunikationsaufbauverzögerung verzichtet; stattdessen werden die Anteile der Kommunikationsaufbauverzögerung analytisch bestimmt.

Im Folgenden werden beide Kommunikationseigenschaften der Kommunikationsaufbauverzögerung, nämlich die *Kommunikationsaufbauverzögerung durch Verarbeitung* und die *Kommunikationsaufbauverzögerung durch Kommunikation*, verwendet. Tabel-

Kategorie: Unterkategorie Kommunikationseigenschaft	Wertebereich	Einheit
Dienstgüte: Kommunikationsaufbauverzögerung		
Aufbauverzögerung durch Verarbeitung	$\mathbb{R}_+$	s
Aufbauverzögerung durch Kommunikation	$\mathbb{R}_+$	(# 1-Weg-Verz.)

Tabelle 3.2: Unterkategorie Kommunikationsaufbauverzögerung

le 3.2 stellt die beiden Kommunikationseigenschaften dar. Eine gleichzeitige Nutzung beider Kommunikationseigenschaften muss durch die Entscheidungsfindung in Kapitel 4 ermöglicht werden.

3.3.1.3 Kapazität

Möchte eine Anwendung Daten mit einer bestimmten Datenrate übertragen, so müssen das genutzte Kommunikationsnetz, die verwendeten Protokolle und die verarbeitenden Systeme (unter anderem deren Prozessoren, Speicher und Bussysteme) eine ausreichende Übertragungs- beziehungsweise Verarbeitungskapazität bereitstellen. Eine Kapazitätsbestimmung ist daher wünschenswert. Ansätze und Definitionen zur Bestimmung der Übertragungskapazität in Kommunikationsnetzen finden sich in [101], wobei eine Unterscheidung zwischen Punkt-zu-Punkt-Verbindung (link) und Pfad durch ein Kommunikationsnetz (path) getroffen wird. Diese Unterscheidung ist im Kontext dieser Arbeit nicht notwendig, da die Kommunikationsnetze nicht direkt betrachtet werden. Sie werden nur als Teil der Kommunikationskanäle betrachtet.

Zudem können die Kommunikationseigenschaften der Unterkategorie Kapazität entweder pro Kommunikationsrichtung oder für beide zusammen betrachtet werden. Während für einen Teil der Kommunikationstechnologien (zum Beispiel DSL) die Kapazität beider Kommunikationsrichtungen unabhängig sind, so existieren andere Kommunikationstechnologien (zum Beispiel Wireless LAN), bei denen beide Kommunikationsrichtungen einen geteilten Kanal nutzen. Da auch die Implementierungen der Kommunikationsprotokolle gemeinsam geteilte Ressourcen nutzen, werden die Kommunikationsrichtungen in den nächsten Kapiteln nicht weiter unterschieden. Erst bei einer Betrachtung des Kommunikationskanals ist diese Unterscheidung wieder sinnvoll (siehe Kapitel 6).

Die Kommunikationseigenschaft *Kapazität* (capacity) beschreibt die maximale, erreichbare Datenrate in Bits pro Sekunde. Die derzeitig ungenutzte Kapazität wird als *freie Kapazität* (available capacity) bezeichnet und die Differenz zwischen Kapazität und ungenutzter Kapazität als *genutzte Kapazität* (usage). Das Verhältnis der genutzten Kapazität zur Kapazität nennt man *Auslastung* (utilization) [101]:

$$\text{Auslastung} = \frac{\text{genutzte Kapazität}}{\text{Kapazität}} \qquad (3.1)$$

Es werden entsprechende Kommunikationseigenschaften, nämlich *Kapazität, freie Kapazität, genutzte Kapazität* und *Auslastung* definiert. Bei der späteren Entscheidungsfindung und deren Gewichtung ist zu beachten, dass diese Kommunikationseigenschaften voneinander abhängen: Aus freier und genutzter Kapazität lässt sich die Kapazität errechnen und aus genutzter Kapazität und Kapazität die Auslastung.

Stehen für die Bestimmung dieser Kommunikationseigenschaften nicht die entsprechenden Kommunikationseigenschaften des Kommunikationskanals zur Verfügung, so kann als Kapazität nur die vom lokalen System und jeweiligen Kommunikationsprotokoll maximal erreichbare Kapazität (maximaler Durchsatz) betrachtet werden. Freie Kapazität, genutzte Kapazität und Auslastung werden hingegen in diesem Fall nicht bestimmt.

Kategorie: Unterkategorie Kommunikationseigenschaft	Wertebereich	Einheit
Dienstgüte: Kapazität		
Kapazität	$\mathbb{R}_+$	bit/s
Freie Kapazität	$\mathbb{R}_+$	bit/s
Genutzte Kapazität	$\mathbb{R}_+$	bit/s
Auslastung	$\mathbb{R}_{[0;1]}$	

Tabelle 3.3: Unterkategorie Kapazität

Für die Wahl eines Kommunikationsprotokolls wird in vielen Fällen die Kommunikationseigenschaft Kapazität ausreichen. Werden jedoch unterschiedliche Kommunikationsnetze für verschiedene Kommunikationsprotokolle genutzt, so kann mittels freier Kapazität, genutzter Kapazität oder Auslastung auch deren aktuelle Nutzung in der Entscheidung berücksichtigt werden, falls diese Kommunikationseigenschaften bekannt sind. Hiermit kann die Kommunikation zum Beispiel dem derzeit am wenigsten ausgelasteten Kommunikationsnetz zugeteilt werden (Lastverteilung).

Tabelle 3.3 fasst die Kommunikationseigenschaften der Kapazität zusammen.

3.3.1.4 Overhead

Bei der Übertragung von Nutzdaten reicht es im Allgemeinen nicht aus, nur diese selbst zu übermitteln. Es werden einerseits den Nutzdaten Kontrolldaten hinzugefügt, um beispielsweise Adressierung, Fehlererkennung oder Zustandssynchronisation zu erreichen, andererseits kann es für die Übertragung der Nutzdaten auch notwendig sein, diese mit Redundanz zu versehen oder sie so zu codieren, dass sie besser auf dem verwendeten Kommunikationskanal übertragen werden können. Ein Erhöhen der Redundanz wird zum Beispiel für Vorwärtsfehlerkorrektur genutzt und eine besondere Codierung von Nutzdaten wird zum Beispiel bei der Übertragung von E-Mail-Anhängen nötig, da SMTP – das Kommunikationsprotokoll zur Übertragung von E-Mails zwischen E-Mail-Servern – ursprünglich nur für Textübertragung entworfen wurde. Alle solchen Verfahren haben gemein, dass sie dazu führen, dass zusätzlich zu den eigentlichen Nutzdaten noch weitere Daten – im Folgenden Overhead genannt – übermittelt werden.

Die Kommunikationseigenschaften dieses Abschnitts befassen sich damit, die Größe des Overheads zu beschreiben. Geeignete Kommunikationseigenschaften für den Overhead werden im Folgenden hergeleitet.

Eine Quelle von Overhead ist der Transport von Kontrolldaten. Für den Transport der Kontrolldaten ergeben sich zwei Optionen: Sie können zusammen mit den Nutzdaten als Felder von Nachrichtenköpfen oder in eigenen Dateneinheiten übertragen werden. Zum Beispiel nutzt das Transportprotokoll TCP beide Möglichkeiten: Es transportiert Quittungen wenn möglich zusammen mit Nutzdaten (piggybacking), kann allerdings, falls gerade keine Nutzdaten übertragen werden müssen, auch Dateneinheiten ausschließlich mit Kontrolldaten versenden.

Für einige Kommunikationsprotokolle sind Kommunikationsaufbau und Kommunikationsabbau notwendig, um zum Beispiel Zustand zu synchronisieren oder kryptografische Parameter auszuhandeln. Damit zum Beispiel das Quittungsverfahren von TCP korrekt funktioniert, ist es notwendig, dass vor der eigentlichen Übertragung von Nutzdaten zuerst ein Kommunikationsaufbau geschieht. Am Ende der Kommunikation erfolgt dann ein Kommunikationsabbau. Kommunikationsaufbau und Kommunikationsabbau erzeugen hierbei einen Overhead, dessen Größe unabhängig von der Menge der übertragenen Daten und der Zeitdauer der Kommunikation ist. Dies steht im Gegensatz zum Overhead, der zum Beispiel durch das Versenden von Quittungen erzeugt wird, da dieser abhängig von der Anzahl der Dateneinheiten mit Nutzdaten ist. Bei einem einfachen Stop-and-Wait-Verfahren muss beispielsweise für jede Dateneinheit eine Quittung gesendet werden.

Es existiert zudem auch Overhead, der eine Abhängigkeit von der Zeitdauer der Kommunikation besitzt. Dies ist dann der Fall, wenn regelmäßig Kontrolldaten übertragen werden, die unabhängig von der Übertragung der Nutzdaten sind. Beispiele hierfür sind „keepalives" von Kommunikationsprotokollen (z.B. HTTP) sowie die zyklische Schlüsselerneuerung von Schlüsselaustauschprotokollen (z.B. IKEv2).

Der durch Codierung oder Redundanz der Nutzdaten auftretende Overhead ist in der Regel abhängig von der Menge der zu übertragenden Nutzdaten. Werden beispielsweise für die Vorwärtsfehlerkorrektur alle Nutzdaten zweimal übermittelt, so bedeutet dies für jedes Bit der Nutzdaten ein Bit Overhead.

Es werden die folgenden Kommunikationseigenschaften für die Beschreibung des Overheads definiert: Für die Beschreibung des von der Menge der Nutzdaten abhängigen Overheads wird der *Overhead pro Bit* definiert. Die Kommunikationseigenschaft *Overhead pro Dateneinheit* erlaubt es, solchen Overhead zu beschreiben, der pro zu übertragender Dateneinheit auftritt. Hiermit kann beispielsweise der Overhead berücksichtigt werden, der durch das Hinzufügen von Nachrichtenköpfen entsteht.

Hinzu kommen zwei weitere Kommunikationseigenschaften, die im Gegensatz zu den beiden vorgestellten Kommunikationseigenschaften unabhängig von den zu übertragenden Nutzdaten sind: Overhead durch regelmäßig auftretende Kontrolldaten wird durch die Kommunikationseigenschaft *Overhead pro Zeit* beschrieben und der Overhead durch Kommunikationsaufbau und Kommunikationsabbau durch die Kommunikationseigenschaft *Overhead Kommunikationsaufbau/-abbau*. Alle Kommunikationseigenschaften des Overheads werden in Tabelle 3.4 dargestellt. Es ist zu beachten, dass jedes Bit des Overheads immer nur genau einer der Kommunikationseigenschaften zugerechnet werden darf. Eine Dateneinheit für den Kommunikationsaufbau darf daher nur zum *Overhead Kommunikationsaufbau/-abbau*, nicht jedoch zum *Overhead pro Dateneinheit* beitragen.

Kategorie: Unterkategorie Kommunikationseigenschaft	Wertebereich	Einheit
Dienstgüte: Overhead		
Overhead pro Bit	$\mathbb{R}_+$	bit
Overhead pro Dateneinheit	$\mathbb{R}_+$	bit
Overhead pro Zeit	$\mathbb{R}_+$	bit/s
Overhead Kommunikationsaufbau/-abbau	$\mathbb{R}_+$	bit

Tabelle 3.4: Unterkategorie Overhead

Die hier vorgestellten Kommunikationseigenschaften sind nicht nur im Kontext der Verarbeitung von Dateneinheiten, sondern auch in dem der Verarbeitung von Datenströmen, wie zum Beispiel des TCP-Datenstroms, einsetzbar. Einerseits werden solche Datenströme bereits sehr früh im Protokollstapel auf Dateneinheiten verteilt (Segmentierung), andererseits sind bis auf *Overhead pro Dateneinheit* alle Kommunikationseigenschaft des Overheads unabhängig von Dateneinheiten einsetzbar. Auch für die Kommunikationseigenschaften der Kategorie Overhead gilt, dass die Kommunikationseigenschaften in Kombination genutzt werden sollen und daher eine geeignete Entscheidungsfindung erforderlich ist (siehe Kapitel 4).

Die vorliegende Darstellung des Overheads ist allerdings begrenzt, sodass sie den auftretenden Overhead nicht in jedem Fall exakt beschreiben kann. Sendet ein Kommunikationsprotokoll beispielsweise „keepalives" in festen Intervallen, können diese durch den Overhead pro Zeit dargestellt werden. Werden die „keepalives" jedoch nur dann geschickt, wenn innerhalb des Intervalls keine Nutzdaten übertragen wurden, so ist die Darstellung des Overheads nicht ausreichend, weil der Overhead der „keepalives" weder von der Zeit noch von den übertragenden Nutzdaten direkt abgeleitet werden kann.

Es sind allerdings folgende Vorgehensweisen denkbar, um mit dieser Begrenzung umzugehen:

- Genauere Beschreibung des Overheads.
- Dynamische Anpassung der Werte der Kommunikationseigenschaften des Overheads.
- Einflussnahme auf die Entscheidungsfindung.

Der offensichtliche Ansatz um diese Begrenzung aufzuheben, ist es eine *genauere Beschreibung des Overheads* zu fordern, welche auf Basis einer genauen Beschreibung des Kommunikationsverhaltens den Overhead exakt beschreibt. Die notwendige genaue Beschreibung des Kommunikationsverhaltens liegt vor allem bei der automatisierten Wahl von Sicherheitsprotokollen (siehe Kapitel 5) nicht vor. Beginnt eine beliebige Anwendung zu kommunizieren, so kann in der Regel von außen nicht zuverlässig erkannt werden, wie diese Kommunikation genau aussieht. Ein Ausweg ist es, Schätzer für verschiedene Anwendungen zu entwerfen und diese durch einen Lernprozess immer weiter anzupassen. Dieses Vorgehen wird in der vorliegenden Arbeit nicht weiter betrachtet. Für die automatisierte Protokollwahl im zukünftigen Internet (Kapitel 6) kann eine solche Beschreibung durch die Anwendungen jedoch gefordert werden. Die Verfahren in Kapitel 6 bestimmen die Kommunikationseigenschaft so, dass der Overhead genauer beschrieben werden kann.

Ein weiterer Ansatz ist die *dynamische Anpassung der Werte der Kommunikationseigenschaften des Overheads*. Auch in diesem Fall ist eine genauere Schätzung des Kommunikationsverhaltens notwendig, allerdings werden die Kommunikationseigenschaften des Overheads nicht verändert. Ist das Kommunikationsverhalten der Anwendung bekannt, so schätzt man die Frequenz der „keepalives". Wird diese ins Verhältnis der maximalen Frequenz – also der Frequenz, die ohne Nutzendatenübertragung auftritt – gesetzt, so kann das Verhältnis der auftretenden „keepalives" zu den höchstens auftretenden „keepalives" bestimmt werden. Hiermit kann dann anteilig der Wert der Kommunikationseigenschaft Overhead pro Zeit reduziert werden. Dieses Vergehen führt jedoch zu einer Abhängigkeit zwischen Kommunikationsverhalten der Anwendung und der Beschreibung der Kommunikationsprotokolle. Um diese Abhängigkeit zu vermeiden, wird in der vorliegenden Arbeit dieser Ansatz nicht weiter verfolgt.

Statt die Werte der Kommunikationseigenschaften anzupassen, ist auch eine *Einflussnahme auf die Entscheidungsfindung* denkbar, um die oben genannte Abhängigkeit zu vermeiden. Hierfür muss wie im Fall zuvor das Verhältnis der geschätzten Frequenz und maximalen Frequenz der „keepalives" vorliegen. Dieses Verhältnisses wird dann an die Entscheidungsfindung übergeben. So wird zwar nicht der Fehler des Overheads reduziert, jedoch der Einfluss des Fehlers gesenkt (siehe auch Kapitel 4).

3.3.2 Zuverlässigkeit

Bei der Datenübertragung können verschiedene Fehler auftreten, zum Beispiel Verlust, Duplizierung, Vertauschung und Verfälschung von Dateneinheiten. Diese Fehler können bei der Übertragung durch Kommunikationsstrecken oder bei der Verarbeitung in Systemen entstehen und durch geeignete Kommunikationsprotokolle erkannt und gegebenenfalls korrigiert werden. Die Möglichkeiten dieser Kommunikationsprotokolle sind jedoch begrenzt. Ist die Zahl der verlorenen oder verfälschten Dateneinheiten zu groß, so können die Fehler nicht mehr oder nur mit sehr großem Aufwand durch das jeweilige Kommunikationsprotokoll korrigiert werden. Für eine genaue Bestimmung der Kommunikationseigenschaften ist daher wesentlich, auch den Kommunikationskanal und dessen derzeitigen Zustand (zum Beispiel Stausituationen) zu berücksichtigen. Muss zum Beispiel eine durch den Kommunikationskanal verlorene Dateneinheit vom Kommunikationsprotokoll wiederholt werden, so entsteht hierdurch eine erhöhte Latenzschwankung.

Bei der Beschreibung von Kommunikationsnetzen ist es üblich, deren Unzuverlässigkeit einzubeziehen, indem beispielsweise ein Paketverlustanteil angegeben wird [102]. Ein solches Vorgehen bietet sich daher auch für die Beschreibung von Kommunikationskanälen an. Für ein Kommunikationsprotokoll hingegen liegt es nahe, auszudrücken, welche Fehler vorliegen dürfen, wenn eine zuverlässige Kommunikation erreicht werden soll – also welche Fehler das Kommunikationsprotokoll erfolgreich kompensieren kann. Wenn sowohl Kommunikationsprotokoll als auch Kommunikationskanal gleichzeitig betrachtet werden sollen (siehe auch Kapitel 6), ist es jedoch von Vorteil, eine gemeinsame Beschreibung der Kommunikationseigenschaften zu verwenden. Die Kommunikationseigenschaften der Zuverlässigkeit orientieren sich daher an Beschreibungen der Unzuverlässigkeit der Kommunikationsnetze, wie zum Beispiel der Paketverlustrate. Ist der Dienst zuverlässig, so werden die auftretenden Fehler korrigiert und die Paketverlustrate des Dienstes beträgt nur noch 0, auch wenn die Paketverlustrate des Kommunikationskanals größer 0 ist.

In den folgenden Abschnitten werden zuerst Unterkategorien und Kommunikationseigenschaften der Kategorie Zuverlässigkeit und dann eine zusammengesetzte Kommunikationseigenschaft vorgestellt.

3.3.2.1 Verlust

Da die in Kommunikationsnetzen auftretenden Verluste von Dateneinheiten sich auf Kommunikationsprotokolle und die von ihnen bereitgestellten Dienste auswirken können, ist es notwendig, solche Verluste beschreiben zu können. Eine intuitive Kommunikationseigenschaft ist der *Verlustanteil*. Dieser gibt an, welcher Anteil der gesendeten Dateneinheiten verloren geht. Obwohl dieser Anteil schwanken kann, wird üblicherweise auf eine genauere Beschreibung durch Median, Quantil und Maximum verzichtet [103]. Vielmehr wird das Verlustverhalten dargestellt: Tritt der Verlust gehäuft oder gleichmäßig auf?

Ein Teil der Verluste tritt gehäuft, also in *bursts*, auf. Da bestimmte Zuverlässigkeitsmechanismen, wie zum Beispiel die Vorwärtsfehlerkorrektur, besser gleichmäßige als gehäufte Fehler kompensieren können, muss das Verlustverhalten ausgedrückt werden können. Das Verlustverhalten wird mithilfe von Verlustlänge und Verlustzwischenlänge beschrieben. Die *Verlustlänge* gibt hierbei die Anzahl der Dateneinheiten einer Verlusthäufung (burst length) an und die *Verlustzwischenlänge* die Anzahl der Dateneinheiten zwischen aufeinanderfolgenden Verlusten. Internet-Standards, wie zum Beispiel [104], definieren nur einzelne Messungen. Da der Verlust aber selten gleichmäßig auftritt, ist es sinnvoll, die Vorhersagen der Verlustlänge zum Beispiel durch Median und Maximum zu beschreiben. Für die Vorhersage der Verlustzwischenlänge sind hingegen Minimum und Median besser geeignet, denn sie erlauben eine Abschätzung des schlechtesten Falls. Es gilt, dass der schlechteste Fall (Minimum beziehungsweise Maximum) für die Eignung des Kommunikationsprotokolls in Hinblick auf die Zuverlässigkeit und das mittlere Verhalten (Median) für die Beeinflussung der Dienstgüte betrachtet werden sollte.

Sind Verlustanteil, Verlustlänge und/oder Verlustzwischenlänge des Kommunikationskanals nicht bestimmbar oder unbekannt, so können diese auch alternativ als maximal korrigierbarer Verlustanteil, maximal korrigierbare Verlustlänge und minimal benötigte Verlustzwischenlänge der Kommunikationsprotokolle betrachtet werden. Hierfür müssen die hier aufgeführten Kommunikationseigenschaften dann geeignet umdefiniert werden. So sind für die Zuverlässigkeitsmechanismen zumindest die Kommunikationseigenschaften der Unterkategorie *Verlust* bestimmbar, wenngleich die Auswirkungen des Verlusts auf die nicht-funktionalen Kommunikationseigenschaften, wie zum Beispiel diejenigen der Kategorie Dienstgüte, nicht adäquat bestimmt werden können: Ohne die Kenntnis der auftretenden Fehler kann für Kommunikationsprotokolle, die in

Abhängigkeit der auftretenden Fehler reagieren (zum Beispiel TCP), nicht der Aufwand der Reaktionen (zum Beispiel eine Sendewiederholung) abgeschätzt werden.

Die Kommunikationseigenschaften der Unterkategorie Verlust sind in Tabelle 3.5 zusammengefasst: der zu erwartende *Verlustanteil*, die *mittlere und maximale Verlustlänge* als Median beziehungsweise Maximum der zu erwartenden Verlustlängen und die *minimale und mittlere Verlustzwischenlänge* als Minimum beziehungsweise Median der zu erwartenden Verlustzwischenlängen.

Kategorie: Unterkategorie Kommunikationseigenschaft	Wertebereich	Einheit
Zuverlässigkeit: Verlust		
Verlustanteil	$\mathbb{R}_{[0;1]}$	
Mittlere Verlustlänge	$\mathbb{R}_+$	(# Dateneinheiten)
Maximale Verlustlänge	$\mathbb{R}_+$	(# Dateneinheiten)
Minimale Verlustzwischenlänge	$\mathbb{R}_+$	(# Dateneinheiten)
Mittlere Verlustzwischenlänge	$\mathbb{R}_+$	(# Dateneinheiten)

Tabelle 3.5: Unterkategorie Verlust

3.3.2.2 Duplikate

Bei der Übertragung von Dateneinheiten können diese nicht nur verloren, sondern auch fälschlicherweise dupliziert werden. Da Duplikate zu Fehlern bei der Übertragung von Nutzdaten führen können, werden sie von zuverlässigen Transportprotokollen wie TCP erkannt und aussortiert, so dass sie nicht zu einem veränderte Datenstrom führen.

Ähnlich zur Verlustrate kann ein Duplikatsfaktor beschrieben werden. Der *Duplikatsfaktor* gibt das Verhältnis der Anzahl empfangener zu der Anzahl ursprünglich gesendeter Dateneinheiten (ohne Berücksichtigung verlorener Dateneinheiten) für eine Übertragungsstrecke oder einen Kommunikationskanal an [105]:

$$\text{Duplikatsfaktor} = \frac{\text{Anzahl empfangener Dateneinheiten}}{\text{Anzahl gesendeter Dateneinheiten}} \qquad (3.2)$$

Wird zum Beispiel jede Dateneinheit durch einen Kommunikationskanal einmal dupliziert, so ist der Duplikatsfaktor für diesen Kommunikationskanal *zwei*. Ein Duplikatsfaktor von *eins* drückt aus, dass keine Duplikate auftreten. Sollte als Beispiel TCP auf einem Kommunikationskanal mit Duplikatsfaktor größer als *eins* eingesetzt werden, so erkennt und verwirft TCP die Duplikate. Der Duplikatsfaktor des von TCP angebotenen Dienstes ist dann *eins*.

Der Duplikatsfaktor ist jedoch nicht ausreichend, um die „Gleichmäßigkeit" der Duplizierung und somit das Duplizierungsverhalten zu beschreiben. Daher wird eine weitere Kommunikationseigenschaft, der *Duplikatsanteil*, benötigt. Er beschreibt den Anteil der gesendeten Dateneinheiten, die dupliziert wurden. Hierbei ist unerheblich, ob diese nur einmal oder mehrfach dupliziert wurden. Verlorene Dateneinheiten gehen nicht in die Berechnung ein:

$$Duplikatsanteil = \frac{\text{Anzahl duplizierter Dateneinheiten}}{\text{Anzahl gesendeter Dateneinheiten}} \tag{3.3}$$

Ein einfacher Mechanismus zur Erkennung der Duplikate nummeriert beim Senden alle Dateneinheiten mit Sequenznummern durch und merkt sich beim Empfangen die Sequenznummern der Dateneinheiten. Wird eine Dateneinheit empfangen, deren Sequenznummer bereits bekannt ist, so wird diese als Duplikat erkannt und verworfen. In der Regel wird ein solches Verfahren sich allerdings nur eine begrenzte Anzahl von Sequenznummern merken können. Daher hängt die Eignung eines solchen Mechanismus von der „Entfernung" der auftretenden Duplikate ab. Es können nur dann Duplikate erkannt werden, wenn beim Erhalt der Duplikate die jeweiligen Sequenznummern dem Verfahren noch bekannt sind. Die hier vorgestellten Kommunikationseigenschaften allein reichen für die genaue Beschreibung eines solchen Verfahrens allerdings nicht aus; es sind weitere Kommunikationseigenschaften notwendig, welche der Unterkategorie Reihenfolgetreue zugerechnet werden (Abschnitt 3.3.2.4).

Wie bereits für die Verluste gilt auch für die Duplikate, dass bei einer fehlenden Beschreibung des Kommunikationskanals zwar angegeben werden kann, für welches „Duplizierungsverhalten" eine *Korrektur der Duplikate* möglich ist. Eine Bestimmung der durch den Einsatz von Zuverlässigkeitsmechanismen veränderten nicht-funktionalen Kommunikationseigenschaften (zum Beispiel mittlere 1-Weg-Verzögerung), ist dann jedoch nicht möglich. Tabelle 3.6 gibt einen Überblick über die Kommunikationseigenschaften der Unterkategorie Duplikate.

Kategorie: Unterkategorie Kommunikationseigenschaft	Wertebereich	Einheit
Zuverlässigkeit: Duplikate		
Duplikatsfaktor	$\mathbb{R}_+$	
Duplikatsanteil	$\mathbb{R}_{[0;1]}$	

Tabelle 3.6: Unterkategorie Duplikate

3.3.2.3 Verfälschung

Dateneinheiten können nicht nur verloren gehen, sondern auch beschädigt werden. Das heißt, dass einzelne oder mehrere Bits der Dateneinheiten verfälscht werden. Der *Fehleranteil* gibt den Anteil beschädigter Dateneinheiten an allen Dateneinheiten an. Der *Bitfehleranteil* gibt den Anteil verfälschter Bits innerhalb einer Dateneinheit an. Analog zum Verlust können diese Fehler gleichmäßig oder gehäuft auftreten. Um dieses Verhalten beschreiben zu können, ist es sinnvoll, Median und Maximum für Fehlerlänge und Bitfehlerlänge zu betrachten. Die *Fehlerlänge* gibt dabei an, wie viele Dateneinheiten in Folge beschädigt sind und die *Bitfehlerlänge* die Anzahl der beschädigten Bits in Folge. Beide beschreiben somit das Häufungsverhalten.

Auf die vom Verlust bekannten Zwischenlängen wird an dieser Stelle verzichtet, da sie für die Beschreibung des Fehlerverhaltens von Kommunikationsnetzen nicht üblich sind (siehe zum Beispiel [102, 106]). Werden diese Werte nicht von Kommunikationsnetzen zur Verfügung gestellt, können sie auch nicht für die Bestimmung eines Kommunikationskanals genutzt werden und so ist auch ihr Nutzen für die Entscheidungsfindung begrenzt. Die Verfälschungseigenschaften werden in Tabelle 3.7 aufgezeigt.

Kategorie: Unterkategorie Kommunikationseigenschaft	Wertebereich	Einheit
Zuverlässigkeit: Verfälschung		
Fehleranteil	$\mathbb{R}_{[0;1]}$	
Mittlere Fehlerlänge	$\mathbb{R}_+$	(# Dateneinheiten)
Maximale Fehlerlänge	$\mathbb{R}_+$	(# Dateneinheiten)
Bitfehleranteil	$\mathbb{R}_{[0;1]}$	
Mittlere Bitfehlerlänge	$\mathbb{R}_+$	(# Bits)
Maximale Bitfehlerlänge	$\mathbb{R}_+$	(# Bits)

Tabelle 3.7: Unterkategorie Verfälschung

Es ist zudem zu beachten, dass in vielen heutigen Kommunikationsnetzen Verfälschungen von Dateneinheiten bereits auf Schicht 2 erkannt und behandelt werden. Der Kommunikationskanal würde in diesem Fall dann keine Verfälschungen, sondern Verluste von Dateneinheiten aufweisen. In vielen Szenarien tritt daher keine Verfälschung auf.

3.3.2.4 Reihenfolgetreue

Die Kommunikationseigenschaften zum Beschreiben des Vertauschungsverhaltens der in der vorliegenden Arbeit betrachteten Kommunikationskanäle und Kommunikationsprotokolle werden in der Kategorie *Reihenfolgetreue* zusammengefasst. Sowohl Kommunikationskanäle als auch Kommunikationsprotokolle können dazu führen, dass Dateneinheiten vertauscht werden. Dies kann zum Beispiel durch eine parallele Übertragung oder Verarbeitung der Dateneinheiten verursacht werden. Eine Dateneinheit „überholt" dabei eine andere.

Da Anwendungen in der Regel die übertragenen Daten in der richtigen Reihenfolge erwarten, besteht die Notwendigkeit, Vertauschungen zu erkennen und zu korrigieren. Kommunikationsprotokolle erreichen dies zum Beispiel, indem Dateneinheiten nummeriert und vertauschte Dateneinheiten anhand der Nummerierung wieder umsortiert werden. Hierfür ist es notwendig, vertauschte Dateneinheiten solange zu halten, bis die Reihenfolge wieder hergestellt werden kann. Die Menge der vorgehaltenen Dateneinheiten wird allerdings begrenzt, da einerseits mit begrenztem Arbeitsspeicher auch nur eine begrenzte Menge von Dateneinheiten vorgehalten werden kann und andererseits Kommunikationsprotokolle nicht erkennen können, ob eine fehlende Dateneinheit vertauscht oder verloren wurde. Ein Kommunikationsprotokoll wird daher nur eine begrenzte Zeit auf die fehlende Dateneinheit warten und danach einen Verlust annehmen sowie möglicherweise eine Wiederholung der Übertragung der Dateneinheit auslösen.

Das Verhalten der Kommunikationsprotokollinstanzen wird sich also für direkt aufeinanderfolgende vertauschte Dateneinheiten und vertauschte Dateneinheiten, zwischen denen viele andere Dateneinheiten ankommen, unterscheiden. Das Verhalten hängt dabei von der Entfernung der vertauschten Dateneinheiten im Vergleich zur Anzahl der vorgehaltenen Dateneinheiten ab. Es ist daher sinnvoll, diese Entfernung durch Kommunikationseigenschaften zu beschreiben.

Im Folgenden werden die Kommunikationseigenschaften der Kategorie Reihenfolgetreue vorgestellt. Der *Vertauschungsanteil* beschreibt das Verhältnis zwischen vertauschten und gesendeten Dateneinheiten. Um die Eignung und Auswirkungen eines Kommunikationsprotokolls beim Auftreten von Vertauschungen besser bestimmen zu können, ist es sinnvoll, die „logische Entfernung" und „zeitliche Entfernung" einer Vertauschung zu betrachten: Die *Vertauschungsentfernung* gibt in einer Anzahl von Dateneinheiten an, wie weit die vertauschten Dateneinheiten in der Folge entfernt sind. Die *Vertauschungszeit* hingegen beschreibt einen zeitlichen Abstand in der Einheit Sekunde. Beide sind als Einzelwerte [107] wenig aussagekräftig. Daher werden die *mittlere Vertauschungsentfernung* und *mittlere Vertauschungszeit* (basierend auf Median) sowie die *maximale Vertauschungsentfernung* und *maximale Vertauschungszeit* (basierend auf Maximum) definiert.

In Tabelle 3.8 werden die Kommunikationseigenschaften der Reihenfolgetreue zusammengefasst.

3.3.2.5 Übergeordnete Kommunikationseigenschaft Zuverlässigkeit

Die vorgestellten Kommunikationseigenschaften der Kategorie Zuverlässigkeit können Verluste, Duplikate, Fehler und Reihenfolgetreue beschreiben. Anwendungen, die selbst

Kategorie: Unterkategorie Kommunikationseigenschaft	Wertebereich	Einheit
Zuverlässigkeit: Reihenfolgetreue		
Vertauschungsanteil	$\mathbb{R}_{[0;1]}$	
Mittlere Vertauschungsentfernung	$\mathbb{R}_+$	(# Dateneinheiten)
Maximale Vertauschungsentfernung	$\mathbb{R}_+$	(# Dateneinheiten)
Mittlere Vertauschungszeit	$\mathbb{R}_+$	s
Maximale Vertauschungszeit	$\mathbb{R}_+$	s

Tabelle 3.8: Unterkategorie Reihenfolgetreue

keine Zuverlässigkeitsmechanismen implementieren, besitzen im Allgemeinen aber eine einfache Anforderung: Die Kommunikation soll zuverlässig erfolgen. In diesem Fall ist eine übergeordnete Kommunikationseigenschaft *Zuverlässigkeit (ja/nein)* sinnvoll, die genau dies ausdrückt und nur geeignete Kombinationen aus Kommunikationsprotokollen und Kommunikationskanal zulässt. Aus der Sicht der Anwendungen ist ein von einem Kommunikationskanal oder Kommunikationsprotokoll erbrachter Dienst genau dann zuverlässig, wenn die folgenden Bedingungen erfüllt werden:

- Verlustanteil $\stackrel{!}{=} 0$
- Duplikatsfaktor $\stackrel{!}{=} 1$
- Duplikatsanteil $\stackrel{!}{=} 0$
- Fehleranteil $\stackrel{!}{=} 0$
- Vertauschungsanteil $\stackrel{!}{=} 0$

Weist nur eine dieser Kommunikationseigenschaften einen anderen Wert auf, so ist die Zuverlässigkeit nicht mehr gegeben.

3.3.3 Energiebedarf

Die Entscheidungsfindung der vorliegenden Arbeit soll auch nicht-funktionale Kommunikationseigenschaften der Kategorie *Energiebedarf* berücksichtigen. Zum Beispiel der Einsatz von Kryptografie für die Sicherheitsverfahren der Kommunikationsprotokolle kann einen signifikanten Rechenaufwand und somit einen gesteigerten Energiebedarf bedeuten. Aber auch beispielsweise drahtlose Kommunikation kann zu erhöhten Energiebedarf führen. Der Energiebedarf wird, ähnlich den anderen Kommunikationseigenschaften, sowohl durch den Transport der Dateneinheiten durch Kommunikationskanäle als auch durch die Verarbeitung im Rahmen der Kommunikationsprotokolle beeinflusst. Nicht betrachtet wird in dieser Arbeit der durch Anwendungen verursachte Energiebedarf.

Die Kommunikationseigenschaften des Energiebedarfs werden analog zu denen des Overheads (Abschnitt 3.3.1.4) definiert: Der von der Verarbeitung und Übertragung verursachte Energiebedarf wird durch *Energiebedarf pro Bit* und zusätzlichen *Energiebedarf pro Dateneinheit* beschrieben. Der Energiebedarf für von den Nutzdaten unabhängige Kontrolldaten durch *Energiebedarf pro Zeit* und *Energiebedarf Kommunikationsaufbau/-abbau* beschrieben wird.

Der *Energiebedarf pro Bit* wird je zu übertragendem Bit angesetzt und tritt daher pro Bit der Dateneinheit auf, während der *Energiebedarf pro Dateneinheit* nur einmal pro Dateneinheit anfällt. Beispielsweise können so der Energiebedarf für die Berechnung einer Prüfsumme mittels Energiebedarf pro Bit und der Energiebedarf für das Einfügen der Prüfsumme in den Nachrichtenkopf durch den Energiebedarf pro Dateneinheit erfasst werden.

Energiebedarf pro Zeit stellt den regelmäßigen und von der Übertragung von Dateneinheiten unabhängigen Energiebedarf dar. Hierzu zählen zum Beispiel regelmäßige „keepalives" von HTTP und Schlüsselerneuerungen von Sicherheitsprotokollen. Als letzte Kommunikationseigenschaft der Kategorie Energiebedarf existiert der *Energiebedarf Kommunikationsaufbau/-abbau*, welcher den Energiebedarf für den Kommunikationsaufbau und -abbau wiedergibt. Bis auf den Energiebedarf pro Zeit (Joule pro Sekunde) werden die Kommunikationseigenschaften des Energiebedarfs in Joule angegeben. Tabelle 3.9 fasst die Kommunikationseigenschaften der Kategorie Energiebedarf zusammen.

Kategorie Kommunikationseigenschaft	Wertebereich	Einheit
Energiebedarf		
Energiebedarf pro Bit	$\mathbb{R}_+$	J
Energiebedarf pro Dateneinheit	$\mathbb{R}_+$	J
Energiebedarf pro Zeit	$\mathbb{R}_+$	J/s
Energiebedarf Kommunikationsaufbau/ -abbau	$\mathbb{R}_+$	J

Tabelle 3.9: Kategorie Energiebedarf

Die Vorhersage des Energiebedarfs für die betrachteten Kommunikationseigenschaften kann durch unterschiedliche Ansätze geschehen. Mögliche Ansätze basieren auf theoretischer Berechnung, Messung oder Schätzung des Energieverbrauchs. Die *theoretische Berechnung* kann auf den Spezifikationen von Herstellern basieren und eignen sich dann vor allem für dedizierte Kryptografieeinheiten. Der Energiebedarf kann aber auch *mittels Sensoren gemessen* und dann für Schätzungen herangezogen werden. Diese Sensoren sind aber (noch) nicht weitverbreitet. Mithilfe von Modellen ist auch eine *Schätzung* des Energiebedarfs ohne Sensoren möglich. Hierfür können zum Beispiel Instruktionszähler und Ereigniszähler herangezogen werden [108]. Zudem existieren für einige Algorithmen und Protokolle bereits publizierte Werte (zum Beispiel [109]), welche allerdings nicht ohne Einschränkungen auf jedes System übertragen werden können, da sie von der ausführenden Hardware abhängig sind. Der genutzte Ansatz ist im Einzelfall zu wählen. In der vorliegenden Arbeit wurde zur Vereinfachung auf die letzte Möglichkeit zurückgegriffen.

3.3.4 Sicherheit

In die Kategorie *Sicherheit* fallen in erster Linie Kommunikationseigenschaften zur Beschreibung der genutzten Sicherheitsprotokolle und ihrer Bestandteile, wie kryptografische Verfahren sowie deren *Stärke*. Im Vergleich zu den zuvor beschriebenen Kommunikationseigenschaften sind die der Kategorie Sicherheit in der Regel nicht messbar und können nur von den involvierten Systemen bestimmt werden.

Viele der heutzutage genutzten Sicherheitsprotokolle weisen deutliche Ähnlichkeiten zueinander auf, denn sie nutzen die gleichen kryptografischen Verfahren, um ähnliche Funktionalitäten umzusetzen. Es bietet sich daher an, die Sicherheitsprotokolle in die folgenden Funktionalitäten aufzuteilen und jeder eine gleichnamige Unterkategorie von Kommunikationseigenschaften zuzuordnen:

- Schlüsselaustausch,
- Authentifizierung,
- Verschlüsselung und
- Datenauthentizität/-integrität.

Jede dieser Funktionalitäten kann ein oder mehrere kryptografische Verfahren verwenden; die Verschlüsselung kann zum Beispiel AES mit dem Blockmodus CTR nutzen. Gleichwohl ist es möglich, mit einem kryptografischen Verfahren mehrere Funktionalitäten gleichzeitig zu implementieren. So kann beispielsweise mit RSA sowohl einen Schlüsselaustausch als auch die Authentifizierung gleichzeitig durchgeführt werden. Dies ist bei der Definition der Kommunikationseigenschaften zu berücksichtigen.

Das Verhalten eines Sicherheitsprotokolls wird durch die für die Funktionalitäten verwendeten kryptografischen Verfahren bestimmt. Für die spätere Entscheidungsfindung ist es wünschenswert, die Kommunikationseigenschaften der Unterkategorien zu Kommunikationseigenschaften des Sicherheitsprotokolls aggregieren zu können.

Die Kommunikationseigenschaften jeder Unterkategorie umfassen zumindest die folgende Kommunikationseigenschaften:

- ID – eine eindeutige Bezeichnung des genutzten Verfahrens.
- Schlüssellänge – die Länge des genutzten kryptografischen Schlüssels.
- Effektive Bitstärke – siehe Abschnitt 2.4.

• Algorithmenfamilie – beschreibt das zugrunde liegende Problem des kryptografischen Verfahrens.

Mit der *ID* kann das von der Funktionalität eingesetzte kryptografische Verfahren oder eine Kombination von ebensolchen eindeutig benannt werden. Dies ist notwendig, um spezifisches Wissen für dieses kryptografische Verfahren anwenden zu können. Beispiele für kryptografische Verfahren sind etwa DH, RSA, AES oder HMAC-SHA-1. Da ein gegebenes kryptografisches Verfahren üblicherweise verschiedene Schlüssellängen unterstützt, wird auch die *Schlüssellänge* angegeben. Sie kann mithilfe des Wissens über das kryptografische Verfahren für die Bestimmung von dessen Stärke gegen Angriffe, wie beispielsweise das Ausprobieren der möglichen Schlüssel (Brute-Force-Angriff), benutzt werden.

Die *effektive Bitstärke* (EBS) hingegen soll als von den kryptografischen Verfahren unabhängige Kommunikationseigenschaft die Vergleichbarkeit verschiedener kryptografischer Verfahren erlauben. Hierfür wurden in Abschnitt 2.4 verschiedene Ansätze vorgestellt, von denen der Ansatz nach Lenstra und die Empfehlungen der NIST direkt eine „effektive Bitstärke" angeben und somit ohne größeren Aufwand als EBS verwendet werden können. Für diese Arbeit wurden die Empfehlungen der NIST herangezogen; somit entspricht die effektive Bitstärke der Sicherheitsstärke nach [34].

Da die Funktionalitäten Abhängigkeiten untereinander aufweisen, kann ein Angriff auf eine Funktionalität die Wirkungen einer anderen Funktionalität aufheben. Ein Angreifer kann zum Beispiel die Schlüssel für die Verschlüsselung erlangen, indem er erfolgreich den Schlüsselaustausch angreift. In diesem Fall ist eine starke Sicherheit des Verschlüsselungsverfahrens irrelevant, da der Schlüsselaustausch kompromittiert wurde. Um aus den einzelnen EBS-Werten eine Gesamt-EBS zu aggregieren, wird daher die *Minimumfunktion* der genutzten Funktionalitäten verwendet, denn sie erlaubt eine konservative Einschätzung der aggregierten EBS, indem sie als Gesamtsicherheit die Sicherheit der schwächsten Funktionalität annimmt. Bei Nutzung der Funktionalität Schlüsselaustausch (*keyex*), Authentifizierung (*auth*), Verschlüsselung (*enc*) und Datenauthentizität/-integrität (*mac*) gilt daher für die effektive Bitstärke (*ebs*):

$$ebs = \min(ebs_{keyex}, ebs_{auth}, ebs_{enc}, ebs_{mac}) \qquad (3.4)$$

Ein Nachteil der Minimumfunktion ist es, dass nicht ohne Weiteres Kandidaten mit anonymem Schlüsselaustausch oder Kandidaten ohne Verschlüsselung verglichen werden können, da sie immer eine EBS von 0 erhalten. Sollen solche Kandidaten jedoch unterstützt werden, ist eine getrennte Betrachtung der einzelnen EBS-Werte notwendig.

Die *Algorithmenfamilie* beschreibt das zugrunde liegende mathematische Problem des kryptografischen Verfahrens, während die ID das eigentliche kryptografische Verfahren identifiziert. Mithilfe der Algorithmenfamilie lassen sich so kryptografische Verfahren, die auf dem gleichen mathematischen Problem basieren, zusammenfassen. Dies erlaubt es beim Aufkommen neuer Angriffstechniken, die kryptografischen Verfahren der betroffenen Familien automatisiert neu zu bewerten und hierdurch auch die EBS-Berechnungen anzupassen. Die in dieser Arbeit derzeit betrachteten Algorithmenfamilien umfassen:

- DLP – basierend auf der Berechnung des diskreten Logarithmus in zyklischen Gruppen (Discrete Logarithm).
- ECDLP – basierend auf der Berechnung des diskreten Logarithmus auf elliptischen Kurven (Elliptic Curve Discrete Logarithm).
- IFP – basierend auf der Ganzzahlfaktorisierung (Integer Factorization).
- Other – andere Ansätze.

Unterstützt das System neue kryptografische Verfahren, so ist es möglich, diese Liste um neue Algorithmenfamilien zu ergänzen. Der Wert *Other* wird vor allem dann verwendet, wenn die Algorithmenfamilie eines kryptografischen Verfahrens nicht ermittelt werden kann oder so speziell ist, dass sie nur von einem einzelnen kryptografischen Verfahren eingesetzt wird. Im letzten Fall ist eine Anpassung der EBS-Berechnung anhand der ID ausreichend.

Im Folgenden werden zusätzliche Kommunikationseigenschaften der Funktionalitäten in den gleichnamigen Unterkategorien betrachtet.

3.3.4.1 Schlüsselaustausch

Die Unterkategorie *Schlüsselaustausch* umfasst neben ID, Schlüssellänge, effektiver Bitstärke und Algorithmenfamilie die folgenden Kommunikationseigenschaften:

- Wiedereinspielungsschutz und
- Vorwärtssicherheit.

Die Kommunikationseigenschaft *Wiedereinspielungsschutz* beschreibt die Sicherheit gegenüber einem verbreiteten Angriff auf Sicherheitsprotokolle, dem Wiedereinspielungsangriff. Hierbei zeichnet ein Angreifer Nachrichten oder Nachrichtenfolgen auf und spielt diese später wieder ein. Wenn dies durch das Sicherheitsprotokoll erkannt und der Angriff entsprechend verhindert wird, ist der Wiedereinspielungsschutz vorhanden (1), ansonsten nicht (0).

Die *Vorwärtssicherheit* oder auch perfekte Vorwärtssicherheit (Perfect Forward Secrecy) beschreibt die Unabhängigkeit der für die Authentifizierung und den Schlüsselaustausch genutzten Langzeitgeheimnisse und der generierten beziehungsweise ausgetauschten Sitzungsgeheimnisse. Es ist für einen Kommunikationspartner nicht immer möglich festzustellen, ob Vorwärtssicherheit gegeben ist oder nicht, denn diese ist abhängig vom Verhalten beider Kommunikationspartner und zudem noch implementierungsspezifisch. Vor allem ob ein Kommunikationspartner für jeden Schlüsselaustausch neue Zufallszahlen erzeugt, ist nicht immer für den anderen Kommunikationspartner ersichtlich. Die perfekte Vorwärtssicherheit wird in der Regel aber nur dann erreicht, wenn beide Kommunikationspartner Sitzungsgeheimnisse unabhängig von den Langzeitgeheimnissen erzeugen und nach der Kommunikation nicht weiterhin aufbewahren. Anderenfalls kann ein späteres Aufdecken eines Langzeitgeheimnisses oder die Kompromittierung eines Kommunikationspartners das Sitzungsgeheimnis aufdecken. In diesem Fall ist die Vertraulichkeit der Kommunikation im Nachhinein gefährdet.

Für das Erreichen der Unabhängigkeit der Geheimnisse existieren entsprechende Verfahren. Das bekannteste Verfahren hierfür ist das Diffie-Hellman-Verfahren (DH) [31], das die gewünschte Unabhängigkeit zwischen Langzeit- und Sitzungsgeheimnissen ermöglicht. Von beiden Kommunikationsteilnehmern wird erwartet, dass sie frische Zufallszahlen generieren und diese als Eingabe in das Diffie-Hellman-Verfahren nutzen. Es existieren allerdings einige DH-Varianten, welche dieser Forderung nicht oder nur teilweise nachkommen: Beispielsweise unterstützt TLS die Möglichkeit, dass Kommunikationspartner ihre Zufallszahlen für DH anstatt öffentlicher Schlüssel in ihren Zertifikaten ablegen. Sie werden daher nicht frisch generiert. Weiterhin erlauben einige Sicherheitsprotokolle, wie z. B. IPsec, zur Effizienzsteigerung die Nutzung der für das Diffie-Hellman-Verfahren notwendigen Zufallszahlen auch für mehrere Verbindungen, anstatt sie für jede neu zu generieren. In diesen Fällen erhöht sich das Risiko, dass die Sitzungsgeheimnisse aufgedeckt werden. Daher unterscheidet diese Arbeit bei Vorwärtssicherheit zwischen:

- Kurzlebig-kurzlebig (ephemeral-ephemeral, *ee*) – beide Kommunikationspartner erzeugen für jeden Austausch neue Zufallszahlen.
- Kurzlebig-statisch (ephemeral-static, *es*) – nur ein Kommunikationspartner erzeugt für jeden Austausch neue Zufallszahlen.
- Statisch-statisch (static-static, *ss*) – keiner der beiden Kommunikationspartner garantiert die Erzeugung neuer Zufallszahlen.

Falls einer Partei nicht bekannt ist, wie ihr Kommunikationspartner die Zufallszahlen erzeugt, muss sie davon ausgehen, dass ihr Kommunikationspartner die Zufallszahlen statisch wählt.

Für den Austausch kryptografischer Schlüsseln gilt, dass Schlüssel mit erhöhtem Alter oder solche, mit denen bereits eine große Menge von Daten geschützt wurden, als schwächer eingeschätzt werden. Daher sehen viele aktuelle Sicherheitsprotokolle eine *Schlüsselerneuerung* (rekeying) vor. Die Notwendigkeit der Schlüsselerneuerung wird hierbei durch das Alter des Schlüssels und/oder die Menge der übertragenen Daten, welche von diesem Schlüssel geschützt wurden, festgestellt. Es werden daher folgende Werte für die Kommunikationseigenschaft *Schlüsselerneuerung* betrachtet:

- Volumen- und zeitabhängige Schlüsselerneuerung werden unterstützt (both, *b*).
- Volumenabhängige Schlüsselerneuerung wird unterstützt (volume, *v*).
- Zeitabhängige Schlüsselerneuerung wird unterstützt (time, *t*).
- Schlüsselerneuerung wird nicht unterstützt (none, *n*).

Die Kommunikationseigenschaften der Unterkategorie Schlüsselaustausch werden in Tabelle 3.10 aufgeführt.

Kategorie: Unterkategorie Kommunikationseigenschaft	Wertebereich	Einheit
Sicherheit: Schlüsselaustausch		
ID	String	
Schlüssellänge	$\mathbb{N}$	bit
Effektive Bitstärke	$\mathbb{R}_+$	bit
Algorithmenfamilie	(IFP, DLP, ECDLP, Other)	
Vorwärtssicherheit	(ee, es, ss)	
Wiedereinspielungsschutz	(1, 0)	
Schlüsselerneuerung	(b, v, t, n)	

Tabelle 3.10: Unterkategorie Schlüsselaustausch

3.3.4.2 Authentifizierung

Bei der Authentifizierung innerhalb der Sicherheitsprotokollen sind vier Varianten möglich:

- Beide Parteien authentifizieren sich gegenseitig (mutual, *m*),
- nur der Initiator oder Client wird authentifiziert (client only, *c*),
- nur der Responder oder Server wird authentifiziert (server only, *s*) oder
- keine der beiden Parteien wird authentifiziert (none, *n*).

Die erste Variante (gegenseitige Authentifizierung) wird im Allgemeinen als die sicherste angesehen. Ein Nutzer muss jedoch die sicherste Variante nicht zwangsläufig als „beste" Variante bewerten. Es ist einer Partei vor allem wichtig, die andere Partei zu authentifizieren und somit auch zu überprüfen, ob es sich um die erwartete Partei handelt. Sich selbst gegenüber der anderen Partei zu authentifizieren, bringt bei den meisten Sicherheitsprotokollen einen Nachteil, da dies die eigene Identität offenlegt – es kann allerdings von der anderen Partei als notwendig erachtet werden. In diesem Fall verhindert eine fehlende Authentifizierung die eigentliche Kommunikation.

Die Variante, in der beide Parteien sich nicht authentifizieren, muss nicht immer un-erwünscht sein: In diesem Fall wird keine der Identitäten der beiden Parteien offenge-legt. Hierbei wird eventuell der Nachteil der Angreifbarkeit mit aktiven Angriffen (z. B. Man-in-the-Middle-Angriffe) bewusst in Kauf genommen, um die Identitäten der Teil-nehmer zu schützen. Passive Angriffe, wie das Mithören der Kommunikation, können jedoch durch einen *unauthentifizierten Schlüsselaustausch* verhindert werden; in der Literatur wird dies auch als *anonymer Schlüsselaustausch* bezeichnet. Da die Absicht nicht erfassbar ist und es für die spätere Bewertung keinen Nachteil bedeutet, wird in dieser Arbeit nicht zwischen unabsichtlicher und absichtlicher Nicht-Authentifizierung unterschieden.

Die Kommunikationseigenschaften der Unterkategorie Authentifizierung werden in Ta-belle 3.11 zusammengefasst.

Kategorie: Unterkategorie Kommunikationseigenschaft	Wertebereich	Einheit
Sicherheit: Authentifizierung		
ID	String	
Schlüssellänge	$\mathbb{N}$	bit
Effektive Bitstärke	$\mathbb{R}_+$	bit
Algorithmenfamilie	(IFP, DLP, ECDLP, Other)	
Authentifizierung	(m, c, s, n)	

Tabelle 3.11: Unterkategorie Authentifizierung

3.3.4.3 Verschlüsselung

Die Unterfunktionalität Verschlüsselung enthält neben ID, Schlüssellänge, EBS und Al-gorithmenfamilie zusätzliche Kommunikationseigenschaften. Hierbei handelt es sich um:

- Reichweite
- Schicht

Die *Reichweite* bestimmt, wie weit das Verfahren die Verschlüsselung der Daten er-bringen kann. Unterschiedliche Sicherheitsprotokolle können hierbei unterschiedliche Reichweiten besitzen. Viele Protokolle bieten hierbei entweder Schutz nur bis zum nächsten Nachbarn (1-Hop) oder Schutz bis zum Kommunikationspartner, also Ende-zu-Ende (E2E). Es ist in Anbetracht von zum Beispiel VPN-Lösungen auch möglich, dass der Schutz weiter als 1-Hop und weniger weit als E2E reicht. Die Reichweite kann in dieser Arbeit folgende Werte annehmen:

- 1-Hop – Der Schutz wirkt nur bis zum nächsten Nachbarn.

- E2E – Der Schutz wirkt zwischen beiden Kommunikationspartnern (Ende-zu-Ende).
- VPN – Der Schutz wirkt weiter als bis zum ersten Nachbarn, aber nicht bis zum Kommunikationspartner.
- Unknown – Die Reichweite des Schutzes ist unbekannt.

In Anwendungsfällen, deren Kommunikationsprotokolle sich am ISO/OSI-Basisreferenzmodell orientieren (wie zum Beispiel die automatisierte Wahl von Sicherheitsprotokollen in Kapitel 5), gibt die *Schicht* an, auf welcher Schicht im Protokollstapel das Sicherheitsprotokoll eingesetzt wird und sagt somit aus, welche Nachrichtenköpfe und Daten durch das Sicherheitsprotokoll geschützt werden. Die in der vorliegenden Arbeit betrachteten Sicherheitsprotokolle schützen die Nachrichtenköpfe aller „darüberliegender" Kommunikationsprotokolle. Es kann also vorteilhaft sein, wenn das Sicherheitsprotokoll auf einer tieferen Schicht angesiedelt ist. Weiterhin zeigt [110], wie eine höhere Robustheit der Kommunikation erreicht werden kann, indem zumindest die Datenauthentifizierung des Sicherheitsprotokolls unterhalb anstatt oberhalb der Transportschicht (in Fall von [110] TCP) platziert wird: Dies erlaubt es, die für das Protokoll der Transportschicht wesentlichen Nachrichtenköpfe gegen Manipulation zu schützen. So kann verhindert werden, dass Angreifer mittels TCP-Pakete die Kommunikation abbrechen können. Es liegt nahe, die Schicht, ab welcher geschützt wird, anzugeben. Zum Beispiel schützt IPsec im Transportmodus ab Transportschicht und bei der Nutzung des Tunnelmodus sogar ab der Internetschicht. Ein sicheres Anwendungsprotokoll hingegen schützt erst ab der Anwendungsschicht. Die Darstellung der Schicht ist abhängig vom Einsatz des Entscheidungsverfahrens. Wird es für die Wahl von Kommunikationsprotokollen im Internet genutzt, ist eine Darstellung entsprechend dem ISO/OSI-Basisreferenzmodell, also als Zahl der Schicht $(1\text{-}7)^2$, gut geeignet. Für die Wahl komponierter Kommunikationsprotokolle – wie in Kapitel 6 – ist diese Kommunikationseigenschaft jedoch nur begrenzt geeignet, da die dort betrachteten Protokolle nicht immer Schichten aufweisen. Selbst wenn dies der Fall ist, besitzen die verschiedenen komponierten Kommunikationsprotokolle nicht zwangsläufig eine dem ISO/OSI-Basisreferenzmodell vergleichbare Organisation der Schichten.

Im heutigen Internet existiert ein Zusammenhang zwischen den Kommunikationseigenschaften Reichweite und Schicht. Ein Verfahren auf Schicht 2 wird meistens nur eine 1-Hop-Reichweite besitzen.

Tabelle 3.12 fasst die Kommunikationseigenschaften der Unterkategorie Verschlüsselung zusammen.

---

^{2} Bei der Nutzung im Internet kann im Allgemeinen auf eine Unterscheidung zwischen Schicht 5, Schicht 6 und Schicht 7 verzichtet werden, da viele Anwendungsprotokolle nicht anhand dieser Schichten weiter unterteilt werden. In diesem Fall bietet es sich an, nur die Bezeichnung *Schicht 7* für alle Anwendungsprotokolle zu nutzen.

Kategorie: Unterkategorie Kommunikationseigenschaft	Wertebereich	Einheit
Sicherheit: Verschlüsselung		
ID	String	
Schlüssellänge	$\mathbb{N}$	bit
Effektive Bitstärke	$\mathbb{R}_+$	bit
Algorithmenfamilie	(IFP, DLP, ECDLP, Other)	
Reichweite	(1-Hop, E2E, VPN, unknown)	
Schicht	$\mathbb{N}$	

Tabelle 3.12: Unterkategorie Verschlüsselung

3.3.4.4 Datenauthentizität/-integrität

Die Datenauthentizität/-integrität befasst sich mit dem Schutz der Daten gegen Änderungen, Einfügungen, Löschungen, Wiedereinspielung und Unterdrückungen. Hierfür werden die zuvor definierten Kommunikationseigenschaften *Reichweite* und *Schicht* der Unterfunktionalität *Verschlüsselung* sowie die Kommunikationseigenschaft *Wiedereinspielungsschutz* der Unterfunktionalität *Schlüsselaustausch* analog angewendet. Tabelle 3.13 stellt die Kommunikationseigenschaften der Datenauthentizität und Datenintegrität vor.

Kategorie: Unterkategorie Kommunikationseigenschaft	Wertebereich	Einheit
Sicherheit: Datenauthentizität/Integrität		
ID	String	
Schlüssellänge	$\mathbb{N}$	bit
Effektive Bitstärke	$\mathbb{R}_+$	bit
Algorithmenfamilie	(IFP, DLP, ECDLP, Other)	
Reichweite	(1-Hop, E2E, VPN, unknown)	
Schicht	$\mathbb{N}$	
Wiedereinspielungsschutz	$(1, 0)$	

Tabelle 3.13: Unterkategorie Datenauthentizität/Integrität

3.4 Bestimmung der Kommunikationseigenschaften

Die in diesem Kapitel betrachteten Kommunikationseigenschaften stellen die Grundlage für die Entscheidungsfindung der vorliegenden Arbeit dar. Für die Entscheidungsfindung muss eine Menge von Kommunikationseigenschaften je Alternative bestimmt werden. Hierbei sind je nach Szenario unterschiedliche Ansätze zur Bestimmung der Kommunikationseigenschaften sinnvoll.

Im Szenario der *automatisierten Wahl von Sicherheitsprotokollen* (Kapitel 5) werden Sicherheitsprotokolle einer bestehenden Kommunikation und somit einer Kombination von Kommunikationsprotokollen hinzugefügt. Die Kommunikationseigenschaften des Kommunikationskanals werden hierbei nicht betrachtet, da sie sich in diesem Szenario nur begrenzt auf die Eignung der Sicherheitsprotokolle auswirken und im Allgemeinen nicht bekannt sind. Es werden daher nicht die Kommunikationseigenschaften des durch die Anwendung bereitgestellten Dienstes betrachtet, sondern die Änderungen derselben durch den Einsatz von Sicherheitsprotokollen. Hierbei handelt es sich zum Beispiel um die erhöhte effektive Bitstärke oder Latenz.

Die verschiedenen Kommunikationseigenschaften unterscheiden sich auch in der Art ihrer Bestimmung. Die Kommunikationseigenschaften der *Kategorie Sicherheit* werden analytisch bestimmt. Hierbei werden abhängig von den verwendeten kryptografischen Verfahren die Kommunikationseigenschaften bestimmt. Für die Bestimmung der *effektiven Bitstärke* wird auf die entsprechende Literatur zurückgegriffen.

Durch die Kommunikationseigenschaften der Kategorie Dienstgüte werden die Auswirkungen der kryptografischen Verfahren auf die Dienstgüte beschrieben. Die *Aufbauverzögerung (# 1-Weg-Verzögerungen)* und die Kommunikationseigenschaften der *Unterkategorie Overhead* werden analytisch bestimmt. Auf die Kommunikationseigenschaften *freie Kapazität*, *genutzte Kapazität* und *Auslastung* werden in diesem Szenario mangels Betrachtung des Kommunikationskanals verzichtet. Die sonstigen Kommunikationseigenschaften der Kategorie Dienstgüte werden durch Messungen bestimmt.

Für die Bestimmung der Kommunikationseigenschaften der *Kategorie Energiebedarf* sind unterschiedliche Ansätze, wie Messungen, Schätzungen und analytische Ansätze denkbar. Ein Ansatz, der den Energieverbrauch auf Basis von Ereigniszählern bestimmt (zum Beispiel [108]), hat den Vorteil, auch bei unbekannten kryptografischen Verfahren anwendbar zu sein. Es wird jedoch wegen der einfacheren Handhabung auf bekannte Energieverbrauchswerte einer vergleichbaren Hardwareplattform zurückgegriffen und so der Energieverbrauch geschätzt (zum Beispiel [109]).

Da auf die Betrachtung des Kommunikationskanals in diesem Szenario verzichtet wird, wird hier zudem auf die Kommunikationseigenschaften der *Kategorie Zuverlässigkeit* verzichtet.

Im Szenario der *automatisierten Protokollwahl im zukünftigen Internet* wird ein ähnliches Vorgehen wie im vorherigen Szenario angewendet. Der wesentliche Unterschied hierbei ist jedoch, dass auch die Kommunikationseigenschaften des jeweiligen Kommunikationskanals und auch Kommunikationseigenschaften der *Kategorie Zuverlässigkeit* betrachtet werden. Für die Bestimmung dieser Kommunikationseigenschaften des Kommunikationskanals sind Messungen geeignet, während die Auswirkung der funk-

tionalen Blöcke auf die Kommunikationseigenschaften analytisch bestimmt werden. Da
angenommen wird, dass die Kommunikationskanäle durch virtuelle Netze bereitgestellt
werden, wird die Bestimmung der Kommunikationseigenschaften der Kommunikationskanäle in der vorliegenden Arbeit nicht näher betrachtet, sondern geschieht durch
den Anbieter des virtuellen Netzes.

Die Entscheidungsfindung wählt dann in diesem Szenario basierend auf den Kommunikationseigenschaften des Dienstes an der Anwendungsschnittstelle das bestgeeignete
Kommunikationsprotokoll. Die Kommunikationseigenschaften werden durch die Aggregation der Kommunikationseigenschaften des Kommunikationskanals und der Wirkungen der funktionalen Blöcke bestimmt. Die Betrachtung der Aggregation ist Gegenstand von Kapitel 6.

3.5   Fazit und Zusammenfassung

In diesem Kapitel wurden geeignete Kommunikationseigenschaften für die automatisierte Wahl von Kommunikationsprotokollen vorgestellt. Die Kommunikationseigenschaften wurden unter Berücksichtigung ihres Einsatzzwecks – nämlich für die Diffe-
renzierung der Alternativen im Rahmen der Entscheidungsfindung – in die Kategorien
Dienstgüte, Zuverlässigkeit, Energiebedarf und Sicherheit eingeteilt. Dabei umfassen
die Dienstgüte und der Energiebedarf nicht-funktionale und die Zuverlässigkeit und Sicherheit funktionale Kommunikationseigenschaften.

Ein Teil der Kommunikationseigenschaften basiert auf Metriken, wie sie bereits in
Kommunikationsnetzen verwendet und in der Literatur beschrieben werden. Sie wur-
den um für die vorliegende Arbeit wichtige Kommunikationseigenschaften ergänzt.
Hierzu zählen vor allem die Kommunikationseigenschaften der Kategorie Sicherheit.
Die Vielzahl von Kommunikationseigenschaften ist nötig, um die Beeinflussung durch
verschiedene Kommunikationsprotokolle beschreiben zu können. Sicherheitsprotokolle
besitzen zum Beispiel Auswirkungen auf die Dienstgüte [111], da die kryptografischen
Algorithmen relativ viel Rechenzeit benötigen. Ebenso treten Auswirkungen auf den
Energiebedarf auf. Aber auch andere Kommunikationsprotokolle haben negative Auswirkungen: Treten zum Beispiel in einem Kommunikationskanal Verluste auf, so können diese von TCP durch Wiederholungen korrigiert werden. Durch den Einsatz von
TCP wird daher der Wert der Kommunikationseigenschaft Verlustanteil auf 0 gesenkt.
Allerdings führt der Einsatz von TCP auch dazu, dass der Wert der Kommunikationseigenschaft Latenzschwankung wegen der Wiederholungen erhöht wird. Für eine ausgewogene Protokollwahl ist daher wichtig, dass sowohl die positiven Auswirkungen als
auch die negativen Auswirkungen der Kommunikationsprotokolle durch Kommunikationseigenschaften beschrieben werden können.

Weiterhin bestehen Abhängigkeiten zwischen Protokollen, wie zum Beispiel zwischen Sicherheits- und Transportprotokollen: Wird ein Sicherheitsprotokoll (wie zum Beispiel TLS) oberhalb eines Transportprotokolls (wie zum Beispiel TCP) eingesetzt, kann dies zu verminderter Robustheit der Kombination führen [110]. Um solche Abhängigkeiten in der Entscheidungsfindung berücksichtigen zu können, müssen geeignete Kommunikationseigenschaften definiert werden, wie in diesem Fall die Kommunikationseigenschaft *Schicht*. Zusätzlich ist es möglich, bereits vor der Protokollwahl Kombinationen von Kommunikationsprotokollen anhand der Abhängigkeiten als Alternativen auszuschließen. Ein solches Vorgehen ist jedoch für die in der vorliegenden Arbeit betrachteten Szenarien nicht notwendig und wird daher nicht weiter betrachtet.

Die vorgestellten Kommunikationseigenschaften orientieren sich stark an den Problemstellungen der beiden Szenarien dieser Arbeit (Kapitel 5 und Kapitel 6) und stellen daher keine vollständige Liste von Kommunikationseigenschaften dar. Die Kommunikationseigenschaften können jedoch für andere Einsatzszenarien leicht ergänzt werden. Eine mögliche Ergänzung wären zum Beispiel Kommunikationseigenschaften, die Anonymitätsaspekte beschreiben.

Im Rahmen der automatisierten Wahl von Sicherheitsprotokollen (Kapitel 5) müssen die Auswirkungen der vier Funktionalitäten Schlüsselaustausch, Authentifizierung, Verschlüsselung und Datenauthentizität/-integrität auf die Kommunikation berücksichtigt werden. Schlüsselaustausch und Authentifizierung wirken hierbei nicht nur auf die jeweiligen Kommunikationseigenschaften der Kategorien Sicherheit und Kommunikationsaufbauverzögerung, sondern auch auf die Kommunikationseigenschaften Overhead pro Zeit, Overhead Kommunikationsaufbau/-abbau, Energiebedarf pro Zeit und Energiebedarf Kommunikationsaufbau/-abbau. Für die *Verschlüsselung* und die *Datenauthentizität/-integrität* stehen ebenso eigene Kommunikationseigenschaften der Kategorie Sicherheit bereit; sie wirken jedoch auch auf die Kommunikationseigenschaften der Kategorie Latenz/Latenzschwankungen sowie Kapazität, Overhead pro Bit, Overhead pro Dateneinheit, Energiebedarf pro Bit und Energiebedarf pro Dateneinheit. Diese Kommunikationseigenschaften erlauben es, die Effekte der Sicherheitsprotokolle auf die Kommunikation differenziert darzustellen, und bilden somit eine Grundlage für die automatisierte Wahl von Sicherheitsprotokollen.

Die verbleibenden Kommunikationseigenschaften, nämlich freie Kapazität, genutzte Kapazität und Auslastung sowie die Kommunikationseigenschaften der Kategorie Zuverlässigkeit werden nur für die Betrachtung im Rahmen des zukünftigen Internets genutzt (Kapitel 6). Sie sind wesentlich für eine differenzierte Betrachtung der genutzten Kommunikationskanäle, welche nur in diesem Szenario durch die Entscheidungsfindung gewählt werden.

Die Kommunikationseigenschaften der vorliegenden Arbeit zeigen exemplarisch auf, wie unterschiedliche Kommunikationsprotokolle in zwei Szenarien differenziert werden können und lassen sich leicht für die Unterstützung weiterer Szenarien erweitern. Auf ihnen aufbauend ist die Konstruktion einer geeigneten Entscheidungsfindung Gegenstand des nächsten Kapitels.

4. Entscheidungsfindung

Das zentrale Problem dieses Kapitels ist es, das bestgeeignete Kommunikationsprotokoll auszuwählen. Hierfür wurde eine geeignete Entscheidungsfindung entwickelt, die auf den zuvor beschriebenen Kommunikationseigenschaften aufbaut, um die bestmögliche Alternative auszuwählen [112].

In den nächsten Abschnitten wird die Entscheidungsfindung systematisch betrachtet. Hierzu führt Abschnitt 4.1 Anforderungen an die Entscheidungsfindung auf. Basierend auf diesen Anforderungen wird ein geeignetes Entscheidungsverfahren gewählt und dann zur Entscheidungsfindung weiterentwickelt (Abschnitt 4.2). Abschnitt 4.3 geht kurz darauf ein, welche Kommunikationseigenschaften in der Entscheidungsfindung genutzt werden und in Abschnitt 4.4 folgt eine umfassende Betrachtung geeigneter Bewertungsfunktionen, welche für das Entscheidungsverfahren notwendig sind.

4.1 Anforderungen

An die in dieser Arbeit konzipierte Entscheidungsfindung werden die folgenden zentralen Anforderungen gestellt:

1. Eignung zur Auswahl des bestgeeigneten Kommunikationsprotokolls.
2. Unterstützung heutiger und zukünftiger Kommunikationsprotokolle.
3. Unterstützung der zuvor präsentierten Kommunikationseigenschaften.
4. Nutzereinfluss unter Berücksichtigung einer Hierarchie von Kommunikationseigenschaften (siehe auch Abschnitt 3.3).

5. Automatisierbarkeit des Gesamtablaufs.

Die erste Anforderung an die Entscheidungsfindung ist, dass sie die vorgesehene Funktion erfüllt. Die *Eignung zur Auswahl des bestgeeigneten Kommunikationsprotokolls* ist also wesentlich.

Die *Unterstützung heutiger und zukünftiger Kommunikationsprotokolle* zielt darauf ab, dass die automatisierte Entscheidungsfindung möglichst einfach auch in Zukunft entwickelte Kommunikationsprotokolle berücksichtigen kann und diese entsprechend in die Protokollwahl einfließen können. Da es allerdings unrealistisch ist, alle möglichen zukünftigen Kommunikationsprotokolle und deren Kommunikationseigenschaften vorherzusehen, kann diese Anforderung nur durch eine ausreichend große *Flexibilität* und die damit verbundene *Erweiterbarkeit* erreicht werden. Denn eine möglichst flexible Protokollwahl verspricht, dass sie durch Erweiterungen zukünftige Kommunikationsprotokolle und Kommunikationseigenschaften berücksichtigen kann.

Die Anforderung nach einer *Unterstützung der zuvor präsentierten Kommunikationseigenschaften* führt dazu, dass die Entscheidungsfindung mit Kommunikationseigenschaften mit und ohne Ordnungsrelationen umgehen können muss. Sie muss also auch solche Kommunikationseigenschaften handhaben können, deren Werte *nominal oder ordinal skaliert* sind. Dies ist vor allem für einige Kommunikationseigenschaften der Kategorie Sicherheit notwendig.

Die Anforderung *Nutzereinfluss unter Berücksichtigung einer Hierarchie von Kommunikationseigenschaften* ermöglicht es dem Nutzer, anhand (zum Beispiel) der im vorangegangenen Kapitel vorgestellten Kategorisierung der Kommunikationseigenschaften Einfluss auf die Entscheidungsfindung zu nehmen. Die Hierarchie soll zu einer komfortableren Nutzbarkeit beitragen. Ein Nutzer soll zum Beispiel Sicherheit stärker als Energiebedarf bewerten können, auch wenn er die einzelnen Kriterien der Sicherheit oder des Energiebedarfs nicht vollständig versteht.

Für die Fragestellungen dieser Arbeit ist es zudem wichtig, dass die *Automatisierbarkeit des Gesamtablaufs* gegeben ist. Es ist also wesentlich, dass eine Entscheidungsfindung nicht zwingend auf Nutzereingaben angewiesen ist.

4.1.1 Eignung der Entscheidungsverfahren

Auf Basis der zuvor vorgestellten Anforderungen werden die in Abschnitt 2.7 vorgestellten Entscheidungsverfahren für ihren Einsatz in der vorliegenden Arbeit bewertet und ein geeignetes Entscheidungsverfahren ausgewählt. Eine detaillierte Darstellung der Verfahren inklusive ihrer Vor- und Nachteil findet sich in Abschnitt 2.7.

Idealpunktverfahren sind vergleichsweise unflexibel, da sie auf der Berechnung der Abstände zu den positiven und negativen Idealpunkten basieren. Eine Unterstützung von

Hierarchien ist nicht gegeben und für die Abstandsberechnung müssen die Kriterien kardinal skaliert sein. Zudem müssen Idealpunkte existieren. Andererseits sind Idealpunktverfahren automatisierbar und erfordern einen geringen Berechnungsaufwand.

Outranking-Verfahren erlauben vor allem dadurch viel Flexibilität, dass anhand verschiedener Schwellen das Verhalten sehr genau gesteuert werden kann. Eine Kategorisierung ist nicht möglich. Positiv ist die Möglichkeit mit ordinal skalierten Kriterien umzugehen. Outranking-Verfahren können eine Unvergleichbarkeit als Ergebnis feststellen. Dies ist für ein möglichst automatisch agierendes System von Nachteil, da diese Möglichkeit zu schlechterer Automatisierbarkeit führt. Stellt das Verfahren fest, dass keine Entscheidung getroffen werden kann, ist es schwierig, darauf automatisch zu reagieren. Wird durch eine Fehlentscheidung die Kommunikation unterbunden, wird dies zu schlechterer Nutzerakzeptanz führen.

AHP ist im Vergleich zur Nutzwertanalyse weniger flexibel, da nur die Aggregationsform der gewichteten Summe unterstützt wird und die Vergleiche eine Skala von eins bis neun nutzen [92]. Die beschränkte Skala ist für automatisierte Entscheidungen wenig geeignet, da sie zu stark begrenzt ist und dadurch zum Beispiel Transitivität bei den paarweisen Vergleichen nicht abgebildet werden kann. Ein weiteres grundlegendes Problem von AHP ist es, dass AHP nicht immer eine Entscheidung treffen kann, weil zum Beispiel Inkonsistenzen detektiert werden. In diesem Fall muss ein Nutzer in die Entscheidungsfindung eingreifen. Es ist also nicht die erforderliche Automatisierbarkeit gegeben. Da sich AHP auf die Nutzwertanalyse stützt, sind zusätzlich auch Vor- und Nachteile der Nutzwertanalyse zu beachten.

Die Nutzwertanalyse hingegen erfüllt die Anforderungen sehr gut (Abschnitt 2.7):

- Die Nutzwertanalyse weist eine große Flexibilität auf, da unter anderem die Gewichte, Nutzenfunktionen und die Berechnung des Gesamtnutzens angepasst werden können.
- Durch die Wahl geeigneter Nutzenfunktionen kann die Nutzwertanalyse auch mit solchen Kommunikationseigenschaften umgehen, deren Werte nominal oder ordinal skaliert sind.
- Durch Erweiterung der Nutzwertanalyse kann eine Hierarchie von Kommunikationseigenschaften und Kategorien umgesetzt werden. Hierfür wird schrittweise vorgegangen, anstatt zum Beispiel eine einzelne gewichtete Summe für die Berechnung des Gesamtnutzens einzusetzen (siehe auch Abschnitt 4.2). Das bedeutet, sie kann nicht nur einzelne Kommunikationseigenschaften gegeneinander abwägen, sondern auch die übergeordneten Kategorien dieser Kommunikationseigenschaften in Betracht ziehen.

Im Vergleich zu den anderen vorgestellten Verfahren (Abschnitt 2.7) vereint die Nutzwertanalyse eine hohe Flexibilität – erreicht durch die Gewichte, Nutzenfunktionen und verschiedene Aggregationsformen – mit einem begrenzten Aufwand. Sie erlaubt Hierarchien und sowohl nominal als auch ordinal skalierte Kriterien. Zudem ist sie einfach automatisierbar – das bedeutet, die Nutzwertanalyse kann sehr gut auch ohne Nutzerinteraktion eingesetzt werden.

Tabelle 4.1 fasst die Bewertungen der hier betrachteten Entscheidungsverfahren nochmals zusammen.

	NWA	AHP	Idealpunkt	Outranking
Anforderungen				
Flexibilität	⊕	○	⊖	○
Erlaubt Hierarchie	⊕	⊕	⊖	⊖
Nominal-/Ordinalskala	⊕	⊕	⊖	○
einfach automatisierbar	⊕	⊖	⊕	○
Aufwand				
Aufwand abh. Alternativen	⊕	⊕	⊕	⊖
Aufwand abh. Kriterien	⊕	⊖	⊕	⊕

Tabelle 4.1: Eignung der Entscheidungsverfahren für die Wahl von Protokollen

4.2 Ablauf der Entscheidungsfindung

In diesem Abschnitt wird die Entscheidungsfindung vorgestellt, welche auf der Nutzwertanalyse basiert. Die Entscheidungsfindung betrachtet eine Menge von Alternativen, von welcher sie dann eine nach Eignung sortierte möglicherweise leere Teilmenge zurückgibt. Die Entscheidungsfindung führt hierfür die folgenden Schritte durch:

1. Filterung der Alternativen.
2. Bewertung und Ordnung der verbleibenden Alternativen.

Nach dem Erhalten der Alternativen muss die Entscheidungsfindung zuerst ungeeignete Alternativen durch *Filterung* aus der Liste der Alternativen entfernen. Dies basiert auf einer Einschränkung der Wertebereiche der Kriterien. Eine Anwendung kann beispielsweise als Einschränkung an die Entscheidungsfindung definieren, dass nur ein Protokoll mit einem Energiebedarf pro Dateneinheit kleiner oder gleich γ zulässig ist. Anhand dieser Einschränkung entfernt die Entscheidungsfindung alle Alternativen mit einem Energiebedarf pro Dateneinheit größer γ.

Im Anschluss können dann die verbliebenen gültigen Alternativen *bewertet und geordnet* werden. In der Nutzwertanalyse werden hierfür für jede Alternative a_i zuerst die einzelnen Nutzenfunktionen v_j angewendet und somit Nutzerwerte für die Kriterien c_j bestimmt. Danach wird der Gesamtnutzwert durch eine gewichtete Summe berechnet:

$$v(a_i) = \sum_{j=1}^{m} w_j \cdot v_j(c_j(a_i)) \qquad (4.1)$$

Diese Formel bewirkt eine flache Aggregation der einzelnen Nutzwerte zum Gesamtnutzwert. Da jedoch hierarchische Kriterien gefordert sind, wird die Aggregation erweitert: Zuerst werden die Kriterien der jeweiligen Kategorien zu Nutzwerten der Kategorien aggregiert. Im Anschluss wird der Gesamtnutzwert aus diesen Nutzwerten aggregiert. In der vorliegenden Arbeit werden nur gewichtete Summen für die Aggregation der Nutzwerte eingesetzt. Es ist jedoch denkbar, dass für zukünftige Szenarien auch andere Aggregationen – zum Beispiel gewichtete Produkte – sinnvoll sein können.

Abbildung 4.1 präsentiert die Berechnung der Nutzwerte. In der Abbildung werden Kategorien (1, 2 und n) mit jeweils einigen Kriterien ($c_{1,1}, \ldots c_{j,m_n}$) dargestellt. Diese werden von den Nutzenfunktionen ($v_{1,1}(), \ldots v_{n,m_n}()$) in Nutzwerte umgesetzt und im Anschluss gewichtet ($\cdot w_{1,1}, \ldots w_{n,m_n}$). Dann werden die gewichteten Nutzwerte der Kriterien je Kategorie aufsummiert ($\sum_{k=1}^{m_1}, \sum_{k=1}^{m_2}$ und $\sum_{k=1}^{m_n}$) und wiederum gewichtet ($\cdot w_1, \cdot w_2$ und $\cdot w_n$), bevor zum Gesamtnutzwert ($v(a_i)$) aufsummiert wird ($\sum_{j=1}^{n}$).

Es ist zu beachten, dass keine explizite Normierung durchgeführt wird. Hierbei ist zwischen zwei Alternativen zu unterscheiden: Normierung der Kommunikationseigenschaft auf den kleinsten und größten möglichen Wert (statische Normierung) und Normierung der Kommunikationseigenschaft auf den kleinsten und größten Wert aller Alternativen (dynamische Normierung). Eine statische Normierung wird inhärent dadurch durchgeführt, dass die Nutzenfunktionen nur einen Nutzen zwischen 0 und 1 einnehmen können. Eine dynamische Normierung wurde vermieden, da sie zu einem verstärkten kompensatorischen Effekt führen kann. Sind bei allen Alternativen die Werte einer Eigenschaften auf einen kleinen Teil des Wertebereichs beschränkt, so würde eine Normierung diese auf stark unterschiedliche Nutzwerte abbilden und hierdurch den Unterschied zwischen den Alternativen stark überschätzen. Betrachtet man beispielsweise ein Kriterium Schlüssellänge beim RSA-Algorithmus, so sind Schlüssellängen im Bereich von 512 bis 8192 Bit üblich. Auf Basis dieser Beobachtung kann ein Nutzer eine entsprechende Parametrisierung des Entscheidungsverfahrens festgelegt haben. Treten während der Entscheidungsfindung – und somit der Vorverarbeitung – aber nur die Längen 512 und 768 auf, dann werden diese zum Beispiel durch eine Vorverarbeitung auf den Nutzwert 0 beziehungsweise 1 abgebildet, auch wenn der geringe Unterschied beider Schlüssellängen für den Nutzer möglicherweise weniger relevant ist. In der Folge kann es zu einem ungewünschten kompensatorischen Effekt kommen. Im Beispiel kann der Unterschied der Nutzwerte der Alternativen mit 512 und 768 Bit andere Kriterien, wie Energiebedarf, zu stark kompensieren, wenn für diese nicht analog die Nutzenfunktion oder die Gewichte angepasst werden. Daher wird in der vorliegenden Arbeit auf dynamische Normierung verzichtet.

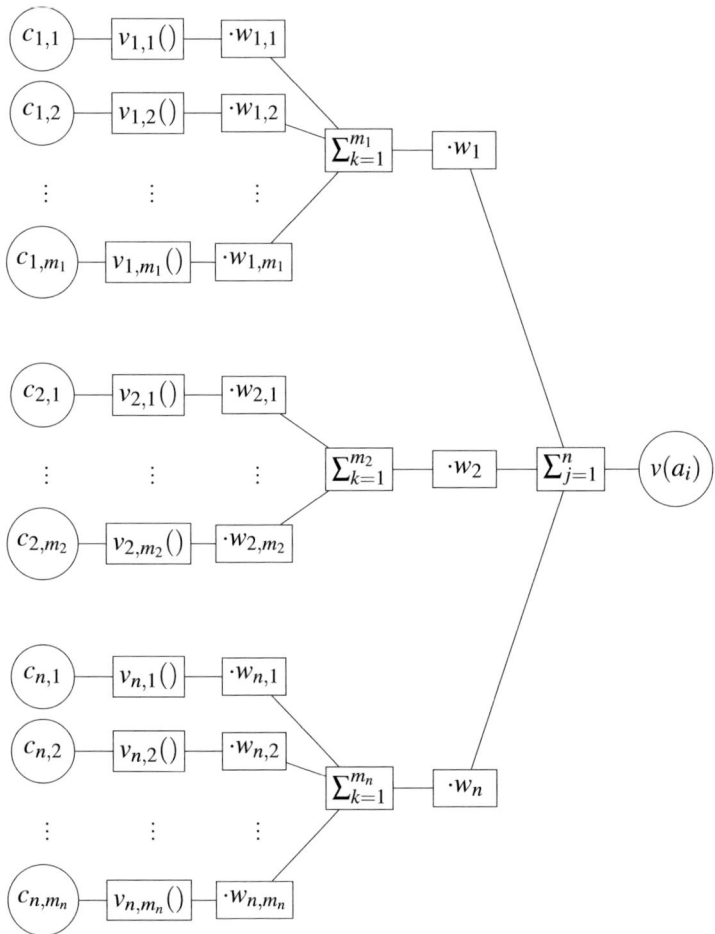

Abbildung 4.1: Hierarchische Nutzwertaggregation der Entscheidungsfindung

Abschließend wird das Ergebnis der Nutzwertanalyse, eine nach „Nützlichkeit" absteigend sortierte Liste der erlaubten Alternativen, zurückgegeben. Da diese Liste nach Eignung sortiert ist, ist der erste Eintrag der Liste die beste Alternative.

4.3 Kriterien der Entscheidungsfindung

Die für die Entscheidungsfindung notwendigen Kriterien werden aus den in Kapitel 3 dargestellten Kommunikationseigenschaften gewonnen. Diese Kommunikationseigenschaften wurden so gewählt, dass sie direkt als Kriterien genutzt werden können. Die Menge der Kommunikationseigenschaften wurde in Kapitel 3 in Hinblick auf die beiden Anwendungsfälle der vorliegenden Arbeit (Kapitel 5 und 6) zusammengestellt. Welche Kommunikationseigenschaften in welchem Anwendungsfall von Vorteil sind, wurde in Abschnitt 3.4 bereits thematisiert.

Soll die in diesem Kapitel vorgestellte Entscheidungsfindung für andere Anwendungsfälle genutzt werden, so kann es vorkommen, dass die Liste der Kommunikationseigenschaften eingeschränkt oder erweitert werden muss. Eine *Einschränkung* der Kriterien durch den Nutzer kann auch durch eine Gewichtung dieser Kriterien mit 0 erreicht werden. Dadurch fließen diese Kriterien (und somit die jeweilige Kommunikationseigenschaften) nicht in die Entscheidungsfindung ein. Für eine *Erweiterung* der Kriterien muss die Entscheidungsfindung, zum Beispiel per Änderung der Konfiguration, angepasst werden, was in Kapitel 5 näher erläutert wird. Für die Bestimmung hinzugefügter Kommunikationseigenschaften kann es jedoch notwendig werden, auch Implementierungen anzupassen (siehe beispielsweise Kommunikationserkenner in Kapitel 5.4).

4.4 Nutzenfunktionen

Für alle Kommunikationseigenschaften, die als Kriterium genutzt werden sollen, müssen passende Nutzenfunktionen definiert werden, um die kriteriumsspezifischen Werte auf aggregier- und vergleichbare Nutzwerte abzubilden. Der Nutzwert ist nur im Bereich zwischen Null und Eins definiert, der Wertebereich jeder Nutzenfunktion umfasst daher nur das Intervall $[0; 1]$. Das heißt jedoch nicht, dass jede Nutzenfunktion den gesamten Wertebereich von 0 bis 1 abdecken muss. Vielmehr sind auch Nutzenfunktionen erlaubt, die diesen Bereich nur teilweise abdecken. Eine Nutzenfunktion darf sogar alle Werte einer Kommunikationseigenschaft auf den gleichen Nutzwert abbilden.

Da die einzelnen Nutzenfunktionen für unterschiedliche Kommunikationseigenschaften genutzt werden können, ist es sinnvoll, dass der Definitionsbereich der Nutzenfunktionen $\mathbb{R}$ umfasst, auch wenn einige der Kommunikationseigenschaften nur Werte einer Teilmenge, wie zum Beispiel $\mathbb{N}$, annehmen können.

Ein großer Anteil an der Flexibilität des in diesem Kapitel vorgestellten Entscheidungsverfahrens wird durch die Nutzenfunktionen bedingt, welche Werte beliebig auf Nutzwerte abbilden können. Damit hierdurch allerdings nicht der Aufwand in der Nutzung des Entscheidungsverfahrens entsprechend steigt, ist es sinnvoll, geeignete Nutzenfunktionen bereits vorzudefinieren. Diese sollen dann von den Nutzern nur noch ausgewählt und parametrisiert werden. Es werden daher zunächst generische, parametrisierbare Nutzenfunktionen in Abschnitt 4.4.1 vorgestellt, welche für die Entscheidungsfindung und die im Rahmen der vorliegenden Arbeit betrachteten Szenarien (Abschnitt 1.2) sinnvoll sind. Auch durch den Einsatz generischer, parametrisierbarer Nutzenfunktionen wird die Erweiterbarkeit der Entscheidungsfindung gewährleistet.

Im Anschluss an die Vorstellung der generischen Nutzenfunktionen werden diese für ausgewählte Kommunikationseigenschaften exemplarisch parametrisiert. Hierbei werden Kommunikationseigenschaften der Kategorien Dienstgüte (Abschnitt 4.4.2), Zuverlässigkeit (Abschnitt 4.4.3), Energiebedarf (Abschnitt 4.4.4) und Sicherheit (Abschnitt 4.4.5) betrachtet. Bedingt durch den subjektiven Charakter der Nutzenfunktionen ist es nicht möglich, anstatt dieser Vorschläge *jeweils genau eine korrekte Nutzenfunktion* für jede Kommunikationseigenschaft zu definieren. Dies liegt darin begründet, dass Nutzenfunktionen die subjektive Einschätzung der Nutzenverteilung von Kriterien ausdrücken. Für verschiedene Nutzer und Anwendungen kann diese subjektive Einschätzung stark divergieren. Daher dürfen die im Folgenden vorgestellten Nutzenfunktionen nur als Vorschläge für Nutzenfunktionen angesehen werden.

4.4.1 Allgemeine Nutzenfunktionen

Anstatt für jedes Kriterium in jedem Anwendungsfall immer eine neue Nutzenfunktion zu definieren, bietet es sich für ein automatisiertes System an, parametrisierbare Nutzenfunktionen bereitzustellen. Diese können dann von Nutzern und Anwendungen auf den jeweiligen Anwendungsfall durch entsprechende Parametrisierung angepasst werden. Hierdurch kann die Anzahl der durch Nutzer und Anwendungen zu definierenden Nutzenfunktionen, und somit der Aufwand der Definition von Nutzenfunktionen, begrenzt werden. Dieser Abschnitt stellt einige parametrisierbare Nutzenfunktionen vor, welche für unterschiedliche Kriterien und Anwendungsfälle geeignet sind. Hierbei werden zuerst sehr einfache wachsende oder fallende, dann komplexere und zusammengesetzte Nutzenfunktionen betrachtet.

Ein einfaches Verhalten einer Nutzenfunktion ist ein Wachsen oder Fallen des Nutzens über den Wertebereich des Kriteriums. Abbildung 4.2 und Gleichung 4.2 zeigen eine mögliche Nutzenfunktion, die ansteigenden Nutzen darstellt. Die Funktion kann auf zwei Arten parametrisiert werden. Einerseits kann die Form mittels Parameter $\alpha \in \mathbb{R}_+$ angepasst werden. Falls α einen Wert zwischen 0 und 1 annimmt, wächst die Funktion am Anfang des Wertebereichs stärker und zum Ende des Wertebereichs hin schwächer. Falls α einen Wert größer 1 annimmt, steigt sie erst schwach und später stärker an. Für

$\alpha = 1$ steigt die Funktion gleichmäßig. Andererseits kann mittels Parameter β die Funktion auf der x-Achse gestreckt oder gestaucht werden. Bei $x = \beta$ nimmt die Funktion den Nutzwert 1 an. Es gilt somit $x \in [0; \beta]$. Dies erlaubt es, die Funktion für Kriterien mit sehr unterschiedlichen Wertebereichen einzusetzen.

$$v^s_{\alpha,\beta}(x) = \left(\frac{x}{\beta}\right)^{\alpha} \tag{4.2}$$

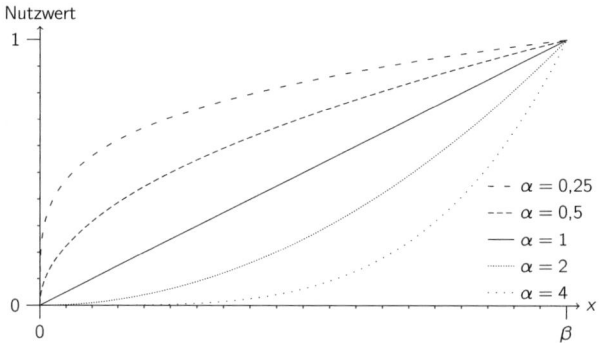

Abbildung 4.2: Ansteigende Nutzenfunktionen

Ein abfallendes Verhalten kann man analog zum ansteigenden Verhalten erreichen, sodass der Nutzen von 1 zu 0 fällt. Auch hierfür wird die Form der Nutzenfunktion durch $\alpha \in \mathbb{R}_+$ und die Anpassung auf den Wertebereich durch β gesteuert. Abbildung 4.3 und Gleichung 4.3 geben die zugehörige Funktion wieder. Auch hier gilt $x \in [0; \beta]$.

$$v^f_{\alpha,\beta}(x) = 1 - \left(\frac{x}{\beta}\right)^{\alpha} \tag{4.3}$$

Es ist auch möglich, dass der Nutzen nicht über den ganzen Wertebereich ansteigt oder abfällt. Abbildung 4.4 zeigt eine andere Grundform einer Nutzenfunktion. Diesmal fällt die Funktion zuerst ab und wächst danach wieder an. Mit dieser Nutzenfunktion als Basis wird erreicht, dass ein bestimmter Wert möglichst ungünstig eingeschätzt wird. Die Nutzenfunktion wird durch Gleichung 4.4 definiert. Auch hier lässt sich das Verhalten der Nutzenfunktion durch α steuern und die Anpassung auf den Wertebereich geschieht mit β. Es gilt $x \in [0; 2\beta]$.

$$v^{min}_{\alpha,\beta}(x) = \left|\frac{\beta - x}{\beta}\right|^{\alpha} \tag{4.4}$$

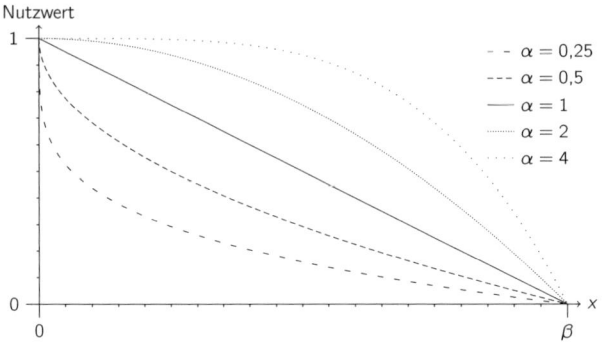

Abbildung 4.3: Fallende Nutzenfunktionen

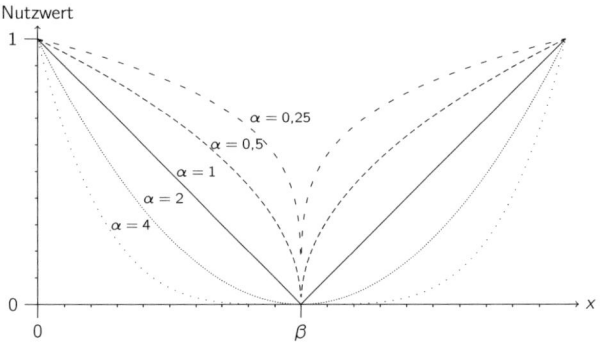

Abbildung 4.4: Nutzenfunktionen mit Minimum

Das umgekehrte Verhalten kann wiederum durch einfache Änderung der Funktion erreicht werden (siehe Gleichung 4.5). Hierbei wird erreicht, dass die Nutzenfunktion zum Wert β hin ansteigt und danach wieder fällt. Dieses Verhalten ist vorteilhaft, wenn β einen besonders gut geeigneten Wert darstellt. Die Funktion wird in Abbildung 4.5 dargestellt.

$$v_{\alpha,\beta}^{max}(x) = 1 - \left| \frac{\beta - x}{\beta} \right|^{\alpha} \tag{4.5}$$

Kann man einen gewissen Übergang oder eine abrupte Änderung im Nutzen erkennen, kann die Nutzenfunktion in Abbildung 4.6 hilfreich sein. Sie basiert auf dem Arcustangens und wird durch Gleichung 4.6 beschrieben. Wie auch die anderen Nutzenfunktionen ist sie parametrisierbar: Sie kann mittels β auf den Definitionsbereich und mittels α in ihrer Form angepasst werden. Es gilt $x \in [0; 2\beta]$. In der Abbildung sind verschiede-

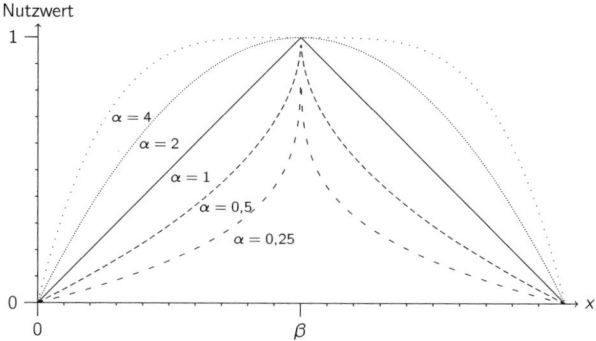

Abbildung 4.5: Nutzenfunktionen mit Maximum

ne Werte für α aufgetragen. Für negative α-Werte nimmt die Funktion bei $x = 0$ einen großen Nutzwert an und fällt dann abhängig von α unterschiedlich schnell oder sanft zu einem Bereich mit sehr niedrigem Nutzwert ab. Für $\alpha > 0$ gilt analog, dass zuerst ein niedriger und danach ein hoher Nutzwert vorliegt. Es gilt zudem $\alpha \neq 0$ und $\beta \neq 0$.

$$v_{\alpha,\beta}^{atan}(x) = \frac{1}{2} + \frac{1}{\pi}\arctan\left(\frac{\alpha}{\beta}(x-\beta)\right) \tag{4.6}$$

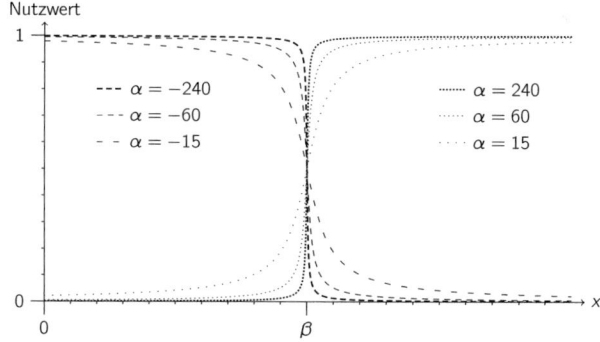

Abbildung 4.6: Nutzenfunktion basierend auf dem Arcustangens

Wird die Arcustangens-Nutzenfunktion für Kommunikationseigenschaften mit eingeschränktem Definitionsbereich eingesetzt, kann der Nutzen nicht mehr den gesamten Nutzwertbereich $[0; 1]$ einnehmen. Obwohl dies im Allgemeinen auch nicht notwendig ist, kann ein solches Verhalten der Nutzenfunktion dennoch von Nutzern oder Anwendungen gewünscht werden. Durch Streckung (γ) und Translation (δ) kann eine Nutzenfunktion konstruiert werden, deren Nutzwert den gesamten Bereich von $[0; 1]$ annimmt:

$$v_{\alpha,\beta,\gamma,\delta}^{atan2a}(x) = \gamma \cdot \left(v_{\alpha,\beta}^{atan}(x) - \delta \right) \tag{4.7}$$

$$= \gamma \left(\frac{1}{2} + \frac{1}{\pi} \arctan \left(\frac{\alpha}{\beta}(x-\beta) \right) \right) - \delta \tag{4.8}$$

Es ist jedoch sinnvoll Streckung (γ) und Translation (δ) automatisch zu bestimmen. Ist die Eingabe der Nutzenfunktion auf $[x_0; x_1]$ beschränkt, so ist δ so zu definieren, dass die Nutzenfunktion den Nutzwert 0 bei x_0 (falls $\alpha > 0$) beziehungsweise bei x_1 (falls $\alpha < 0$) annimmt. Es gilt für δ:

$$\delta = \begin{cases} v_{\alpha,\beta}^{atan}(x_1), & \alpha < 0 \\ v_{\alpha,\beta}^{atan}(x_0), & \alpha > 0 \end{cases} \tag{4.9}$$

Damit zusätzlich der Nutzwert 1 an der Stelle x_1 (falls $\alpha > 0$) beziehungsweise bei x_0 (falls $\alpha < 0$) erreicht wird, muss für γ dementsprechend gelten:

$$\gamma = \begin{cases} \left(v_{\alpha,\beta}^{atan}(x_0) - v_{\alpha,\beta}^{atan}(x_1) \right)^{-1}, & \alpha < 0 \\ \left(v_{\alpha,\beta}^{atan}(x_1) - v_{\alpha,\beta}^{atan}(x_0) \right)^{-1}, & \alpha > 0 \end{cases} \tag{4.10}$$

In Kombination ergibt dies eine skalierte und verschobene Nutzenfunktion:

$$v_{\alpha,\beta,x_0,x_1}^{atan2}(x) = \begin{cases} \left(v_{\alpha,\beta}^{atan}(x_0) - v_{\alpha,\beta}^{atan}(x_1) \right)^{-1} \cdot \left(v_{\alpha,\beta}^{atan}(x) - v_{\alpha,\beta}^{atan}(x_1) \right), & \alpha < 0 \\ \left(v_{\alpha,\beta}^{atan}(x_1) - v_{\alpha,\beta}^{atan}(x_0) \right)^{-1} \cdot \left(v_{\alpha,\beta}^{atan}(x) - v_{\alpha,\beta}^{atan}(x_0) \right), & \alpha > 0 \end{cases} \tag{4.11}$$

Abbildung 4.7 zeigt Beispiele der skalierten und verschobenen Arcustangens-Nutzenfunktion, die selbst bei kleinen Werten von α den Nutzwertbereich von $[0; 1]$ voll abdeckt.

Bei beiden Nutzenfunktionen auf Basis des Arcustangens (Abbildung 4.6 und Abbildung 4.7) ist zu erkennen, dass sie mit steigendem Betrag von α immer mehr die Gestalt einer Rechteckfunktion annehmen. Daher können sie, falls der Betrag von α hinreichend groß ist, auch durch eine Heaviside-Funktion ersetzt werden.

Die Heaviside-Funktion erlaubt es, Nutzenfunktionen mit sehr abrupten Änderungen des Nutzens zu definieren. Die passende Nutzenfunktion (Abbildung 4.8) kann mittels der Parameter α und β angepasst werden. Mit α wird der Nutzwert an der Stelle β definiert, daher muss $\alpha \in [0; 1]$ gelten. Für alle Werte kleiner als β wird ein Nutzwert

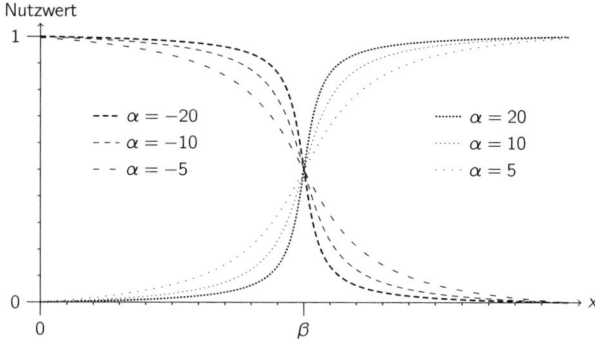

Abbildung 4.7: Nutzenfunktion basierend auf dem Arcustangens (skaliert und verschoben)

von 0 und für Werte größer als β ein Nutzwert von 1 definiert (Gleichung 4.12). Die fallende Heaviside-Funktion hingegen nimmt bis zum Wert β einen Nutzwert von 1 und nach dem Wert β einen Nutzwert von 0 an (Gleichung 4.13 und Abbildung 4.9).

$$v_{\alpha,\beta}^{hs}(x) = \begin{cases} 0, & x < \beta \\ \alpha, & x = \beta \\ 1, & x > \beta \end{cases} \tag{4.12}$$

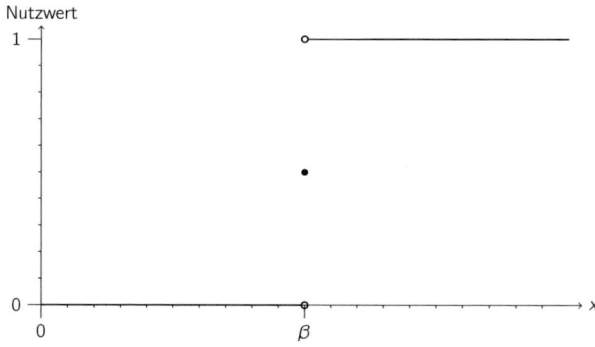

Abbildung 4.8: Steigende Nutzenfunktion basierend auf der Heaviside-Funktion

$$v_{\alpha,\beta}^{hf}(x) = \begin{cases} 1, & x < \beta \\ \alpha, & x = \beta \\ 0, & x > \beta \end{cases} \tag{4.13}$$

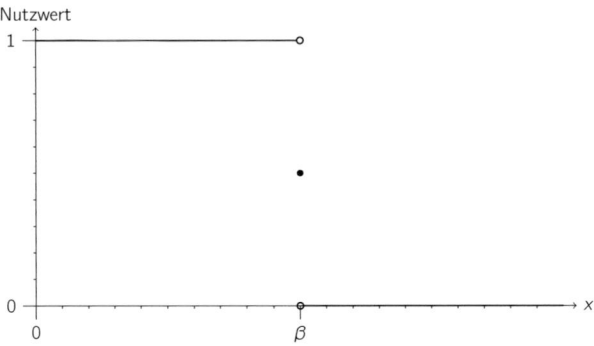

Abbildung 4.9: Fallende Nutzenfunktion basierend auf der Heaviside-Funktion

In einigen Fällen erfolgt die Änderung des Nutzens stufenweise. Das heißt, dass der Nutzen für ein bestimmtes Kriterium immer wieder sprungartig ansteigt und dann auf einer Stufe verweilt. Das Verhalten nimmt also die Gestalt einer Treppenfunktion an. Abbildung 4.10 und Gleichung 4.14 zeigen eine mögliche Nutzenfunktion basierend auf einer Treppenfunktion. Sie hat regelmäßige Treppenstufen mit der Breite w mit $w > 0$ und dem Abstand h mit $h \in (0; 1]$. Mittels β kann die Nutzenfunktion entlang der X-Achse verschoben werden. Analog dazu zeigen Abbildung 4.11 und Gleichung 4.15 eine fallende Treppenfunktion. Bei Treppenfunktionen ist zu beachten, dass eine geeignete Wahl der Stufen für diese Art von Nutzenfunktion von essenzieller Wichtigkeit ist. Ansonsten ist es möglich, dass zwei benachbarte Werte unabsichtlich auf verschiedene Stufen und somit auf deutlich unterschiedliche Nutzwerte abgebildet werden.

$$v_{\beta,h,w}^{ts}(x) = \max\left(\min\left(h\left\lfloor\frac{x-\beta}{w}\right\rfloor, 1\right), 0\right) \tag{4.14}$$

$$v_{\beta,h,w}^{tf}(x) = \max\left(\min\left(1 - h\left\lfloor\frac{x-\beta}{w}\right\rfloor, 1\right), 0\right) \tag{4.15}$$

Gerade für eine gut erweiterbare Entscheidungsfindung ist es notwendig, einfach zu definierende, aber auch flexible Nutzenfunktionen anzubieten. Eine solche Nutzenfunktion wird in Abbildung 4.12 gezeigt. Sie wird mittels Wertepaaren $\{(x_0; y_0), \ldots, (x_n; y_n)\}$ beschrieben, welche Abschnitte definieren. Hier im Beispiel werden durch vier Wertepaare drei Abschnitte definiert. Im ersten und dritten Abschnitt steigt der Nutzen nur leicht an, wobei im zweiten Abschnitt ein stärkerer Anstieg vorliegt. Diese Nutzenfunktion ist allerdings nicht auf drei Abschnitte beschränkt; die Anzahl der Abschnitte kann nahezu beliebig festgesetzt werden. Daher kann eine so definierte Nutzenfunktion ein

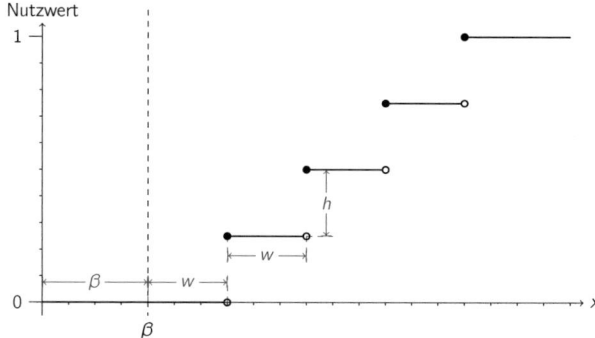

Abbildung 4.10: Ansteigende Nutzenfunktion basierend auf einer Treppenfunktion

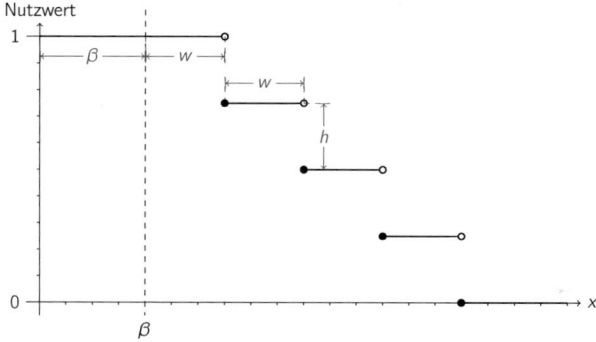

Abbildung 4.11: Fallende Nutzenfunktion basierend auf einer Treppenfunktion

fast beliebiges Verhalten approximieren. Die Berechnung des Nutzens kann mithilfe von Gleichung 4.16 durchgeführt werden.

$$v^{ab}(x) = y_i + (x - x_i)\frac{y_{i+1} - y_i}{x_{i+1} - x_i}, \tag{4.16}$$

$$i \in \{0, ..., n-1\} : x_i \leq x \leq x_{i+1}, x_i < x_{i+1}$$

Die zuvor definierten Nutzenfunktionen können auch für Kommunikationseigenschaften mit diskretem Wertebereich genutzt werden. Zur Vereinfachung bietet es sich jedoch an, eine eigene Nutzenfunktion zu definieren, die dann auch mit nichtnumerischen Werten umgehen kann. Abbildung 4.13 zeigt die diskrete Nutzenfunktion. Die Parametrisierung der diskreten Nutzenfunktion ist dabei eine Menge mit jeweils einem Wert-

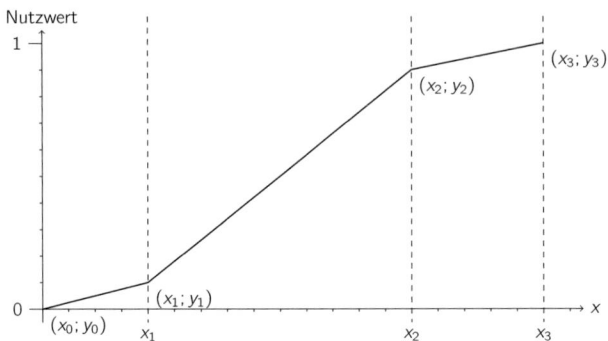

Abbildung 4.12: Nutzenfunktion mit drei Abschnitten

Nutzwert-Paar für jeden diskreten Wert – in der Abbildung Nutzwerte für α_0, α_1, α_2 und α_3.

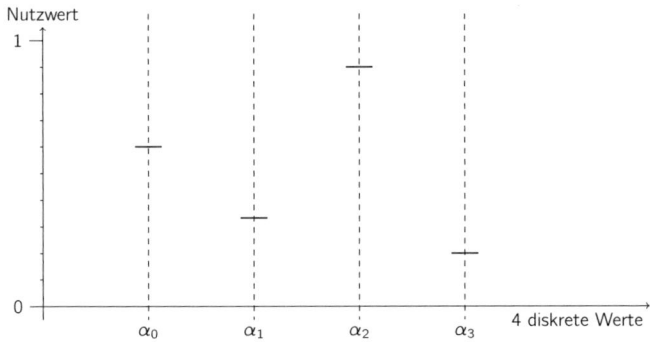

Abbildung 4.13: Nutzenfunktion mit vier diskreten Werten

In manchen Fällen ist es schwierig, eine vorliegende Nutzenfunktion zu parametrisieren, weil der Wertebereich des umzusetzenden Kriteriums a priori nicht genau genug bekannt ist. In diesen Fällen wäre es möglich, dass durch einen der Entscheidungsfindung vorgelagerten Schritt der durch die Alternativen eingenommene Wertebereich erfasst und im Anschluss als Parametrisierung verwendet wird. Eine solche Vorverarbeitung wäre allerdings identisch zu einer dynamischen Normierung, auf welche explizit verzichtet wurde, um den kompensatorischen Effekt nicht zu verstärken.

Tabelle 4.2 gibt eine Übersicht der in diesem Abschnitt vorgestellten generischen Nutzenfunktionen, ihrer Definitionsbereiche und Formen. Ein Teil dieser Nutzenfunktionen besitzen nur einen beschränkten Definitionsbereich. Für ein x außerhalb des Definitionsbereichs ist es dann möglich, dass ein Nutzwert außerhalb $[0;1]$ eingenommen wird. Dies kann jedoch erreicht werden, indem auf diesen Wertebereich beschränkt wird:

$$\hat{v}_{\alpha,\beta}(x) = \max\left(\min\left(v_{\alpha,\beta}(x),1\right),0\right) \qquad (4.17)$$

Name	Funktion	Def.	Form
Ansteigende Nutzenfunktion	$v^{s}_{\alpha,\beta}(x)$	$x \in [0;\beta]$	
Fallende Nutzenfunktion	$v^{f}_{\alpha;\beta}(x)$	$x \in [0;\beta]$	
Nutzenfunktion mit Minimum	$v^{min}_{\alpha;\beta}(x)$	$x \in [0;2\beta]$	
Nutzenfunktion mit Maximum	$v^{max}_{\alpha;\beta}(x)$	$x \in [0;2\beta]$	
Arcustangens-Nutzenfunktion	$v^{atan}_{\alpha;\beta}(x)$	$x \in [-\infty;\infty]$	
Arcustangens-Nutzenfunktion-2	$v^{atan2}_{\alpha,\beta,x_0,x_1}(x)$	$x \in [x_0;x_1]$	
Heaviside-Nutzenfunktion steigend	$v^{hs}_{\alpha,\beta}(x)$	$x \in [-\infty;\infty]$	
Heaviside-Nutzenfunktion fallend	$v^{hf}_{\alpha,\beta}(x)$	$x \in [-\infty;\infty]$	
Treppenfunktion steigend	$v^{ts}_{\beta,h,w}(x)$	$x \in [-\infty;\infty]$	
Treppenfunktion fallend	$v^{tf}_{\beta,h,w}(x)$	$x \in [-\infty;\infty]$	
Nutzenfunktion mit Abschnitten	$v^{ab}(x)$	$x \in [x_0;x_n]$	
Diskrete Nutzenfunktion	$v^{d}(x)$	$x \in (\alpha_0,\ldots,\alpha_n)$	

Tabelle 4.2: Übersicht der allgemeinen Nutzenfunktionen

Es ist zu beachten, dass die vorgestellten Nutzenfunktionen keine vollständige Liste von Nutzenfunktionen darstellen soll. Es sollte vielmehr gezeigt werden, dass eine Vielzahl unterschiedlicher Nutzenfunktionen denkbar ist. Eine Erweiterung der Entscheidungsfindung um weitere Nutzenfunktion ist jederzeit möglich.

In den folgenden Abschnitten werden beispielhaft und unter Rückgriff auf die in diesem Abschnitt diskutierten Funktionen Nutzenfunktionen für verschiedene Protokolleigenschaften vorgestellt.

4.4.2 Nutzenfunktionen der Kategorie Dienstgüte

Für die Bewertung der Dienstgüte sind unter anderem Nutzenfunktionen für die Latenz, Latenzschwankung und Kapazität sinnvoll. Da die Werte dieser Kommunikationseigenschaften allerdings unterschiedlich bestimmt oder gemessen werden können, muss dies

durch die Definition der Kommunikationseigenschaften berücksichtigt werden. Die Latenz wird in der vorliegenden Arbeit als minimale 1-Weg-Verzögerung und mittlere 1-
Weg-Verzögerung betrachtet und die Kategorie Kapazität umfasst die Kommunikationseigenschaften Kapazität, freie Kapazität, genutzte Kapazität und Auslastung. Es ist aber
nicht in jedem Anwendungsfall notwendig, auch alle Kommunikationseigenschaften als
Kriterien zu nutzen. Daher wird im Folgenden immer nur ein Teil der Kommunikationseigenschaften für Latenz, Latenzschwankung und Kapazität exemplarisch betrachtet.

Da die Anforderungen, Bewertungen und Nutzenfunktionen der Dienstgüte sehr stark
vom Anwendungsfall abhängen, werden anhand folgender Beispielanwendungen in den
nächsten Abschnitten passende Nutzenfunktionen für Dienstgüte vorgestellt:

- Internettelefonie (Abschnitt 4.4.2.1)
- Videoübertragung (Abschnitt 4.4.2.2)
- Terminalanwendung (Abschnitt 4.4.2.3)

4.4.2.1 Internettelefonie

Für die Anwendung Internettelefonie wird in diesem Beispiel eine Übertragung der
Sprache mittels G.711-Codec [113, 114] betrachtet, welcher einen konstanten Datenstrom von 64 kbit/s pro Übertragungsrichtung benötigt. Ein adaptiver Codec wird im
nächsten Abschnitt betrachtet.

Signalisierungsverkehr wird zur Vereinfachung in diesem Beispiel vernachlässigt. Weiterhin wird davon ausgegangen, dass eine mittlere 1-Weg-Verzögerung bis 100 ms eine
sehr gute und über 400 ms eine schlechte Sprachqualität liefert. Es soll in der Regel von
einer Latenzschwankung von bis zu 50 ms ausgegangen und entsprechend ein Playout-
Puffer mit einer festen Größe von 50 ms gewählt werden [102].

Da bei einer Verzögerung unter 100 ms eine sehr gute Sprachqualität erreicht werden
kann und davon ausgegangen wird, dass ein Nutzer in diesem Bereich keine großen
Unterschiede erkennen kann, wird der Nutzwert in diesem Bereich auf 1 gesetzt. Abbildung 4.14 stellt eine für diesen Fall geeignete Nutzenfunktion der mittleren 1-Weg-
Verzögerung dar. Sie basiert auf Abbildung 4.12 und hat die Stützstellen $(0;1)$, $(0,1;1)$
und $(0,4;0)$, um einen linearen Nutzenabfall zu erreichen.

Ausgehend von einem 50 ms Playout-Puffer können Latenzschwankungen von bis zu
50 ms durch den Nutzer nicht wahrgenommen werden. Steigen die Latenzschwankungen allerdings über das Niveau von 50 ms an, wird der Dienst für den Nutzer wahr-
nehmbar schlechter. Da die Kommunikationseigenschaft Latenzschwankung das Maximum der Schwankungen und nicht deren Verteilung angibt, wird der Nutzwert zwischen 0 ms und 50 ms nahe 1 gewählt. Danach fällt die Nutzenfunktion sehr schnell

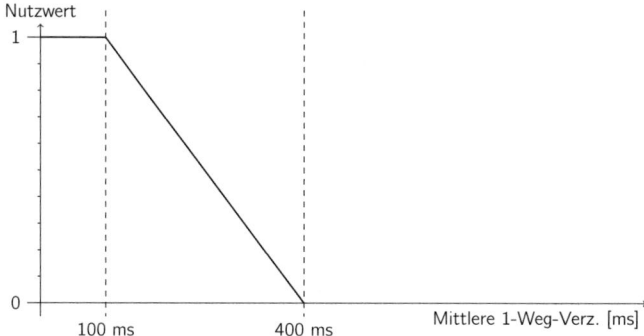

Abbildung 4.14: Nutzenfunktion der mittleren 1-Weg-Verzögerung für Internettelefonie

auf einen Nutzwert von 0 ab. Auf Basis der Arcustangens-Nutzenfunktion kann dieses Verhalten erreicht werden. Eine passende Nutzenfunktion wird in Abbildung 4.15 dargestellt und mit einem großen negativen α parametrisiert. Hierdurch wird erreicht, dass nach 50 ms sehr schnell der Nutzwert auf 0 abfällt. Da die Latenzschwankung ein Maximum darstellt, nehmen nicht alle Dateneinheiten einen Wert von 50 ms oder mehr an. Eine Filterung bei 50 ms ist daher nicht sinnvoll, weil sonst bereits Alternativen mit verschlechterter Sprachqualität ausgeschlossen würden, welche aber für den Nutzer besser als keine Kommunikation zu werten sind. Alternativ kann auch entweder eine zusammengesetzte Nutzenfunktion definiert werden, die exakt bis 50 ms den Nutzwert 1 definiert und danach sofort auf Nutzwert 0 abfällt oder eine ebensolche Heaviside-Funktion ($\alpha = 1$, $\beta = 0{,}050$).

Der Einfluss der minimalen 1-Weg-Verzögerung ist in diesem Anwendungsfall nicht wesentlich, da sie höchstens den Wert der mittleren 1-Weg-Verzögerung einnehmen kann, ein fester Playout-Puffer gewählt wurde und zudem Live-Kommunikation betrachtet wird. Auf Basis der Gewichtung kann der Einfluss der minimalen 1-Weg-Verzögerung ausgeblendet werden.

Für die Kommunikationseigenschaft Kapazität – das heißt je nach Szenario freie Kapazität beziehungsweise maximal erreichbare Kapazität – wird von 64 kbit/s je Kommunikationsrichtung ausgegangen. Da in der vorliegenden Arbeit beide Richtungen gemeinsam betrachtet werden, heißt das, dass der Nutzwert mit einer Kapazität unter 128 kbit/s 0 ist. Der G.711-Codec ist nicht adaptiv, das heißt, er kann sich nicht an die verfügbare Kapazität anpassen. Deshalb bewirkt eine größere Kapazität keinen feststellbaren, gesteigerten Nutzen. Eine weitere Steigerung des Nutzwerts im späteren Verlauf ist somit nicht notwendig. In Abbildung 4.16 wird eine geeignete Nutzenfunktion auf Basis einer Heaviside-Funktion vorgestellt. Sollen alle Alternativen mit einer Kapazität

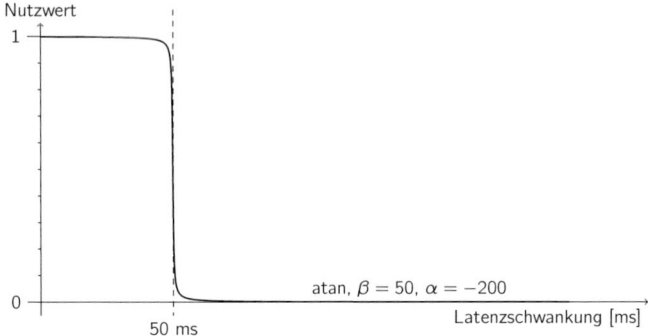

Abbildung 4.15: Nutzenfunktion der Latenzschwankung für Internettelefonie

kleiner 128 kbit/s ausgeschlossen werden, so muss dies in der Filterungsphase der Entscheidungsfindung geschehen, da selbst ein Nutzwert von 0 nicht verhindert, dass eine Alternative gewählt wird.

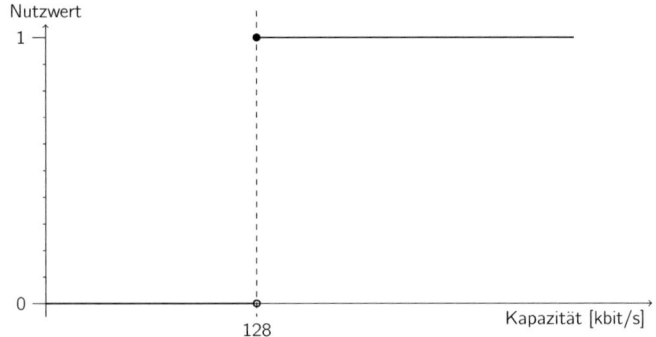

Abbildung 4.16: Nutzenfunktion der Kapazität für Internettelefonie

Eine geeignete Gewichtung im Anwendungsfall Internettelefonie legt vor allem Wert auf die Eigenschaften Latenz und Latenzschwankung. Auf einen Einfluss der Kommunikationseigenschaft Kapazität kann in der Gewichtung komplett verzichtet werden, wenn die Anwendung nur geeignete Kapazitätswerte erlaubt (Einschränkung der Kapazität durch Filterung). Dies setzt voraus, dass die Anwendung die Kapazitätsanforderung der genutzten Codecs kennt und die Codecs ihr Verhalten nicht adaptiv an die verfügbare Kapazität anpassen können.

Wie in diesem Abschnitt gezeigt wurde, können die Anforderungen der Internettelefonie unter Verwendung eines nicht-adaptiven Codecs gut umgesetzt werden. Naturgemäß sind immer mehrere Nutzenfunktionen für eine Kommunikationseigenschaft geeignet.

4.4.2.2 Videoübertragung

Als Beispiel zur Videoübertragung wird die adaptive Übertragung eines HD-Video-stroms, der eine kombinierte Datenrate (umfasst Audio und Video) zwischen 6 Mbit/s und 10 Mbit/s annimmt, betrachtet. Die Übertragung ist, im Gegensatz zur Internettelefonie, nicht live und hat daher weniger hohe Anforderungen an Latenz und Latenzschwankung.

Steht eine Datenrate von mindestens 6 Mbit/s als Kapazität zur Verfügung, so kann der HD-Videostrom zumindest noch mit verminderter Qualität übertragen werden. Bis 10 Mbit/s kann die Qualität noch gesteigert werden, über 10 Mbit/s entsteht kein zusätzlicher Nutzen für das „Betrachten des Videostroms".

Als Nutzenfunktion wurde die Nutzenfunktion mit Abschnitten gewählt, welche zwischen 6 und 10 Mbit/s den Nutzen zwischen 0 und 1 steigert (Abbildung 4.17). Es wäre zwar auch denkbar gewesen, dass der Nutzen nach 10 Mbit/s noch weiter ansteigt, da zusätzliche Kapazität als Reserve gesehen werden kann. Um einen kompensatorischen Effekt zu vermeiden, wurde hierauf allerdings verzichtet.

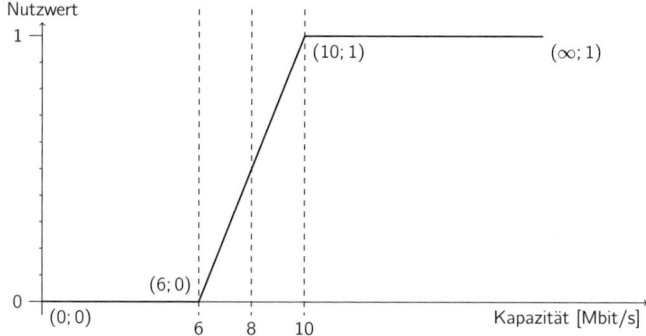

Abbildung 4.17: Nutzenfunktion der Kapazität für HD-Videoübertragung

Für die mittlere 1-Weg-Verzögerung und Latenzschwankung gelten weniger genau definierte Anforderungen. Die Wahl der Nutzenfunktionen ist daher nicht kritisch. Es sind also sehr viele unterschiedliche Nutzenfunktionen denkbar, ein abfallender Nutzwert liegt jedoch nahe. Für beide Kommunikationseigenschaften wurde eine Arcustanges-Nutzenfunktion genutzt, die den Nutzwert 1 bei 0 ms, den Nutzwert 0,5 bei 500 ms und einen Nutzwert 0 im Unendlichen annimmt (siehe Abbildung 4.18 und 4.19).

Für die vorgestellten Kommunikationseigenschaften müssen außerdem Gewichte definiert werden. Hierbei ist es sinnvoll, der Kommunikationseigenschaft Kapazität ein

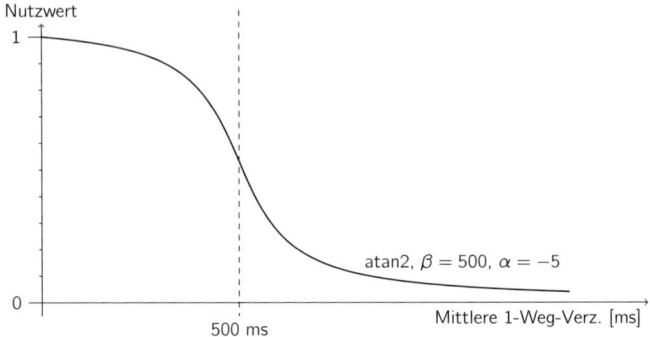

Abbildung 4.18: Nutzenfunktion der 1-Weg-Verzögerung für HD-Video-Übertragung

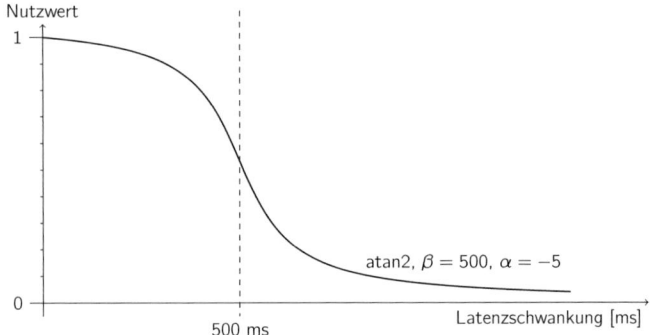

Abbildung 4.19: Nutzenfunktion der Latenzschwankung für HD-Video-Übertragung

vergleichsweise großes Gewicht zu geben, da in diesem Anwendungsfall diese Kommunikationseigenschaft die größte Auswirkung auf wahrgenommene Dienstqualität hat. Bei der Nutzung von genau den drei Kommunikationseigenschaften Kapazität, 1-Weg-Verzögerung und Latenzschwankung können die Gewichte beispielsweise 0,8, 0,1 und 0,1 betragen. Damit ist der Einfluss der Kapazität achtmal größer als derjenige der mittleren 1-Weg-Verzögerung oder der Latenzschwankung. Auch die Wahl der Gewichte unterliegt naturgemäß einer sehr großen Subjektivität.

Auch die Videoübertragung mit adaptiven Codecs konnte mit Nutzenfunktionen gut dargestellt werden. Die Wahl der Nutzenfunktionen für Latenz und Latenzschwankung ist in diesem Beispiel schwierig, da nur sehr schwache Anforderungen an diese Kommunikationseigenschaften vorliegen. Der Schaden durch eine schlecht gewählte Nutzenfunktion ist jedoch sehr gering, da die Gewichtung die Kapazität stark bevorzugen muss.

4.4.2.3 Terminalanwendung

Bei einer Terminalanwendung wird mittels einer Textkonsole ein entfernter Computer gesteuert. Bekannte Protokolle hierfür sind *Secure Shell (SSH)* [115] und *Telnet* [116]. Die Reaktivität ist für eine Terminalanwendung wichtiger als für die meisten anderen Anwendungen im Internet. Daher ist eine niedrige Latenz wünschenswert. Es wird davon ausgegangen, dass Reaktionszeiten unter 100 ms sehr gut und ab 1 s nicht mehr akzeptabel sind. Da Terminalanwendungen in der Regel eher einfacher Natur sind, geht man von einer begrenzten Verarbeitungszeit und einem minimalen Datenvolumen (sowie kleiner Dateneinheiten) aus. Daraus folgt, dass die Verzögerung als wichtigster Einfluss auf die Reaktivität gilt.

Eine passende Nutzenfunktion für die Kommunikationseigenschaft mittlere 1-Weg-Verzögerung wird in Abbildung 4.20 dargestellt. Sie bildet bis zur 1-Weg-Verzögerung von 50 ms (Reaktivität 100 ms) auf einen hohen Nutzwert ab, eine mittlere 1-Weg-Verzögerung von 100 ms auf einen Nutzwert von 0,5 ab und fällt danach stark. Die 1-Weg-Verzögerung von 200 ms wird dann schon auf einen sehr niedrigen Nutzwert abgebildet.

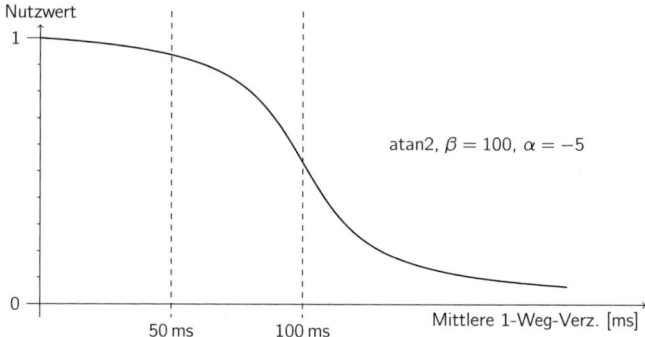

Abbildung 4.20: Nutzenfunktion der 1-Weg-Verzögerung für Terminalanwendungen

Die Latenzschwankungen wirken sich direkt auf den Nutzer aus, da Terminalanwendung üblicherweise keinen Playout-Puffer nutzen, sondern die ankommenden Daten sofort darstellen. Daher soll die Latenzschwankung möglichst klein sein. Es wurde eine sehr ähnliche Nutzenfunktion wie für die 1-Weg-Verzögerung gewählt, sie fällt jedoch deutlich schneller am Ende ab. Abbildung 4.21 zeigt diese Nutzenfunktion, die eine Latenzschwankung von 100 ms mit dem Nutzwert 0,5 bewertet.

Die Kapazitätsanforderungen für Terminalanwendungen sind in der Regel eher gering, da die Daten nur textuell übertragen werden. Hierbei wird eine Kapazität von 38.400 bit/s (19.200 bit/s pro Kommunikationsrichtung) mit einem mittleren Nutzen bewertet und ab einer Kapazität von 76.800 bit/s steigt der Nutzen nur noch sehr schwach.

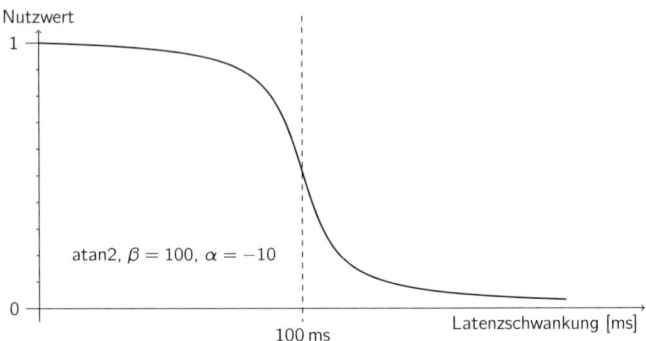

Abbildung 4.21: Nutzenfunktion der Latenzschwankung für Terminalanwendungen

Eine passende Nutzenfunktion zeigt Abbildung 4.22. Hierbei wird davon ausgegangen, dass es sich um eine reine Terminalanwendung handelt und keine zusätzlichen Dienste, wie beispielsweise sichere Übertragung von Dateien, genutzt werden.

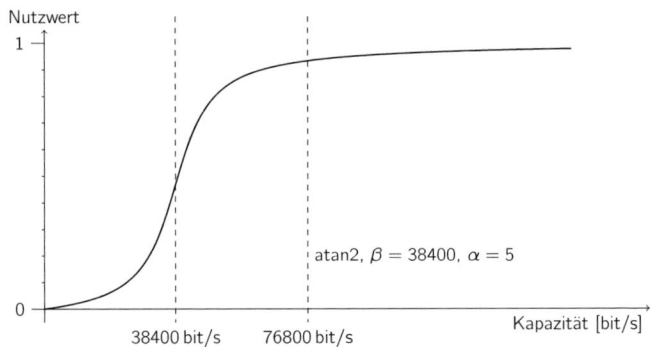

Abbildung 4.22: Nutzenfunktion der Kapazität für Terminalanwendungen

Eine Gewichtung für den Anwendungsfall Terminalanwendung muss besonderen Wert auf die mittlere 1-Weg-Verzögerung und die Latenzschwankung legen, da diese Kommunikationseigenschaften stark in die wahrnehmbare Qualität der Anwendung einfließen. Eine mittlere Gewichtung ist für die Kapazität zu nutzen. Sie ist weniger wichtig als die mittlere 1-Weg-Verzögerung. Die minimale 1-Weg-Verzögerung kann im Gegensatz unberücksichtigt bleiben, da eine kleine mittlere 1-Weg-Verzögerung auch zwangsläufig eine kleine minimale 1-Weg-Verzögerung bedeutet.

Im Anwendungsfall Terminalanwendung ist die Wahl der Nutzenfunktionen in der Kategorie Dienstgüte relativ einfach durchführbar.

4.4.3 Nutzenfunktionen der Kategorie Zuverlässigkeit

Die Kommunikationseigenschaften der Kategorie Zuverlässigkeit beschreiben, wie zuverlässig der Kommunikationskanal in Kombination mit den Kommunikationsprotokollen ist. Anwendungen benötigen in der Regel entweder zuverlässige Kommunikation oder sie können selbst mit mangelnder Zuverlässigkeit umgehen. Anwendungen, wie E-Mail-Übertragung, Web-Surfing oder Terminalanwendungen, benötigen eine zuverlässige Datenübertragung. In einem solchen Fall ist es nicht erforderlich, Nutzenfunktionen anzugeben, denn die Anforderungen schränken die Zuverlässigkeitseigenschaften bereits ein (Filterung). Das heißt unter anderem, dass nur Alternativen mit z. B. Paketverlustanteil, Duplikatsanteil, Paketfehleranteil und Vertauschungsanteil gleich 0 erlaubt sind (siehe auch das Metakriterium Zuverlässigkeit, Abschnitt 4.3). Eine differenzierte Betrachtung der einzelnen Kommunikationseigenschaften mittels Nutzenfunktionen hat folglich keinen Einfluss auf die Entscheidungsfindung.

Interessanter im Kontext der Nutzenfunktionen für Zuverlässigkeitskriterien sind Anwendungen, die versuchen, mit Unzuverlässigkeit selbst umzugehen. Hierzu gehört zum Beispiel Internet-Telefonie, die hohe Anforderungen an die Verzögerung hat und mit einem begrenzten Datenverlust umgehen kann. Da der Einsatz von Zuverlässigkeitsmechanismen, wie zum Beispiel Go-Back-N, zu Latenzschwankungen führen kann, sind solche Zuverlässigkeitsmechanismen für die Internettelefonie wenig geeignet. Stattdessen verspricht die Nutzung von Vorwärtsfehlerkorrektur in der Übertragung oder in dem zur Kodierung der Sprachdaten eingesetzten Audio-Codecs eine gewisse Robustheit gegen Verluste und Fehler von Dateneinheiten. Zudem können Duplikate und Vertauschungen durch den Playout-Puffer behoben werden. Hinzu kommen die unterschiedliche subjektive Qualitätswahrnehmungen der Nutzer. Zum Beispiel ist der Verlust einer einzelnen Dateneinheit in der Regel weniger negativ als eine starke Verzögerung.

Für die Internettelefonie geht man zum Beispiel von einer Paketrate des Audio-Codecs (zum Beispiel G.711) von 50 Paketen pro Sekunde aus [113]. Die Anwendung und der Audio-Codec können einen begrenzten Verlust noch kompensieren. Zudem enthält Sprache ausreichend viel Redundanz, sodass ein sehr kurzer Ausfall noch nicht zu einem Verlust des Verständnisses der gesprochenen Sprache führt. Es wird in dieser Arbeit davon ausgegangen, dass bei fünf verlorenen Dateneinheiten in Folge die Qualität stark reduziert ist, denn es handelt sich hierbei um eine 100 ms lange Unterbrechung des Audiostroms. Ein solcher Verlust kann beispielsweise von verlorenen oder fehlerhaften Dateneinheiten verursacht werden. Daher sind die Nutzenfunktionen der Kommunikationseigenschaften mittlere Verlustlänge und mittlere Fehlerlänge entsprechend zu wählen. Abbildung 4.23 und Abbildung 4.24 stellen geeignete Nutzenfunktionen dar.

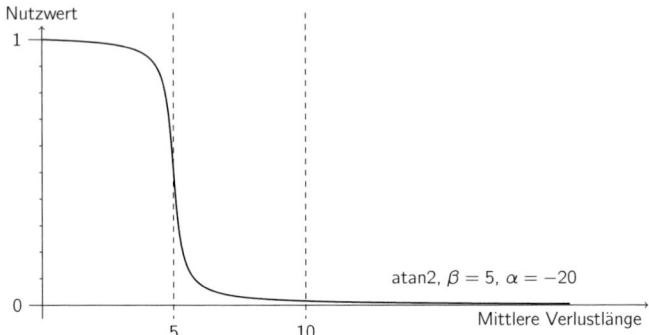

Abbildung 4.23: Nutzenfunktion der mittleren Verlustlänge

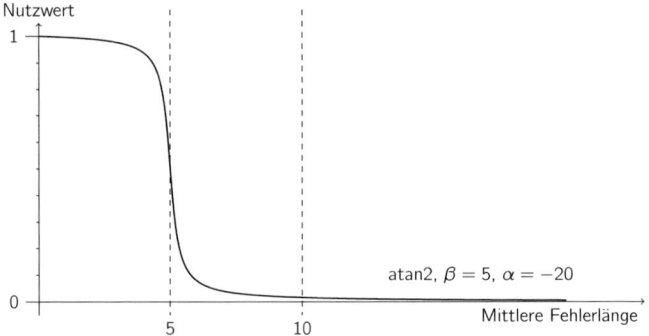

Abbildung 4.24: Nutzenfunktion der mittleren Fehlerlänge

Aber nicht nur die mittlere Verlustlänge und mittlere Fehlerlänge, sondern auch der jeweilige Anteil an den Gesamtpaketen kann bewertet werden. Der Verlustanteil soll nicht über 10% liegen [117]. Unter der Annahme, dass fehlerhafte Pakete nicht korrigiert werden können, gilt für die Paketfehlerlänge die identische Nutzenfunktion wie für die Paketverlustlänge. In beiden Fällen muss der Nutzen bis zum Anteil von 10% stark fallen. Abbildung 4.25 und Abbildung 4.26 zeigen entsprechendes Verhalten und basieren auf der zweiten Arcustangens-Nutzenfunktion.

Auch die Vertauschung von Dateneinheiten hat negative Wirkungen auf die Internettelefonie. Geht man davon aus, dass Vertauschungen von bis zu 50 ms durch den Playout-Puffer korrigiert werden können, sind alle Vertauschungszeiten unter 50 ms mit hohem und alle über 50 ms mit niedrigem Nutzwert zu belegen, denn letztere werden durch die Anwendung wie Verluste behandelt. Für die maximale Vertauschungszeit ist zum Beispiel eine Heaviside-Funktion (siehe auch Abbildung 4.27).

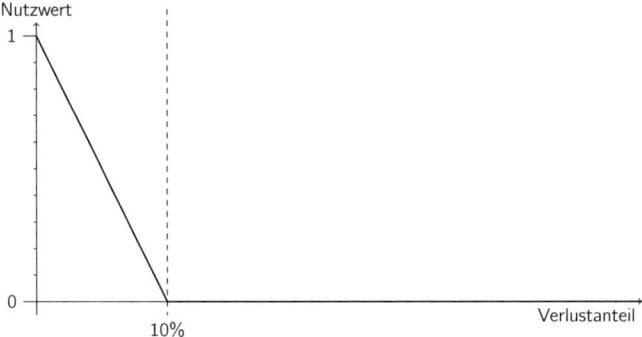

Abbildung 4.25: Nutzenfunktion des Paketverlustanteils

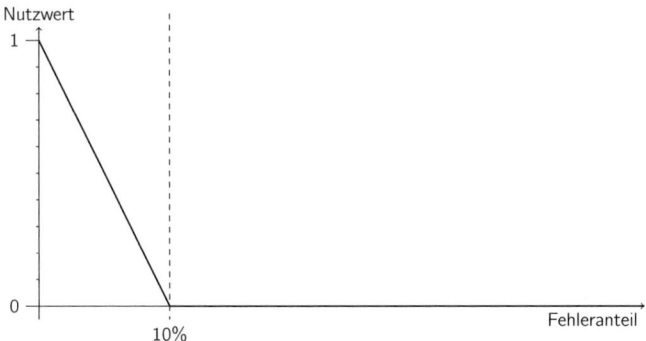

Abbildung 4.26: Nutzenfunktion des Paketfehleranteils

Die Wahl der Nutzenfunktionen für die Kommunikationseigenschaften der Kategorie Zuverlässigkeit ist für viele Anwendungen relativ unwichtig, da sie vollständige Zuverlässigkeit benötigen. Jedoch für Anwendungen, die mit der Zuverlässigkeit selbst umgehen, ist diese Wahl wesentlich wichtiger und kann leicht auf Basis der vorgestellten Nutzenfunktionen durchgeführt werden.

4.4.4 Nutzenfunktionen der Kategorie Energiebedarf

Auch der Energiebedarf von Protokollen muss mit einer Nutzenfunktion auf Nutzwerte abgebildet werden. Hierbei ist erwartungsgemäß ein niedriger Energiebedarf mit einem höheren Nutzwert belegt. Die zuvor definierten Kommunikationseigenschaften der Kategorie Energiebedarf (Energiebedarf pro Bit, Energiebedarf pro Dateneinheit, Energiebedarf pro Zeit und Energiebedarf Kommunikationsaufbau/-abbau) können mit identischen Nutzenfunktionen umgesetzt werden. Bei der Gewichtung kann vor allem

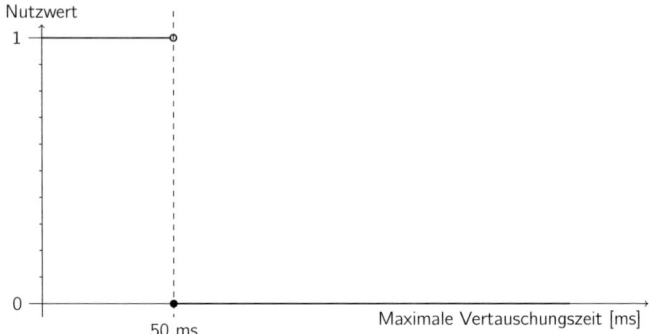

Abbildung 4.27: Nutzenfunktion der Vertauschungszeit

bei langdauernder Kommunikation der Energiebedarf Kommunikationsaufbau/-abbau im Vergleich zum Rest schwächer gewichtet werden. Im Gegenteil dazu ist bei kurzer Kommunikation der Energiebedarf Kommunikationsaufbau/-abbau stärker zu gewichten.

Für die Definition der Nutzenfunktion ist es von Vorteil, wenn eine obere Schranke für den Energiebedarf des lokalen Systems vorliegt. Diese ist einfach zu bestimmen, falls die Hardware des betrachteten Systems bekannt ist. Basierend auf diesem Maximum kann zum Beispiel eine einfache lineare Nutzenfunktionen gewählt werden, die den minimalen Energiebedarf auf den Nutzwert 1 und den maximalen Energiebedarf auf den Nutzwert 0 abbildet. Es ist aber zu beachten, dass dieses Maximum zum Beispiel beim Systemstart bestimmt werden soll und nicht durch eine Vorverarbeitung bei jeder Anfrage (siehe Abschnitt 4.4.1). Abbildung 4.28 zeigt eine solche Nutzenfunktion des Energiebedarfs.

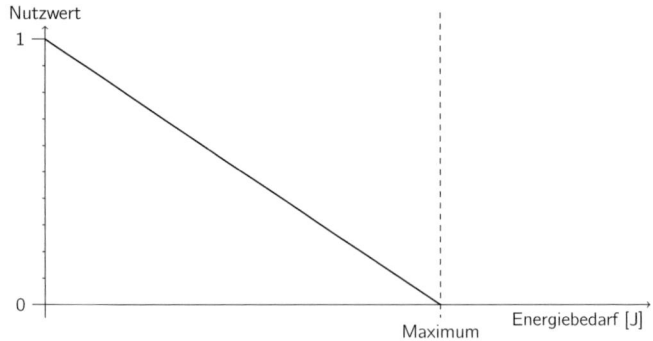

Abbildung 4.28: Nutzenfunktion des Energiebedarfs

Die hier gezeigte lineare Nutzenfunktion für den Energiebedarf ist in vielen Situationen bereits ausreichend und muss mit einem geeigneten Gewicht kombiniert werden. Es ist zudem denkbar, dass die Nutzenfunktion und/oder das Gewicht für die Kategorie Energiebedarf für den mobilen Betrieb angepasst wird. Ist das System mobil, kann zum Beispiel das Gewicht für die Kategorie Energiebedarf stark erhöht werden.

4.4.5 Nutzenfunktionen der Kategorie Sicherheit

Die Kommunikationseigenschaften der Kategorie Sicherheit unterscheiden sich zu denen der anderen Kategorie, indem sie in der Regel nicht einfach messbar sind und nur von den involvierten Kommunikationssystemen bestimmt werden können. Es kann daher nicht einfach nur das Verhalten am Dienstzugangspunkt bestimmt werden.

Viele Kommunikationseigenschaften der Kategorie Sicherheit sind zudem entweder nicht quantitativ ausdrückbar, das heißt man kann ihnen keinen vergleichbaren Zahlenwert zuordnen, oder sie sind nicht direkt vergleichbar. Die Schlüssellänge kann zwar als Zahl ausgedrückt und verglichen werden; diese ist aber abhängig von dem genutzten Verfahren zu vergleichen. Die Schlüssellänge allein ist bei Nutzung verschiedener Verfahren also kein sinnvolles Kriterium. Wesentlich sinnvoller ist die effektive Bitstärke, welche die Schlüssellänge in Abhängigkeit des kryptografischen Verfahrens und von Angriffsszenarien betrachtet. Andere Kriterien sind hingegen besitzen nur eine Nominalskala, erlauben somit also keine Ordnung. Hierzu gehört z. B. der Name des verwendeten kryptografischen Verfahrens. Es ist zwar möglich, „RC4" und „AES" als unterschiedlich zu erkennen, aber nur anhand des Namens ist zunächst nicht erkenntlich, ob der Nutzwert von „RC4" kleiner als der von „AES" ist. Ein Nutzer kann jedoch seine Präferenz mithilfe einer Abbildung der Namen auf Nutzwerte umsetzen.

Von den zuvor vorgestellten Sicherheitskriterien (siehe Abschnitt 3.3.4) besitzt die effektive Bitstärke einen kontinuierlichen Wertebereich. Daher kann eine kontinuierliche Nutzenfunktion für sie definiert werden. Eine mögliche Funktion wird in Abbildung 4.29 dargestellt und kann im wesentlichen mit drei Parametern beeinflusst werden:

- Minimum – die minimale erlaubte effektive Bitstärke
- β – die gewünschte effektive Bitstärke
- Maximum – die maximal unterstützte effektive Bitstärke

Im Bereich bis zum *Minimum* ist die Nutzenfunktion nicht definiert, da alle Verfahren in diesem Bereich bereits ausgeschlossen wurden. Dies geschieht während der Filterung der Alternativen. Zwischen *Minimum* und β steigt die Nutzenfunktion linear gegen den Wert von 1 an. Hierbei wären auch andere Steigungsverhalten möglich. Im letzten Abschnitt der Nutzenfunktion wird ein deutlich schwächerer Anstieg vorgeschlagen, da angenommen wird, dass eine Bitstärke von β bereits die für den Nutzer relevanten

Angriffe für einen ausreichend großen Zeitraum verhindert. Somit wird der Nutzenzu-gewinn in diesem Bereich abgeschwächt; es soll aber noch ein Zugewinn vorhanden sein, da zusätzliche Bitstärke (zumindest in der Theorie) zu verbessertem Schutz vor Angriffen führt.

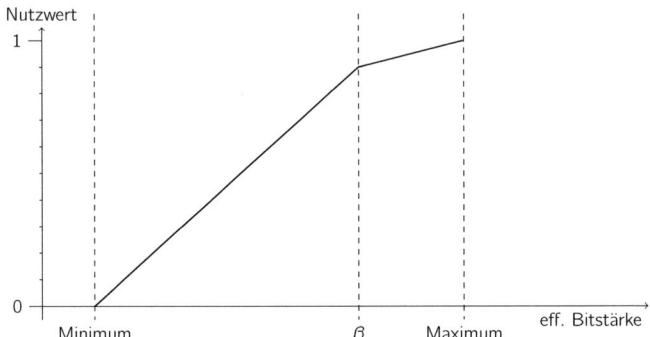

Abbildung 4.29: Nutzenfunktion der effektiven Bitstärke

Alle anderen zuvor betrachteten Sicherheitskriterien, wie Schutz gegen Wiedereinspie-lungsangriffe, Vorwärtssicherheit, Reichweite, Schicht und Algorithmen-ID, besitzen diskrete Definitionsbereiche und können somit mit einer diskreten Nutzenfunktion ver-knüpft werden. Die Werte dieser Kommunikationseigenschaften müssen dann auf ge-eignete Nutzwerte gelegt werden.

Dies ist zum Beispiel für die Kommunikationseigenschaft Schlüsselerneuerung sinn-voll. Abbildung 4.30 zeigt eine graphische Repräsentation der diskreten Nutzenfunk-tion für diese Kommunikationseigenschaft. Die Nutzenfunktion bildet hierbei „none" auf den Nutzwert 0, „time" auf den Nutzwert 0,4 „volume" auf den Nutzwert 0,6, und „both" auf den Nutzwert 1 ab.

Auch die Wahl der Nutzenfunktionen für die Kategorie Sicherheit kann gut mit den in der vorliegenden Arbeit definierten Nutzenfunktionen durchgeführt werden.

4.5 Evaluierung der Entscheidungsfindung

In diesem Abschnitt wird die in der vorliegenden Arbeit verwendete Entscheidungs-findung anhand existierender Sicherheitsprotokolle untersucht. Hierbei soll einerseits überprüft werden, ob die Entscheidungsfindung eine geeignete Entscheidung trifft und andererseits soll untersucht werden, wie verschiedene Alternativen anhand von Nutzen-funktionen bewertet werden und welchen Einfluss Änderungen der Nutzenfunktionen und Gewichten bedeuten.

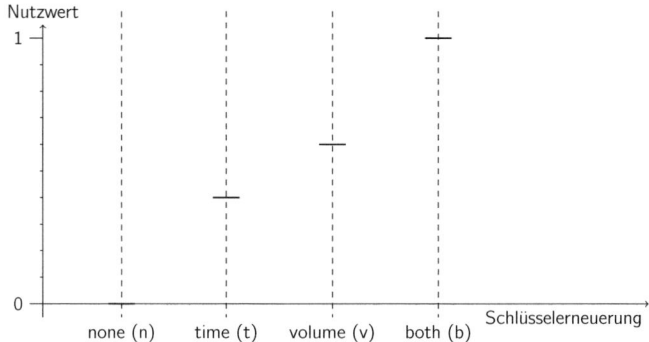

Abbildung 4.30: Nutzenfunktion für Kommunikationseigenschaft Schlüsselerneuerung

Es wurden für die Betrachtung 21 Alternativen (a0 bis a20) basierend auf existierenden Sicherheitsprotokollen erzeugt. Hierfür wurden soweit möglich Werte aus der Literatur verwendet und Werte aus den betreffenden Standards abgeleitet. Jede Alternative stellt dabei ein Sicherheitsprotokoll und eine bestimmte Kombination von Verfahren dar (Cipher Suite). Die Alternativen werden in Tabelle 4.3 beschrieben. Während Alternative a0 kein Sicherheitsprotokoll nutzt, verwenden a1 bis a6 TLS, a7 bis a10 IPsec im Transportmodus, a11 bis a14 IPsec im Tunnelmodus und a15 bis a20 Schicht-2-Sicherheitsprotokolle (WEP und WPA). Die genauen Werte der betrachteten Kommunikationseigenschaften aller Alternativen werden in Anhang C dargestellt. Es handelt sich hierbei um die Kommunikationseigenschaften, welche für die Wahl von Sicherheitsprotokollen in heutigen Internet in Kapitel 5 eingesetzt werden sollen.

In Tabelle 4.5 (Seite 122) werden die initial verwendeten Nutzenfunktionen und Gewichte dargestellt. Sie bilden die Ausgangsbasis für die Evaluation.

Abbildung 4.31 zeigt die Nutzwerte der Alternativen und der jeweiligen drei gewichteten Kategorien Dienstgüte, Energiebedarf und Sicherheit für jede Alternative. Bis auf Alternative a0 bieten alle Alternativen Sicherheit, welche aber auch zu sichtbaren negativen Auswirkungen auf Dienstgüte und Energiebedarf führt. Die einzelnen Nutzwerte der Kategorien Dienstgüte, Energiebedarf und Sicherheit werden in Abbildung 4.32, Abbildung 4.33 und Abbildung 4.34 dargestellt.

In Abbildung 4.34 ist zu erkennen, dass Alternative a0 keine Sicherheit bietet – der Nutzwert für a0 ist 0. Zudem weisen die Alternativen a15 bis a20 einen wesentlich niedrigeren Nutzwert der Kommunikationseigenschaft Reichweite (Reichweite: 1-Hop) als die Alternativen a1 bis a14 (Reichweite: Ende-zu-Ende) auf. Es ist zusätzlich zu erkennen, dass mit der Wahl der vorliegenden Nutzenfunktionen und Gewichten, die Alternative a20 trotz des ungünstigeren Werts der Kommunikationseigenschaft Reich-

Alt.	Sicherheitsprotokolle	Verfahren
a0	kein Sicherheitsprotokoll	keine Verfahren
a1	TLS	AES128-CTR
a2	TLS	AES256-CTR
a3	TLS	AES128-CTR, HMAC-MD5
a4	TLS	AES256-CTR, HMAC-MD5
a5	TLS	AES128-CTR, HMAC-SHA-1
a6	TLS	AES256-CTR, HMAC-SHA-1
a7	IPsec	AES128-CTR, HMAC-SHA-1
a8	IPsec	AES256-CTR, HMAC-SHA-1
a9	IPsec	AES128-CCM
a10	IPsec	AES256-CCM
a11	IPsec Tunnelmodus	AES128-CTR, HMAC-MD5
a12	IPsec Tunnelmodus	AES128-CTR, HMAC-SHA-1
a13	IPsec Tunnelmodus	AES256-CTR, HMAC-SHA-1
a14	IPsec Tunnelmodus	AES256-CCM
a15	IEEE 802.11	WEP128
a16	IEEE 802.11 WPA	TKIP
a17	IEEE 802.11 WPA	AES128-CCMP
a18	IEEE 802.11 WPA	AES256-CCMP
a19	IEEE 802.11 WPA	AES128-CCMP, EAP
a20	IEEE 802.11 WPA	AES256-CCMP, EAP

Tabelle 4.3: Übersicht der Alternativen

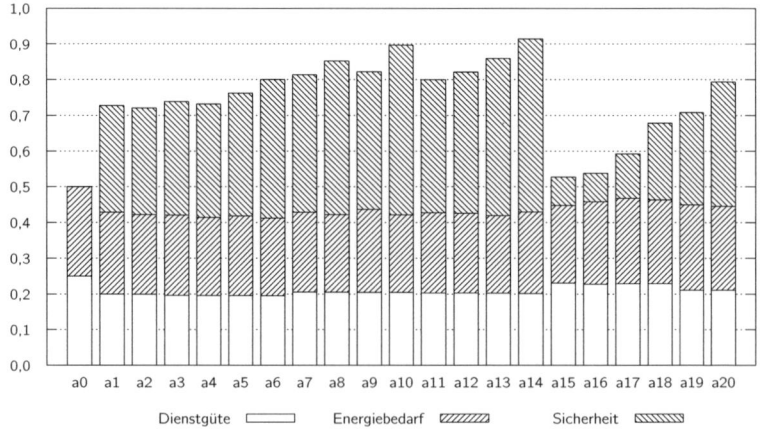

Abbildung 4.31: Nutzwerte der Kategorien (Basisfall)

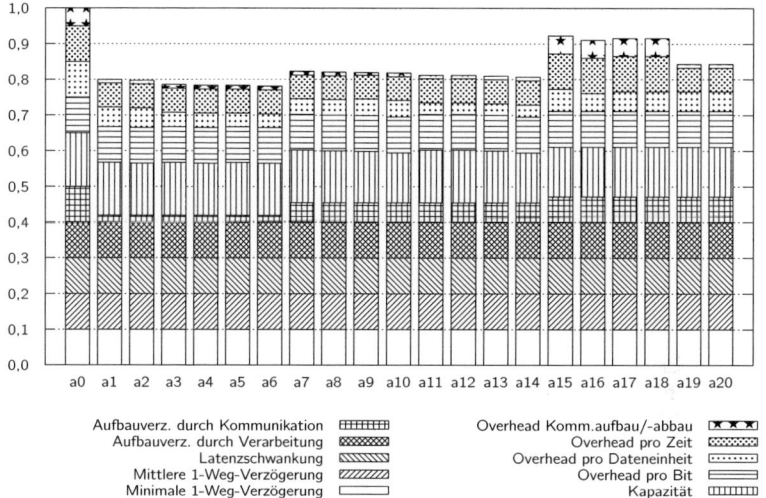

Abbildung 4.32: Nutzwerte der Kategorie Dienstgüte (Basisfall)

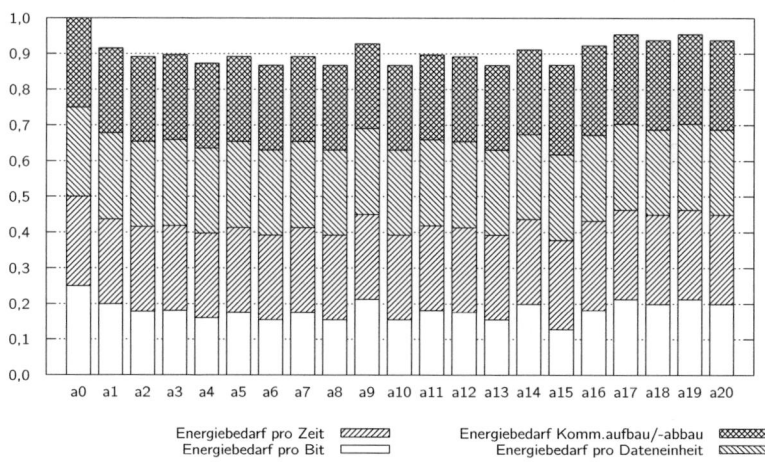

Abbildung 4.33: Nutzwerte der Kategorie Energiebedarf (Basisfall)

weite in der Sicherheit zum Beispiel die Alternative a5 übertrifft. Dies ist jedoch je nach Anwendungsfall unerwünscht, weil es dazu führen kann, dass die Alternative a20 statt der Alternative a5 gewählt wird, obwohl doch die Alternative a5 die Kommunikation auch jenseits des nächsten „Hops" schützen kann. Da die Nutzwertanalyse keine

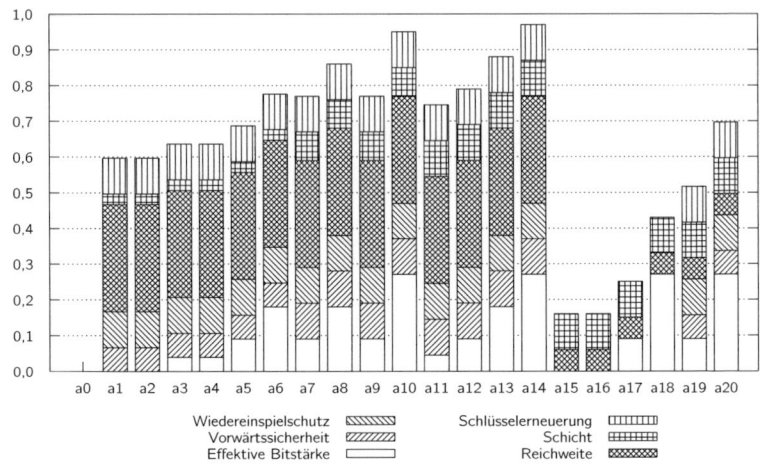

Abbildung 4.34: Nutzwerte der Kategorie Sicherheit (Basisfall)

strikte Priorisierung unterstützt, wird eine Anpassung der Gewichte betrachtet, um die Entscheidungfindung geeignet zu beeinflussen.

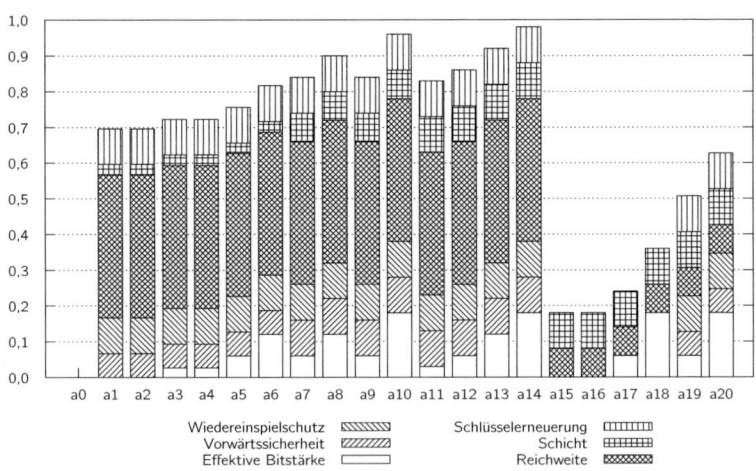

Abbildung 4.35: Nutzwerte der Kategorie Sicherheit (nach Anpassung der Gewichte)

Abbildung 4.35 zeigt die Nutzwerte der Kategorie Sicherheit, nachdem das Gewicht der Kommunikationseigenschaft Reichweite von 0,30 auf 0,40 und das Gewicht der Kommunikationseigenschaft Effektive Bitstärke von 0,30 auf 0,20 geändert wurde. Es

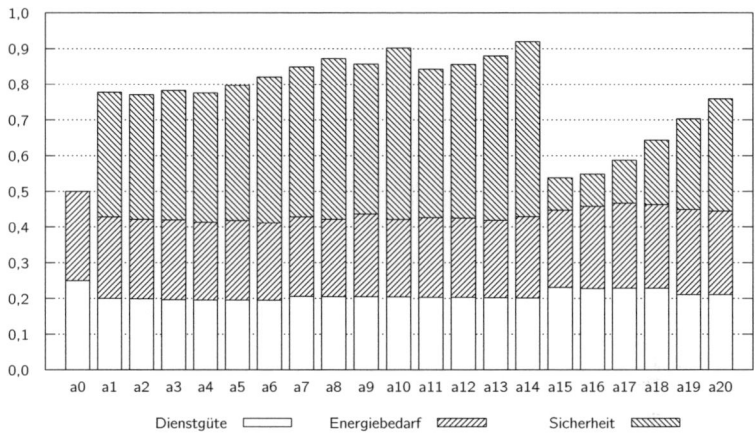

Abbildung 4.36: Nutzwerte der Kategorien (nach Anpassung der Gewichte)

ist gut zu erkennen, dass nach diesen Änderungen sowohl die Nutzwerte der Kategorie Sicherheit als auch die „Gesamtnutzwerte" der Alternativen selbst für die Alternativen a15 bis a20 abgesenkt und für die Alternativen a1 bis a14 gesteigert wurden. Die Nutzwerte der Kommunikationseigenschaften der Kategorien Dienstgüte und Energiebedarf bleiben hingegen gleich.

Nun werden die Einflüsse der Nutzenfunktionen und deren Parametrisierung exemplarisch am Beispiel der Nutzenfunktion der Kommunikationseigenschaft effektive Bitstärke betrachtet. Während zuvor (Abbildung 4.35) die Nutzenfunktion der effektiven Bitstärke noch abschnittsweise $((0;0,0) - (64;0,0) - (256;0,9) - (512;1,0))$ definiert war, werden nun weitere drei Varianten dargestellt:

1. Abschnittsweise Nutzenfunktion v^{ab} $((0;0,0) - (128;0,0) - (256;0,9) - (512;1,0))$ in Abbildung 4.37
2. Abschnittsweise Nutzenfunktion v^{ab} $((0;0,0) - (192;0,0) - (256;0,9) - (512;1,0))$ in Abbildung 4.38
3. Ansteigende Nutzenfunktion $v^{s}_{1,512}$ in Abbildung 4.39

An diesen Beispielen ist sehr gut der Einfluss der einzelnen Nutzenfunktion auf die Nutzwerte der Kategorie Sicherheit zu erkennen. Nach Anpassung 1 liegen bereits die Nutzwerte der Alternativen a1 bis a5 gleich auf, nach Anpassung 2 gilt dies für Alternativen a1 bis a6. Dies liegt darin begründet, dass sich die Alternativen a1 bis a6 in der Kategorie Sicherheit ausschließlich in der effektiven Bitstärke unterscheiden und mit geänderten abschnittsweisen Nutzenfunktionen bei immer mehr Alternativen der Nutzwert für die Kommunikationseigenschaft effektive Bitstärke Null ist. Wählt man

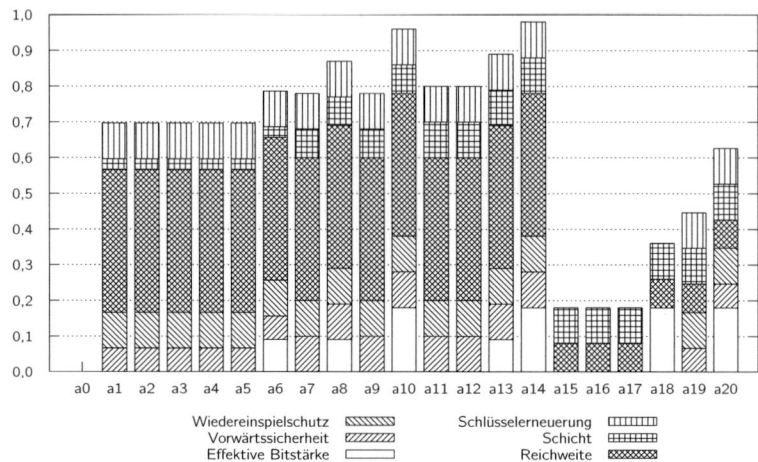

Abbildung 4.37: Nutzwerte der Kategorie Sicherheit (Variante 1)

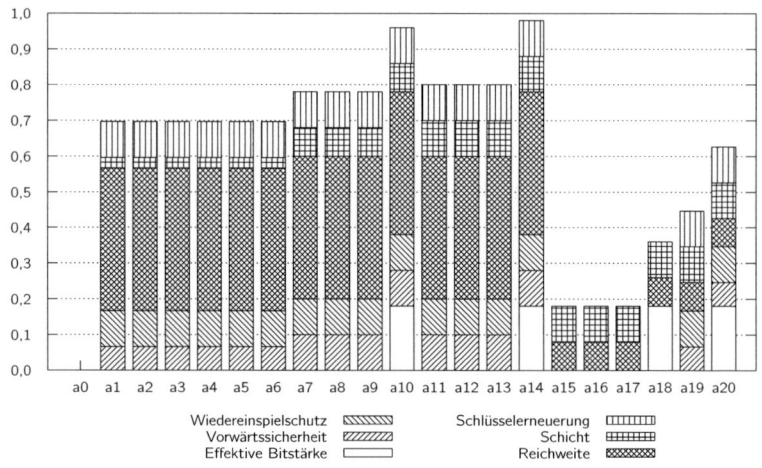

Abbildung 4.38: Nutzwerte der Kategorie Sicherheit (Variante 2)

hingegen die ansteigende Nutzenfunktion (Anpassung Nutzenfunktion 3), dann werden verschiedenen Werten der Kommunikationseigenschaft effektive Bitstärke auch unterschiedliche Nutzwerte zugeordnet (Abbildung 4.39). Betrachtet man beispielsweise die Nutzwerte der effektiven Bitstärke der Alternativen a19 und a20, so fällt auf, dass (erwartungsgemäß) der Nutzwert der effektiven Bitstärke bei Alternative a20 doppelt so

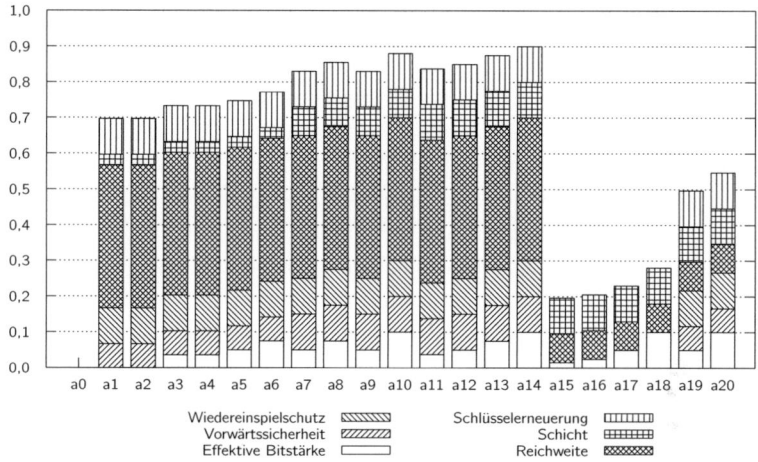

Abbildung 4.39: Nutzwerte der Kategorie Sicherheit (Variante 3)

hoch wie bei Alternative a19 ist, da auch der Wert der effektive Bitstärke doppelt so groß ist (128 vs. 256).

Wie an den betrachteten Beispielen ersichtlich ist, kann auf das Verhalten der Entscheidungsfindung mittels Anpassung der Gewichte und Nutzenfunktionen einfach Einfluss genommen werden. Zudem ist zu erkennen, wie die Hierarchie der Kommunikationseigenschaften zu einer Reduktion der Komplexität bei der Definition der Gewichte führt. Es können Gewichte von Sicherheitseigenschaften unabhängig von den Kommunikationseigenschaften anderer Kategorien verändert werden.

Eine Alternative zum vorgestellten System wäre es alle existierenden Alternativen statisch zu ordnen. Dies kann jedoch nicht dynamisch geschehen und erlaubt daher nicht auf neue Alternativen reagieren und einfach Änderungen (zum Beispiel die Neubewertung kryptografischer Stärke) zu unterstützen.

Zusätzlich ist an der Betrachtung in diesem Abschnitt gut zu erkennen, dass die Entscheidungsfindung mit geeigneter Parametrisierung für die automatisierte Wahl von Sicherheitsprotokollen geeignet ist.

4.6 Vergleich mit dem Stand der Forschung

In diesem Abschnitt wird die Entscheidungsfindung mit dem Stand der Forschung verglichen. Hierfür wurden geeignete Lösungen im Kommunikationskontext ausgewählt.

Da allerdings nur eine weitere Lösung einen sehr ähnlichen Anwendungsfall betrachtet, ist ein quantitativer Vergleich nur eingeschränkt möglich.

Die Auswahl von Diensten anhand von Dienstgütekriterien wurde bereits im Kontext der *Web Services* und der *Service Oriented Architecture (SOA)* betrachtet. Vertreter dieses Ansatzes sind zum Beispiel [118], [119] und [120], welche alle Nutzenfunktionen für dynamische Wahl von Webservices unter Berücksichtigung von Dienstgütekriterien betrachten. Einen agentenbasierten Ansatz für die dynamische Wahl von Webservices stellt [121] vor. Der Ansatz basiert auf Ontologien, um die Kriterien und deren Zusammenhänge zu beschreiben. Es werden allerdings auch ganz andere Ansätze für dieses Problem genutzt, wie zum Beispiel Algorithmen für das Problem des mehrdimensionalen Knapsack [122]. Eine Übersicht solcher Ansätze geben die Autoren in [123].

Wahlverfahren basierend auf der Nutzwertanalyse wurden zudem erfolgreich für Selbst-Management in selbstorganisierenden Systemen genutzt (*Self-Management in Autonomic Computing*). Zu den Vertretern dieses Ansatzes gehören unter anderen [124] und [125]. Die Eignung der Nutzenfunktionen als Zieldefinition untersucht [126] und kommt auf das Ergebnis, dass „Utility-function policies are much more appropriate for autonomic computing than action polices because they focus on desired state." Policies auf Basis von Nutzenfunktion sind also besser als Policies auf Basis von Aktionen geeignet, weil sie den Schwerpunkt auf den Zielzustand legen.

Die Wahl von Netzen auf Basis der Zugangstechnologie wurde in [127] untersucht. Hierbei wurde unter anderem AHP (Abschnitt 2.7.2) genutzt, um zu entscheiden, ob per WLAN oder UMTS kommuniziert werden soll.

Der Entscheidungsfindungsansatz des Service-oriented communication system, kurz SOCS, ist dem hier beschriebenen Ansatz in vielen Teilen ähnlich, da auch SOCS auf die Nutzwertanalyse aufbaut [128]. Das Ziel von SOCS ist es, Anwendungen und Transport-/Netzwerkschicht zu entkoppeln. Hierfür sollen die Anwendungen verschiedene Anforderungen kommunizieren, statt die Transport- und Netzwerkprotokolle direkt zu wählen. Da SOCS sich vor allem auf Transportprotokolle konzentriert, werden in [128] auch Überlegungen zur Messung von Protokolleigenschaften angestellt und die Kriterien in subjektive und messbare Kriterien eingeteilt. Zudem sind die Kriterien auf Eigenschaften von Transportprotokollen zugeschnitten; Kommunikationseigenschaften beispielweise von Sicherheitsprotokollen werden nur am Rande erwähnt. SOCS erlaubt zwar keine Wahl von Nutzenfunktionen, umfasst allerdings eine sehr gut parametrisierbare Nutzenfunktion, die für viele Fälle ausreichen kann. Umfassender sind die in der vorliegenden Arbeit vorgestellten Kommunikationseigenschaften und Nutzenfunktionen. Die Kommunikationseigenschaften betrachten im Gegensatz zu SOCS die Sicherheitseigenschaften deutlich detaillierter und nehmen noch den Energiebedarf in die Betrachtung auf.

	[120]	[124]	[127]	SOCS	diese Arbeit
Ansatz					
Entscheidungsansatz	NWA	NWA	AHP	NWA	NWA
Management	nein	ja	nein	nein	nein
Wahl von Diensten	ja	nein	nein	nein	nein
Wahl von Netzen	nein	nein	ja	nein	ja
Wahl von Protokollen	nein	nein	nein	ja	ja
Wahl welcher Protokolle					
Transport	n/a	n/a	n/a	⊕	⊕
Anwendung	n/a	n/a	n/a	⊖	⊕
Sicherheit	n/a	n/a	n/a	⊖	⊕
Anforderungen/Eigenschaften					
Nutzer	⊕	⊖	⊕	⊕	⊕
Anwendung	⊕	⊖	⊖	⊕	⊕
Netz	⊖	⊖	⊕	⊕	⊕
Kriterien					
Zuverlässigkeit	⊖	⊖	⊕	⊕	⊕
Sicherheit	⊖	⊖	⊕	○	⊕
Dienstgüte	⊕	⊕	⊕	⊕	⊕
Energiebedarf	⊖	⊖	⊖	⊖	⊕
Kosten	⊕	⊖	⊕	⊖	⊖
Entscheidungsverfahren					
Kategorisierung	⊖	⊖	⊖	⊖	⊕
Allg. Nutzenfunkt.	⊖	⊖		⊕	⊕
Spez. Nutzenfunkt.	⊕	⊕		⊖	⊕

Tabelle 4.4: Vergleich mit dem Stand der Forschung

Tabelle 4.4 stellt die Unterschiede der Ansätze dar und bewertet sie. Die Bewertungen können hierbei im Bereiche ⊕ (positiv, vorhanden, beachtet) über ○ (neutral) bis ⊖ (negativ, nicht vorhanden, nicht beachtet) annehmen; n/a bedeutet nicht anwendbar. AHP wird von [127] genutzt, alle anderen Ansätze verwenden die Nutzwertanalyse. Die Ansätze unterscheiden sich auch in ihrem Einsatzgebiet, sie können für das Management von Systemen [124], für die Wahl von Webservices (Dienste) [120], für die Wahl von Netzen [127] und für die Wahl von Protokollen (SOCS) genutzt werden. Der Ansatz der vorliegenden Arbeit unterstützt sowohl die Wahl von Netzen als auch von Protokollen. Hierbei werden Transport-, Anwendungs- und Sicherheitsprotokolle unterstützt. SOCS unterstützt die Wahl von Transportprotokollen. Sowohl SOCS als auch die vorliegende Arbeit wählen Dienste nicht direkt aus, sondern befassen sich mit der Wahl von Kommunikationsprotokollen.

Während [124] keine Anforderungen unterstützt, erlauben alle anderen Ansätze mindestens Anforderungen von Nutzern. Anforderungen der Anwendung werden von [120], SOCS und dieser Arbeit berücksichtigt, während die Eigenschaften des Netzes nur von [127], SOCS und dieser Arbeit betrachtet werden.

Die verschiedenen Arbeiten betrachten die Kriterien sowohl in der Tiefe als auch der Breite sehr unterschiedlich. Während [124] nur zwei Kriterien einer Kategorie, nämlich Dienstgüte, betrachtet, betrachtet zum Beispiel SOCS bereits 13 Kriterien in drei Kategorien, auch wenn die Kategorie Sicherheit eher oberflächlich behandelt wird. Je nach Anwendungszweck sind auch nicht immer die gleichen Kriterien notwendig, um eine ausreichend gute Entscheidung treffen zu können. Da die vorliegende Arbeit die automatisierte Wahl von Sicherheitsprotokollen betrachtet, wurde vor allem Wert auf die Kriterien der Kategorie Sicherheit und auf Kriterien, die Auswirkungen der Nutzung von Sicherheitsprotokollen darstellen, gelegt. Für die automatisierte Protokollwahl im zukünftigen Internet wurden zudem noch weitere Kriterien hinzugefügt.

Beim Entscheidungsverfahren selbst nutzt nur ACCS auch die *Kategorisierung* der Kriterien auch für die Entscheidungsfindung und erlaubt dabei, dass zum Beispiel die Gewichte sich hieran orientieren. Nur SOCS und ACCS definieren Typen *allgemeiner Nutzenfunktionen*, wobei die Auswahl in SOCS deutlich eingeschränkter ist und nicht diskutiert wird. Alle Ansätze bis auf SOCS und [127] stellen für Kriterien *spezifische Nutzenfunktionen* vor. Nur auf eine einfache Darstellung beschränken sich [124] und [120]).

4.7   Fazit und Zusammenfassung

In diesem Kapitel wurden die Entscheidungsfindung und Vorschläge für eine Auswahl geeigneter Nutzenfunktionen erarbeitet und beschrieben. Diese Konzepte stellen die Grundlage für die automatisierte Wahl von Kommunikationsprotokollen dar.

Für die *Entscheidungsfindung* wurde die Nutzwertanalyse mit vorgeschalteter Filterung ausgewählt. Im Vergleich zu den anderen betrachteten Verfahren bietet sie eine hohe Flexibilität (Anpassbarkeit und Erweiterbarkeit der Kommunikationseigenschaften, Gewichte und Nutzenfunktionen) und gute Automatisierbarkeit (führt immer zu Ergebnissen ohne Nutzerinteraktion) in Verbindung mit geringem Aufwand. Ihre hohe Flexibilität erhält sie vor allem durch frei definierbare *Nutzenfunktionen*. Um den Aufwand für Nutzer zu beschränken, wurden daher zuerst geeignete generische Nutzenfunktionen vorgestellt, welche dann nur noch gewählt und parametrisiert werden müssen. Danach wurden zuerst exemplarisch Nutzenfunktionen für eine Auswahl der in Kapitel 3 vorgestellten Kommunikationseigenschaften parametrisiert und im Anschluss dann die Entscheidungsfindung anhand eines Beispiels in ihrer Funktion evaluiert. Abschließend wurde die in diesem Kapitel entwickelte Entscheidungsfindung mit Lösungen für verwandte Entscheidungsprobleme verglichen.

Einige Konzepte sind in Zusammenhang mit [129] entstanden. Dort ist unter anderem auch die Implementierung der Entscheidungsfindung sowie ein Teil der Kommunikationseigenschaften und Nutzenfunktionen beschrieben. Es konnte nicht nur belegt werden, dass die Entscheidungsfindung durch Nutzenfunktionen und Gewichte flexibel auf die Vorgaben des Nutzers angepasst werden kann, sondern auch, dass sie in Lastsituationen abhängig der betrachteten Konfiguration auf einem Standard-PC (Intel Pentium IV CPU mit 3.06GHz und 2GB) zwischen 2907 und 10869 Entscheidungen pro Sekunde treffen kann. Da eine Wahl des Protokolls nicht für jedes Paket, sondern nur einmal pro Verbindung oder Assoziation durchgeführt werden muss, ist die Entscheidungsfindung sehr gut für die automatisierte Wahl von Protokollen geeignet.

Nachdem die wesentlichen Grundlagen in Form von Kommunikationseigenschaften, Nutzenfunktionen und der Entscheidungsfindung nun vorliegen, bauen die nächsten beiden Kapitel hierauf auf und stellen zwei wesentliche Anwendungsszenarien der automatisierten Wahl von Kommunikationsprotokollen vor: Die Wahl von Sicherheitsprotokollen wird in Kapitel 5 betrachtet und die Wahl maßgeschneiderter Protokolle im zukünftigen Internet in Kapitel 6. In beiden Anwendungsszenarien werden dann weitere wesentliche Teilprobleme der automatisierten Wahl von Kommunikationsprotokollen betrachtet.

Kommunikationseigenschaft	Einheit	Gewicht	Nutzenfunktion
Dienstgüte		0,25	
Minimale 1-Weg-Verzögerung	µs	0,10	atan2 (−5, 100000, 0, 1000000)
Mittlere 1-Weg-Verzögerung	µs	0,10	atan2 (−5, 100000, 0, 1000000)
Latenzschwankung	µs	0,10	atan2 (−5, 250000, 0, 1000000)
Aufbauverzögerung durch Verarbeitung	s	0,10	ab ((0;1) − (1;1) − (10;0,1) − (120;0))
Aufbauverzögerung durch Kommunikation	#	0,10	ab ((0;1) − (2;0,9) − (10;0,2) − (100;0))
Kapazität	Mbit/s	0,15	atan2 (5, 30, 0, 1000)
Overhead pro Bit	bit	0,10	fallend (0,25, 8)
Overhead pro Dateneinheit	bit	0,10	fallend (0,25, 1500)
Overhead pro Zeit	bit/s	0,10	fallend (0,25, 1024)
Overhead Komm.-aufbau/-abbau	bit	0,05	fallend (0,25, 153600)
Energiebedarf		0,25	
Energiebedarf pro Bit	µJ	0,25	fallend (1, 1)
Energiebedarf pro Dateneinheit	µJ	0,25	fallend (1, 1000)
Energiebedarf pro Zeit	J/s	0,25	fallend (0,5, 100)
Energiebedarf Komm.-aufbau/-abbau	J	0,25	fallend (1, 20)
Sicherheit		0,50	
Effektive Bitstärke	bit	0,30	ab ((0;0) − (64;0) − (256;0,9) − (512;1,0))
Vorwärtssicherheit		0,10	diskret (ss→0; es→0,666; ee→1)
Wiedereinspielschutz		0,10	diskret (ja→1; nein→0)
Reichweite		0,30	diskret (?→0; 1-hop→0,2; e2e→1; vpn→0,5)
Schicht		0,10	diskret (0→0; 1-3→1; 4→0,8; 5-7→0,3)
Schlüsselerneuerung		0,10	diskret (b→1; v→0,6; t→0,4; n→0)

Tabelle 4.5: Nutzenfunktionen und Gewichte für Kommunikationseigenschaften (Ausgangsbasis)

5. Automatisierte Wahl von Sicherheitsprotokollen

Das vorliegende Kapitel betrachtet ein System zur automatisierten Wahl von Sicherheitsprotokollen und befasst sich hierbei mit den folgenden beiden Teilproblemen:

- Wie kann die Entscheidungsfindung für die automatisierte Protokollwahl in ein bestehendes Betriebssystem eingebunden werden?
- Wie können der Kommunikation verfügbare Sicherheitsprotokolle hinzugefügt werden?

Das in diesem Kapitel beschriebene System mit dem Namen *Automatische Konfiguration für Kommunikationssicherheit* (Auto-Configuration for Communication Security, ACCS)[1] stellt eine Lösung dieser Teilprobleme dar. Es soll Nutzern möglichst sichere Kommunikation ermöglichen, auch wenn sie nicht in der Lage oder willens sind, die Auswahl, Konfiguration und Nutzung von Sicherheitsprotokollen durchzuführen.

Der Ansatz von ACCS ist es daher, die Nutzer möglichst gut zu schützen, ohne dass sie die technischen Details kennen müssen. Um dies zu erreichen, sucht ACCS nach Verbesserungspotenzial bezüglich der Sicherheit der Nutzerkommunikation, um dieses dann zum Vorteil des Nutzers auszunutzen. Möchte ein Nutzer kommunizieren, so entscheidet ACCS, ob diese Kommunikation besser als bislang geschützt werden kann, und handelt bestmöglich „im Sinne des Nutzers", noch bevor durch die ungesicherte Kommunikation ein Sicherheitsrisiko auftritt. Das „Interesse des Nutzers" muss daher in

---

[1] Auch wenn der Name (aus historischen Gründen) den Fokus auf die *Konfiguration* von Sicherheitsprotokollen legt, liegt der Schwerpunkt des Systems doch auf der automatischen *Wahl* von Sicherheitsprotokollen.

Form von Einstellungen – genauer gesagt Einschränkungen, Gewichten, Nutzenfunktionen und einer Standardaktion – hinterlegt werden und beeinflusst maßgeblich das Verhalten von ACCS. Hierbei soll ACCS für Nutzer insoweit transparent agieren, dass es sie nicht mit solchen Einstellungen belastet, sondern möglichst automatisch agiert. Die Einstellungen sollen daher nur selten erfolgen und ACCS muss geeignete Einstellungen bereitstellen. Dennoch soll ACCS ausreichend Einfluss und Kontrolle erlauben, sodass das Verhalten von ACCS durch den Nutzer angepasst werden kann. Die Anpassungen der Einstellungen und somit die Anpassung des Verhaltens werden in Abschnitt 5.3 genauer betrachtet.

Eine wesentliche Anforderung an ein System, das die Sicherheit der Nutzer im heutigen Internet transparent erhöhen soll, ist der Verzicht auf umfangreiche Änderungen der beteiligten Kommunikationssysteme, da diese Änderungen nur unter erheblichem Aufwand durchführbar sind. Ein Beispiel für Änderungen an einem Großteil der beteiligten Kommunikationssysteme im Internet und den diesbezüglichen Aufwand ist die Umstellung von IPv4 auf IPv6. Damit die Systeme der Kommunikationspartner und die Zwischensysteme nicht verändert werden müssen, ist es daher sinnvoll, Erweiterungen und Modifikationen auf das lokale System zu begrenzen. ACCS verfolgt diesen Ansatz, indem es auf eigene, neue Sicherheits- und Schlüsselaustauschprotokolle verzichtet und nur bestehende Sicherheitsprotokolle nutzt, um die Kommunikation zu schützen. Hierfür werden die im heutigen Internet verbreiteten Sicherheitsprotokolle TLS und IPsec transparent eingebunden, ohne dass Änderungen der Anwendungen nötig werden.

Da ein Zugewinn an Sicherheit durch Hinzufügen von Sicherheitsprotokollen unter anderem mit einer Verschlechterung der Dienstgüte oder einem erhöhten Energiebedarf verbunden sein kann, ist bei der automatisierten Wahl der Sicherheitsprotokolle wesentlich, die Auswirkungen auf die jeweils relevanten Kommunikationseigenschaften zu betrachten und zu berücksichtigen (siehe auch Kapitel 3). Ansonsten kann es dazukommen, dass die Kommunikation zwar geschützt ist, aber sie andere wesentliche Ziele nicht mehr erreichen kann.

Im Folgenden wird zunächst die Architektur von ACCS ausführlich vorgestellt (Abschnitt 5.1) und im Anschluss daran die Komponenten von ACCS detailliert betrachtet. Besonders wichtig hierbei ist der Sicherheitsmanager (Abschnitt 5.2), der die Entscheidungsfindung aus dem vorangegangenen Kapitel beinhaltet. Die Einflussnahme durch Anwendungen und Nutzer auf ACCS und somit auf die Entscheidungsfindung wird in Abschnitt 5.3 betrachtet. Abschnitt 5.4 befasst sich mit der Erkennung schützbarer Kommunikation durch ACCS. Im Anschluss werden die Adaptionen der einzelnen Sicherheitsprotokolle an ACCS detailliert präsentiert (Abschnitte 5.5 und 5.6) und Optimierungen der Laufzeit von ACCS betrachtet (Abschnitt 5.7). Das Kapitel endet mit einem Vergleich mit dem Stand der Forschung (Abschnitt 5.8) und einer Zusammenfassung in Abschnitt 5.9.

5.1 ACCS-Architektur

Für die Kommunikation der Anwendungen stellen Betriebssysteme in der Regel einen TCP/IP-Protokollstapel, Sicherheitsprotokolle und weitere für die Kommunikationssicherheit relevante Komponenten, wie zum Beispiel Paketfilter, bereit. In Kombination mit einem Anwendungsprotokoll wird einer Anwendung so ermöglicht, zu kommunizieren. Das Anwendungsprotokoll selbst kann direkt durch die Anwendung oder durch eine Bibliothek zur Verfügung gestellt werden. Beiden Ansätzen ist gemein, dass die Anwendung direkt und nicht erst über das Betriebssystem auf den Dienstzugangspunkt des Anwendungsprotokolls zugreift. Modifikationen der Anwendungsprotokolle zum Erreichen besserer Sicherheit sind daher oft gleichbedeutend mit Änderungen der Anwendungen. Auch gerade wegen der großen Anzahl existierender Anwendungen bedeutet dies einen großen Aufwand.

Es ist daher ein Ziel, die für ACCS notwendigen Erweiterungen im Betriebssystem zu verankern und dadurch Änderungen der Anwendungen zu vermeiden. Wenn zudem die Anwendung die optionale Richtlinienschnittstelle unterstützt, so kann sie ACCS zum Beispiel Einschränkungen und Anforderungen für die aktuelle Kommunikation mitteilen. Weitere optionale Erweiterungen erlauben es der Anwendung, den von ACCS der Kommunikation hinzugefügten Schutz festzustellen und dem Nutzer anzuzeigen (siehe auch Abschnitt 5.6.4.2). Da dies nur lokal geschieht, sind die Änderungen vergleichsweise gering und Änderungen beim Kommunikationspartner werden nicht notwendig.

Abbildung 5.1 stellt die Architektur von ACCS und die dem Betriebssystem hinzugefügten Komponenten (3D-Darstellung) dar. Im Folgenden werden zuerst diese Komponenten von ACCS kurz vorgestellt und danach ihre Interaktionen anhand eines Beispiels verdeutlicht.

Die Komponenten von ACCS sind:

- *Sicherheitsmanager* – als zentrale Komponente von ACCS sammelt er alle für die Entscheidungsfindung relevanten Daten von den Kommunikationserkennern und Adaptern und implementiert auch die Entscheidungsfindung selbst (Abschnitt 5.2).
- *Kommunikationserkenner* – überwacht den Kommunikationsaufbau und teilt dem Sicherheitsmanager von der Anwendung stammende Kommunikationsanforderungen mit (Abschnitt 5.4.1).
- *Richtlinienmodul* – speichert Nutzer-, Anwendungs- und Systemrichtlinien. Die Richtlinien umfassen die Gewichte, Einschränkungen, Wahl und Parametrisierung

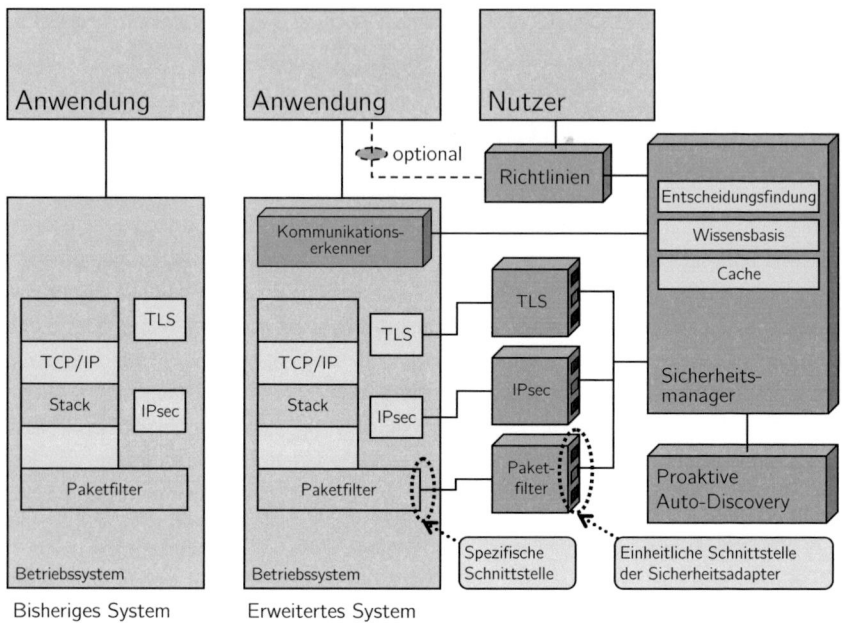

Abbildung 5.1: Die Systemarchitektur von ACCS

der Nutzenfunktionen. Sie können optional durch Anwendungen und Nutzer genutzt werden, um die Entscheidungsfindung zu beeinflussen. Diese Beeinflussung durch die Anwendungen wird durch eine optionale Schnittstelle ermöglicht, welche von der Anwendung implementiert werden kann (in Abbildung 5.1 gestrichelt dargestellt). Nutzer können zudem direkt auf die Richtlinien zugreifen, um das gewünschte Verhalten von ACCS zu beeinflussen. Hierbei wird sichergestellt, dass Nutzer und Anwendungen nur Richtlinien für ihre eigene Kommunikation ändern können (Abschnitt 5.3).

- *Paketfilteradapter* – verbindet den Paketfilter mit ACCS. Der Paketfilter erlaubt es ACCS unter anderem, ungeschützte Kommunikation an der Systemgrenze zu unterbinden (Abschnitt 5.5.2).
- *IPsec-Adapter* – bindet die IPsec-Implementierung an ACCS an und erlaubt ACCS damit, die Kommunikation mittels IPsec zu schützen (Abschnitt 5.5.3).
- *TLS-Adapter* – integriert TLS-Funktionalität in ACCS und ermöglicht es, verschiedene Kommunikationsprotokolle durch TLS zu schützen (Abschnitt 5.5.4).
- *Wissensbasis* – kapselt für die Bestimmung der effektiven Bitstärke benötigtes Wissen. Die Sicherheitsadapter können hiermit die Bestimmung der effektiven Bitstär-

ke an die Wissensbasis delegieren. Änderungen der Bestimmung der effektiven Bitstärke können dann einfach zentral erfolgen und sind vor allem dann notwendig, wenn durch Bekanntwerden neuartiger Angriffe die Stärke eines kryptografischen Verfahrens neu bewertet werden muss. Hierdurch ist es möglich, in solchen Fällen schnell zu reagieren, ohne dass Änderungen der Adapter nötig sind (Abschnitt 5.7).

- *Cache* – ermöglicht es, Ergebnisse zeitintensiver Operationen wiederzuverwenden, anstatt diese Operationen zu wiederholen. Dies ermöglicht es ACCS, auf wiederkehrende Kommunikation schneller zu reagieren und hierfür frühere Ergebnisse der Sicherheitsadapter und der Entscheidungsfindung wiederzuverwenden. Hierdurch werden Wartezeiten vermieden (Abschnitt 5.7).

- *Proaktive Auto-Discovery* – ermöglicht es, zeitintensive Operationen vorzuziehen. Hiermit wird ermöglicht, die relevanten Daten für die Entscheidungsfindung bereits vor Beginn der Kommunikation bereitzustellen und damit Wartezeiten zu vermeiden (Abschnitt 5.7.1).

Die hier vorgestellten Sicherheitsadapter stellen nur Beispiele dar und können einfach durch weitere ergänzt werden, da Sicherheitsadapter dynamisch in ACCS geladen werden können (siehe auch Abschnitt 5.5.1).

Abbildung 5.2 stellt die Interaktionen innerhalb von ACCS anhand eines Beispielablaufs dar. Beginnt eine Anwendung zu kommunizieren, so wird dies vom *Kommunikationserkenner* festgestellt und die Kommunikation kurzzeitig unterbrochen, sodass keine Dateneinheit dieser Kommunikation das System verlässt – hierbei ist es wesentlich, Seiteneffekte auf Anwendungsprotokolle (zum Beispiel durch Zeitüberschreitungen) zu beschränken. Die erlaubte Zeitdauer für die folgenden Schritte muss daher unter Berücksichtigung üblicher Anwendungs-Timeouts auf eine von der Anwendung und den genutzten Kommunikationsprotokollen abhängige Zeitdauer – typischerweise im Sekundenbereich – begrenzt werden. Die Zeit für die Rückmeldung der Sicherheitsadapter durch den Sicherheitsmanager ist daher zu begrenzen. Treffen solche Rückmeldungen zu spät ein, werden sie nicht mehr berücksichtigt. In solchen Fällen kann es vorkommen, dass die Kommunikation nicht optimal geschützt wird.

Der Kommunikationserkenner teilt weiterhin mit *enqueue_event()* dem Sicherheitsmanager mit, dass er die Kommunikation unterbrochen hat, und übergibt hierbei auch Adressinformationen der Kommunikation. Diese Adressinformationen erlauben Rückschlüsse auf die genutzten Kommunikationsprotokolle und werden später dazu verwendet, geeignete Schutzverfahren zu identifizieren. Eine geeignete Darstellung hierfür ist das 5-Tupel aus Quell-IP-Adresse, Ziel-IP-Adresse, Schicht-4-Protokoll, Quellport und Zielport.

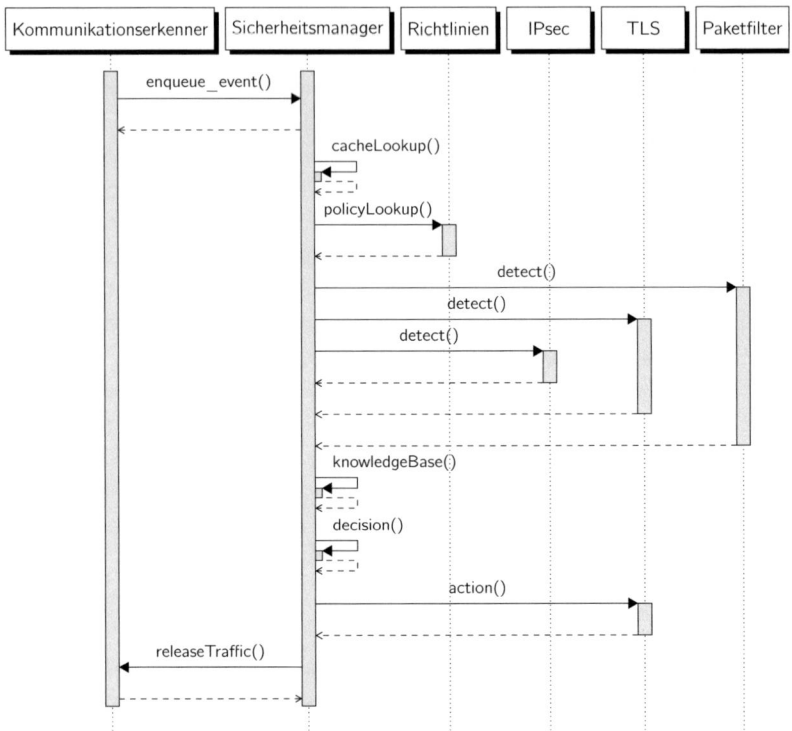

Abbildung 5.2: Sequenzdiagramm ACCS-Interaktionen (zeitlich vereinfacht)

An dieser Stelle prüft der Sicherheitsmanager mittels *cacheLookup()*, ob bereits eine auf die Kommunikation passende Entscheidung vorliegt. Sollte dies der Fall sein, kann das folgenden Verfahren abgekürzt werden. Diese Optimierung wird in Abschnitt 5.7 beschrieben.

Mithilfe dieser Adressinformationen kann der Sicherheitsmanager nun mittels *policy-Lookup()* überprüfen, ob er für diese Kommunikation in Aktion treten soll. Ist dies nicht der Fall, so teilt er dem Erkennungsmodul mit, dass die Kommunikation wieder freigegeben werden soll. Tritt der Sicherheitsmanager jedoch in Aktion, so fragt er bei den vorhandenen *Sicherheitsadaptern* (in der Abbildung TLS, IPsec und Paketfilter) mittels *detect()* nach Handlungsmöglichkeiten zum Schützen der Kommunikation an. Basierend auf den Adressinformationen können die Sicherheitsadapter (Abschnitt 5.5) bestimmen, ob das durch sie repräsentierte Sicherheitsprotokoll diese Kommunikation schützen kann, und dem Sicherheitsmanager eine Menge von Handlungsmöglichkeiten anbieten, welche im Folgenden Alternativen genannt werden. Die Handlungsmöglichkeiten werden auch dann als Alternativen bezeichnet, wenn keine oder nur eine einzelne Handlungsmöglichkeit vorliegt und somit keine wirkliche Auswahl möglich ist.

Da Sicherheitsprotokolle in der Regel aus einer Menge kryptografischer Algorithmen eine Kombination (zum Beispiel Cipher Suites in TLS) auswählen, ist es nötig, jede dieser Kombinationen einzeln zu betrachten und nach der Wahl dann die Auswahl durch das Sicherheitsprotokoll zu beschränken. Jede mögliche Kombination muss durch eine Alternative repräsentiert werden.

Die Bestimmung der EBS für jede Alternative erfolgt mittels Aufruf der Wissensbasis (*knowledgeBase()*). Diese Optimierung wird in Abschnitt 5.7 betrachtet.

Auf die Menge der Alternativen aller Sicherheitsprotokolle wird mit *decision()* der Entscheidungsprozess angewendet, um eine geordnete Liste von geeigneten Alternativen zu erhalten, aus welcher die am besten geeignete Alternative bestimmt werden kann. Der Sicherheitsmanager kann jetzt dem zugehörigen Sicherheitsadapter (TLS-Adapter in Abbildung 5.2) mittels *action()* signalisieren, dass diese Alternative, genauer das durch sie repräsentierte Sicherheitsprotokoll und die ausgewählte Kombination kryptografischer Algorithmen, genutzt werden soll. Zudem muss dem Kommunikationserkenner durch *releaseTraffic()* mitgeteilt werden, dass die Unterbrechung der Kommunikation aufgehoben werden soll.

5.2 Sicherheitsmanager

Der Sicherheitsmanager ist die Kernkomponente von ACCS und trifft die Entscheidungen, ob Kommunikation geschützt werden soll. Zudem muss er auch bestimmen, mit welchem Sicherheitsprotokoll dies geschehen soll. Daher beinhaltet der Sicherheitsmanager die zuvor vorgestellte Entscheidungsfindung und steuert den Ablauf des Systems. Hierfür ist es nötig,

1. potenziell schützbare Kommunikation zu erkennen,
2. Alternativen zu detektieren und zu sammeln,
3. die beste Alternative mithilfe der Entscheidungsfindung zu identifizieren
4. und die Nutzung der besten Alternative zu veranlassen.

In Abbildung 5.3 wird der genaue Ablauf des Sicherheitsmanagers gezeigt. Der Sicherheitsmanager wartet zuerst darauf, dass der Erkenner potenziell schützbare Kommunikation erkennt und ihm dies signalisiert. Die Erkennermodule werden in Abschnitt 5.4 detailliert vorgestellt. Sie halten die Kommunikation an, damit – falls später durch den Sicherheitsmanager veranlasst – ein Schutz hinzugefügt werden kann.

Nachdem schützbare Kommunikation erkannt wurde, muss der Sicherheitsmanager zuerst feststellen, ob er für diese Kommunikation in Aktion treten soll. Falls dies nicht

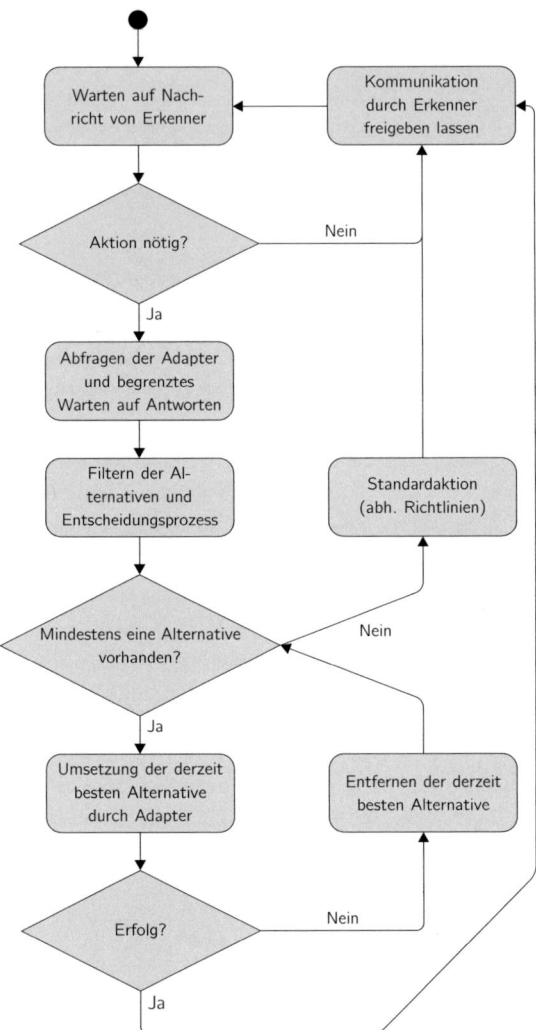

Abbildung 5.3: Ablaufdiagramm des Sicherheitsmanagers

der Fall ist, weil die Richtlinien dies fordern, kann er sofort die Kommunikation wieder freigeben. Ansonsten muss der Sicherheitsmanager geeignete *Alternativen sammeln und detektieren*. Diese umfassen zum Beispiel den Schutz und die Unterdrückung der Kommunikation. Hierfür signalisiert der Sicherheitsmanager die Adressinformationen (5-Tupel) der zu schützenden Kommunikation den vorhandenen Adaptern, welche die

Sicherheitsprotokolle steuern. Danach wartet der Sicherheitsmanager auf die Antworten der Adapter, welche keine, eine oder mehrere Alternativen umfassen können. Die Alternativen werden mithilfe der Kommunikationseigenschaften aus Kapitel 3 beschrieben. Die Adapter werden im Abschnitt 5.5 genauer betrachtet.

Im nächsten Schritt werden mithilfe der Entscheidungsfindung (siehe Kapitel 4) ungeeignete Alternativen durch die Filterung entfernt und die gegebenenfalls verbleibenden Alternativen nach ihrer Eignung sortiert. Existiert nach dem Filtern keine Alternative, wird eine zuvor definierte Standardaktion, wie zum Beispiel Blockieren oder Freigeben der Kommunikation, ausgeführt. Hierfür signalisiert der Sicherheitsmanager zum Beispiel dem Paketfilter, die Kommunikation zu unterbinden.

Sind nach dem Filtern Alternativen vorhanden, versucht der Sicherheitsmanager die der Entscheidungsfindung nach am besten geeignete Alternative auszuführen. Hierfür signalisiert er dem Sicherheitsadapter, der diese Alternative angeboten hat, sie umzusetzen. Der jeweilige Sicherheitsadapter fügt dann – wie später in diesem Kapitel erläutert – der Kommunikation ein Sicherheitsprotokoll für zusätzlichen Schutz hinzu. Das Ausführen der Alternativen kann im Gegensatz zur Erkennung der Alternativen nicht parallel ausgeführt werden. Da in der Regel die Menge an Alternativen begrenzt ist und nicht davon auszugehen ist, dass alle Alternativen fehlschlagen, ist die mangelnde Parallelisierbarkeit kein großer Nachteil.

Sollte wider Erwarten das Ausführen dieser Alternative fehlschlagen, so kann der Sicherheitsmanager die nächstbeste Alternative ausführen lassen. Ist keine nächstbeste Alternative vorhanden, so wird die Standardaktion ausgeführt. Nach Umsetzen der ausgewählten Alternative durch den jeweiligen Sicherheitsadapter oder der Standardaktion wird der Verkehr durch Signalisierung des Sicherheitsmanagers an den Kommunikationserkenner wieder freigegeben. Dies muss selbst dann durchgeführt werden, wenn das Blockieren der Kommunikation als Standardaktion umgesetzt werden soll (siehe auch Abschnitt 5.5.2).

Wodurch ACCS die für die Entscheidungsfindung notwendigen Parameter, wie zum Beispiel Einschränkungen und Gewichte, erhält, wird in Abschnitt 5.3 thematisiert.

5.3   Einflussnahme auf das System

Obwohl ACCS versucht, den Nutzer durch selbstständige Arbeitsweise möglichst zu entlasten, müssen Nutzer auch die Möglichkeit haben, Einfluss auf das Systemverhalten auszuüben. Diese Einflussnahme geschieht unter anderem, indem dem Sicherheitsmanager für Kommunikationsvorgänge erlaubt oder verboten wird, in Aktion zu treten. Zudem können abhängig der Kommunikation geeignete Standardaktionen definiert werden.

Die *Standardaktion* wird dann angewendet, wenn ACCS die Kommunikation nicht schützen kann. Dies geschieht, indem für ACCS in Abhängigkeit von Adressinformationen (5-Tupel) das Verhalten für nicht schützbare Kommunikation festgelegt wird: Die Kommunikation kann als Standardaktion entweder nur mit Schutz durch ACCS (Verwerfen von ungeschützter Kommunikation) oder auch ohne Schutz durch ACCS zugelassen werden (Erlauben von ungeschützter Kommunikation). Das Erlauben ungeschützter Kommunikation ist vor allem dann sinnvoll, wenn ACCS nur versuchen soll, die Kommunikation proaktiv besser zu schützen, dem Nutzer aber nicht zugemutet werden kann, dass ungeschützte Kommunikation unterbunden wird. Bei der Wahl der Standardaktion ist darauf zu achten, dem Nutzer nicht ein höheres Sicherheitsniveau durch den Einsatz der dieser Arbeit vorgestellten Funktionalität zu suggerieren, falls die Standardaktion noch ungeschützte Kommunikation zulässt.

Es kommen die Einflüsse auf die Entscheidungsfindung hinzu:

- Beschränkungen der erlaubten Werte (Filter)
- Gewichte
- die Wahl und Parametrisierung der Nutzenfunktionen

Die *Beschränkungen der erlaubten Werte* werden als Einschränkungen der in Kapitel 3 beschriebenen Kommunikationseigenschaften bzw. ihrer Wertebereiche dargestellt. Hierfür können obere und untere Schranken für Werte von Ordinal- und Kardinalskalen sowie erlaubte und verbotene Werte für nominal skalierte Wertemengen verwendet werden. So können zum Beispiel nur bestimmte Sicherheitsprotokolle erlaubt werden.

In die Berechnung des Nutzens innerhalb der Entscheidungsfindung gehen verschiedene *Gewichte* ein. Mindestens für jede als Kriterium genutzte Kommunikationseigenschaft selbst, aber auch für die Kategorien (zum Beispiel Sicherheit) werden Gewichte benötigt.

Da in der Entscheidungsfindung mittels Nutzenfunktionen Kommunikationseigenschaften auf (subjektiven) Nutzen abgebildet werden, liegt an dieser Stelle eine Einflussnahme des Nutzers nahe. Denn die Bewertung der als Kriterien genutzten Kommunikationseigenschaften kann je nach Nutzer, Anwendung und Situation deutliche Unterschiede aufweisen. Hierbei ist die *Wahl der spezifischen Nutzenfunktion* ein wichtiges Mittel zur Einflussnahme. Eine Definition von Nutzenfunktionen bedeutet für einen Nutzer einen großen Aufwand. Daher wurden für diese Arbeit anpassbare Nutzenfunktionen erarbeitet, welche mittels *Parametrisierung* adaptiert werden können (siehe auch Abschnitt 4.4). Der Aufwand für die Anpassung kann so stark gesenkt werden: In vielen Fällen lässt sich die Definition neuer Nutzenfunktionen vermeiden.

Die bislang aufgeführten Einflussmöglichkeiten sollen aber nicht von jedem Nutzer immer wieder selbst konfiguriert werden müssen. Um eine bessere Nutzbarkeit zu erhalten, müssen diese bereits mit geeigneten Werten vorbelegt sein. Soll zum Beispiel ACCS nur proaktiv zum verbesserten Schutz der Kommunikation verwendet werden, so kann als Standardaktion ungeschützte Kommunikation erlaubt werden, keine Einschränkungen definiert werden, und geeignete Gewichte und Nutzenfunktionen gewählt werden (siehe Kapitel 4).

Die zuvor vorgestellten Möglichkeiten, das Verhalten von ACCS zu beeinflussen, werden in Kombination mit einer Beschreibung, auf welche Kommunikation diese angewendet werden, im Folgenden als *Richtlinien* bezeichnet. Solche Richtlinien ermöglichen es, für unterschiedliche Kommunikation die Entscheidungsfindung und ACCS unterschiedlich zu beeinflussen. Neben der oben aufgezeigten Vorbelegung der Einflussmöglichkeiten mit geeigneten Werten soll es den Anwendungen und Nutzern zusätzlich erlaubt sein, Richtlinien hinzuzufügen, zu ändern und zu löschen. In diesem Kontext treten bei ACCS zwei verschiedene Nutzungsszenarien auf:

- Die Anwendung soll für bestimmte, existierende Kommunikation Richtlinien formulieren,
- Nutzer wollen für zukünftige Kommunikation Richtlinien erstellen, ändern oder löschen.

Soll eine Anwendung für bestimmte, existierende Kommunikation Richtlinien formulieren, so muss die Richtlinie einer bestimmten Kommunikationsverbindung oder Kommunikationsassoziation zugeordnet werden. Eine Möglichkeit, dies zu erreichen, ist die Nutzung bereits im Betriebssystem vorhandener Bezeichner. Im Fall des betrachteten Betriebssystems Linux werden von Anwendungen Sockets für die Kommunikation genutzt, welche – zumindest pro Anwendung – eindeutige Bezeichner in Form der *Socket-Nummer* besitzen. Diese Bezeichner erlauben es, eine geeignete Anwendungsschnittstelle zur Einflussnahme auf ACCS zu implementieren. Es bestehen hierfür zwei Implementierungsoptionen: eine Erweiterung der bestehenden Kommunikationsschnittstellen der Anwendung (Socket-Schnittstelle) oder die Definition einer eigenständigen zusätzlichen Schnittstelle, welche entweder die Socket-Nummer der Socket-Schnittstelle oder eine Adressbeschreibung per 5-Tupel nutzt.

Eine *Erweiterung der Kommunikationsschnittstelle* erlaubt es, die Kommunikation implizit zu referenzieren, da die Signalisierung der Richtlinien im Kontext der Kommunikation geschieht. Hierfür sind in vielen Betriebssystemen einfache Erweiterungsoptionen (zum Beispiel *Socket Options*) vorgesehen, welche verwendet werden können.

Im Gegensatz dazu muss die Anwendung bei der Nutzung einer *eigenständigen Schnittstelle* explizit beschreiben, auf welche Kommunikation sie sich bezieht, indem sie einen Bezeichner wie die Socket-Nummer oder eine Adressbeschreibung wie das 5-Tupel angibt. Durch die Nutzung eines Bezeichners auf Basis der Socket-Nummer ist das Verfahren unabhängig von Kommunikationsprotokollen und -architektur. Auf diese Art kann nicht nur IP-basierte Kommunikation betrachtet werden, sondern auch Kommunikation, die auf anderen Protokollen basiert. Dieser Vorteil kommt vor allem in Kapitel 6 dieser Arbeit zum Tragen, wenn Protokolle für das zukünftige Internet geschützt werden sollen und hierbei davon ausgegangen wird, dass die Kommunikation nicht auf IP basieren muss. Ein Ansatz auf Basis des 5-Tupel besitzt neben dem wesentlich niedrigeren Aufwand den Vorteil, dass auch einfach Kommunikation anderer Systeme geschützt werden kann (Proxy-Ansatz).

Für eine *Schnittstelle zur Signalisierung* der Richtlinien durch Nutzer existieren jedoch andere Anforderungen. Eine Zuordnung zu Verbindungen ist nicht direkt möglich, denn es soll möglich sein, generelle Richtlinien zu formulieren, also solche, die vor allem auch für zukünftige Kommunikation genutzt werden. Hierzu gehört auch, dass durch Bereiche (Ranges) beziehungsweise Platzhalter (Wildcards) Mengen von Verbindungen beschrieben werden können, zum Beispiel alle TCP-Verbindungen zu Port 80. Die Nutzung von Bereichen für die jeweiligen Bestandteile eines 5-Tupels wird unter anderem in [33] beschrieben.

Im Zusammenhang mit der vorliegenden Arbeit ist eine frühe und vereinfachte Version einer Schnittstelle entstanden, welche es der Anwendung erlaubt, das Sicherheitsprotokoll IPsec zu steuern, indem Mindestanforderungen zum Schutz der eigenen Kommunikation signalisiert werden [130]. Sie ist als *Erweiterung der Socket-Schnittstelle* umgesetzt worden und verwendet Socket Options. Es zeigte sich jedoch, dass dieser Ansatz sehr hohen Entwicklungs- und Wartungsaufwand verursacht, da Änderungen des Betriebssystem-Kernels – in diesem Kontext derjenige von Linux – notwendig sind.

Für die Implementierung von ACCS [131] wurde daher ein einfacheres Vorgehen verfolgt, nämlich die Nutzung einer eigenständigen Schnittstelle auf Basis des 5-Tupels, das nebenbei auch erlaubt, einfach die Kommunikation anderer Systeme zu schützen (Proxy-Ansatz).

Die hier vorgestellten Entwurfsentscheidungen betreffen auch die Kommunikationserkenner, welche im nächsten Abschnitt genauer betrachtet werden.

5.4 Kommunikationserkenner

Damit der Sicherheitsmanager von ACCS aktiv werden kann, benötigt er einen geeigneten Kommunikationserkenner, der ihm mitteilt, sobald eine Anwendung anfängt zu kommunizieren. Ein solcher Kommunikationserkenner wird im Anschluss in Abschnitt 5.4.1 beschrieben.

Es ist zudem möglich, dem System weitere Erkenner hinzuzufügen. Zur Vereinfachung zeigt Abbildung 5.1 jedoch nur einen Kommunikationserkenner. Ein Beispiel für einen weiteren Erkenner ist die Erkennung ungeschützter Authentifizierungsdaten (zum Beispiel Klartextpasswörter), um deren Übertragung unterbinden zu können. Dieses wird in Abschnitt 5.4.2 betrachtet.

5.4.1 Erkennen des Aufbaus neuer Kommunikation

Der hier vorgestellte Kommunikationserkenner überwacht innerhalb des Betriebssystems, ob eine Anwendung versucht Kommunikation aufzubauen, und sendet die hierfür relevanten Daten als Ereignis an ACCS. Dieses Ereignis muss möglichst genau die Adressinformationen der Kommunikation, welche aufgebaut wird, beschreiben können. Ebenso wie für die in Abschnitt 5.3 diskutierte Einflussnahme, ist die Beschreibung auch davon abhängig, an welcher Stelle die Erkennung erfolgt. Je nach Einsatz von ACCS sind hierbei zwei Ansätze denkbar:

- Eine Erkennung am Übergang zwischen Anwendung und Betriebssystem, wie zum Beispiel an der *Socket-Schnittstelle* (Option a).
- Eine Erkennung in der Netzwerkkommunikation (Option b).

Abbildung 5.4 stellt die beiden Optionen a und b dar. Die Verarbeitung im Linux-Kernel wird dabei in Socket-Schnittstelle, TCP, UDP, IP & Paketfilter und Netzwerkschnittstelle unterteilt. Innerhalb dieser Unterteilungen werden Funktionen oval und netfilter-Hooks rechteckig dargestellt. Netfilter und iptables bezeichnen die Bestandteile des Linux-Paketfilters. Die netfilter-Hooks stellen dabei definierte Zeitpunkte in der Paketverarbeitung des Linux-Kernels dar, an denen der eigentliche Paketfilter iptables dann die Pakete filtern kann.

Bei einer *Erkennung am Übergang zwischen Anwendung und Betriebssystem (Option a)* kann der Aufbau der Kommunikation dem Sicherheitsmanager noch vor der Erzeugung der ersten Dateneinheit mitgeteilt werden. Zudem kann die Anwendung bei dieser Variante die Richtlinien anhand der Socket-Nummer definieren (siehe auch Abschnitt 5.3). Ein vollständiges *5-Tupel* also Quell-IP-Adresse, Ziel-IP-Adresse, Schicht-4-Protokoll, Quellport und Zielport, liegt jedoch nicht vor: Die Quell-IP-Adresse wird sehr spät in der Verarbeitung im TCP/IP-Stapel basierend auf Routinginformationen gewählt, falls die Anwendung nicht explizit die Adresse und die ausgehende Netzschnittstelle bestimmt. Ähnliches gilt für den Quellport.

Bei der *Erkennung auf Basis des Netzwerkverkehrs (Option b)* erfolgt die Erkennung erst nach der Verarbeitung der Kommunikationsanforderung durch den TCP/IP-Protokollstapel. Hier liegt dann bereits ein vollständiges 5-Tupel, allerdings nur für lokal erzeugten Netzwerkverkehr eine Socket-Nummer vor. Vorteilhaft an diesem Ansatz ist es, dass ACCS auch für solche Kommunikation eingesetzt werden kann, die nicht am

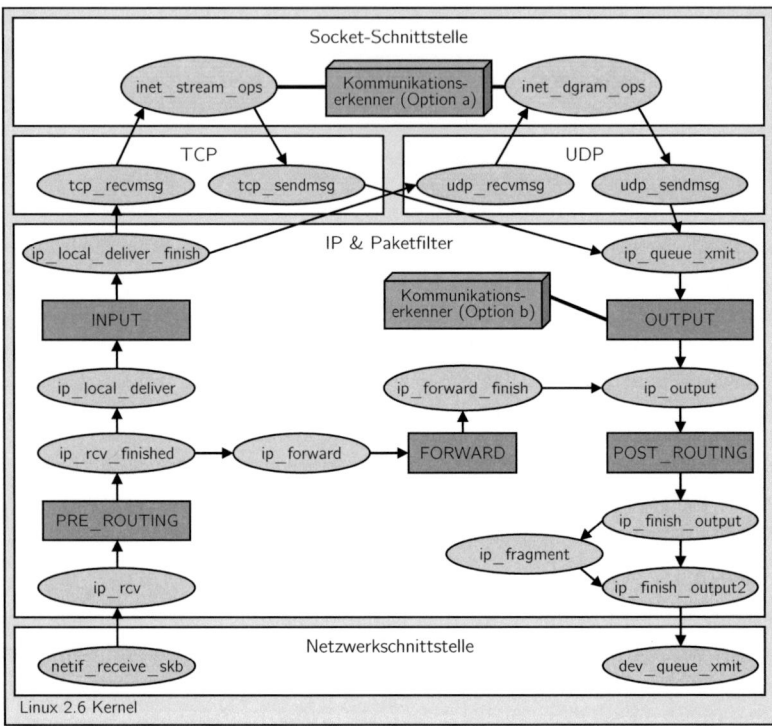

Abbildung 5.4: Vergleich der beiden Ansätze zur Integration des Kommunikationser-kenners in Linux 2.6

Übergang zwischen Anwendung und Betriebssystem erkannt werden kann. Dies ermög-licht es, die Erkennungsfunktionalität und somit auch ACCS auf einem vorgelagerten Zwischensystem zu platzieren (Proxy-Ansatz). Diese Option ist vor allem in zwei Fäl-len vorteilhaft: Erstens können Endsysteme mit begrenzter Leistung und/oder Energie die Ausführung aufwendiger Sicherheitsfunktionen so vermeiden. Zweitens kann sich mit wachsender Verbreitung von Virtualisierung von zum Beispiel Desktop- oder Ser-ver-Systemen das Zwischensystem auch auf dem gleichen physischen Knoten wie das die Kommunikation startende System, das Endsystem, befinden. Hierbei ist es dann möglich, ACCS für unmodifizierte virtualisierte Endsysteme mit beliebigen Betriebs-systemen zu nutzen.

ACCS auf einem Zwischensystem einzusetzen, hat allerdings den Nachteil, dass ein ausreichendes Vertrauen in die Sicherheit der Kommunikationsstrecke zwischen dem Endsystem und dem Zwischensystem mit ACCS gegeben sein muss. Im Fall der Virtualisierung von Desktop- oder Server-Systemen ist dies in der Regel gegeben, da die Kommunikation nur innerhalb des vertrauenswürdigen Systems ungeschützt ist. Jedoch ist zum Beispiel bei einer drahtlosen Kommunikationsstrecke diese Sicherheit nicht automatisch gegeben. Es ist darauf zu achten, dass diese Kommunikation bereits durch geeignete Sicherheitsprotokolle geschützt ist. Diese Überlegungen werden in Abschnitt 5.6.4.1 ab Beispiel HTTP wieder aufgegriffen.

Im ACCS-Prototyp wurde die Erkennung auf Basis des Kommunikationsverkehrs implementiert, da dieser Ansatz im genutzten Linux-System mit weniger Implementierungsaufwand verbunden ist und für den ACCS-Demonstrator zu keinen nennenswerten Nachteilen führt, gleichzeitig aber einen Proxy-Ansatz unterstützt. Es mussten nur geeignete iptables-Module erstellt werden. Eine Modifikation des Linux-Kernels selbst war hierfür nicht notwendig.

Es ist prinzipiell möglich, Kommunikationserkenner auch für andere Betriebssysteme zu implementieren. Hierbei kann man sich beispielsweise an existierenden Personal-Firewalls oder Intrusion-Detection-Systemen orientieren, welche vergleichbare Funktionalitäten umsetzen müssen.

5.4.2 Ausblick auf weitere Kommunikationserkenner

Vor allem Kommunikationsprotokolle, welche durch TLS geschützt werden, erlauben oft eine Nutzerauthentifizierung mittels Klartextpasswort. Schützt TLS mit geeigneter Konfiguration die Kommunikationsverbindung, ist die Übertragung des Passworts geschützt. Beispiele hierfür sind die Kommunikationsprotokolle HTTP, SMTP, IMAP und POP. Sie erlauben jedoch auch eine Authentifizierung mittels Klartextpasswörtern, falls kein Schutz durch TLS besteht. In diesem Fall werden jedoch übertragene Klartextpasswörter nicht vor Angriffen geschützt. Um dieses Risiko zu vermeiden, ist es möglich einen Kommunikationserkenner zu konstruieren, der solche ungeschützten Klartextpasswörter erkennen kann.

Da ein solcher Erkenner die gesamte Kommunikation des Nutzers betrachtet, ist seine Sicherheit kritisch. Der Erkenner darf zum Beispiel keine erkannten Passwörter speichern.

Für die Erkennung selbst muss der Erkenner die Kommunikationsprotokolle erkennen und verstehen. Geeignete Bibliotheken hierfür, wie beispielsweise [132], existieren bereits und unterstützen eine Vielzahl von Kommunikationsprotokollen. Mithilfe einer solchen Bibliothek kann ein einfacher Kommunikationserkenner erstellt werden, der ungeschützte Klartextpasswörter oder auch andere ungeschützte Authentifizierungsdaten erkennt und dies ACCS mitteilt. ACCS kann darauf geeignet, zum Beispiel durch Blockieren der Kommunikation reagieren.

5.5 Anbindung bestehender Sicherheitsprotokolle

Ein grundlegendes Ziel von ACCS ist es, vorhandene Sicherheitsprotokolle möglichst ohne umfangreiche Eingriffe in deren Implementierungen zu nutzen. Daher verwendet ACCS *Sicherheitsadapter*, um die bestehenden Sicherheitsprotokolle an ACCS anzubinden. Sie adaptieren dabei die spezifischen Schnittstellen zur Steuerung der Sicherheitsprotokolle und setzen sie auf eine einheitliche Schnittstelle für ACCS um.

Während einige Sicherheitsprotokolle, wie zum Beispiel IPsec, im Betriebssystem verankert sind, existieren andere Sicherheitsprotokolle, wie zum Beispiel TLS, als Anwendungsbibliotheken. Die Schnittstellen zur Steuerung dieser Sicherheitsprotokolle sind auch daher stark unterschiedlich.

Diese Unterschiede zu behandeln, erfordert maßgeschneiderte Anbindungen der Sicherheitsprotokolle an ACCS, welche mithilfe spezialisierter Adapter umgesetzt werden. Diese Adapter stellen dem Sicherheitsmanager eine einheitliche Schnittstelle zur Steuerung der von ihnen unterstützten Sicherheitsprotokolle zur Verfügung. Es muss aber nicht genau ein Adapter pro Sicherheitsprotokoll existieren. Ein Adapter kann auch mehrere Sicherheitsprotokolle unterstützen oder ein Sicherheitsprotokoll von mehreren Adaptern genutzt werden. Letzteres ist zum Beispiel für TLS hilfreich, da das Einfügen von TLS in die laufende Kommunikation von dem genutzten Anwendungsprotokoll abhängt. Zum Beispiel kann SMTP entweder direkt per TLS oder per Start-TLS-Option geschützt werden [133]. In beiden Fällen werden nicht nur unterschiedliche TCP-Ports verwendet, sondern auch TLS unterschiedlich eingesetzt.

Während die Adapter eine spezialisierte Anbindung an die Sicherheitsprotokolle besitzen, ist die Schnittstelle für die Anbindung an ACCS für alle gleich. Diese Schnittstelle wird im folgenden Abschnitt betrachtet. Adapter für die Anbindung einer Auswahl an Sicherheitsprotokollen werden im Anschluss vorgestellt.

5.5.1 Schnittstelle zum Anbinden von Sicherheitsadaptern

Die Anbindung der Sicherheitsadapter an ACCS geschieht mithilfe einer Schnittstelle, die es erlaubt, Sicherheitsadapter dynamisch zu laden. Die Hauptaufgaben der Schnittstelle umfassen die Beschreibung des Sicherheitsadapters, Basisfunktionen, Schutzanforderungen und Ereignisse.

Die *Beschreibung* jedes Adapters umfasst:

- Namen (`module_name`)
- Beschreibungstext (`modinfo`)
- Typ (`module_type`)
- Eindeutigen Bezeichner (`module_id`)

Name und *Beschreibungstext* werden nicht für die Entscheidungsfindung selbst, aber zum Beispiel für Textausgaben von ACCS verwendet. Sie sind für Nutzer im Umgang deutlich sinnvoller als numerische Bezeichner. Der *Typ* erlaubt es, unterschiedliche Arten von Sicherheitsadaptern mittels dieser Schnittstelle einzubinden. Die Möglichkeit ist zwar für das aktuelle System nicht zwingend erforderlich, es werden jedoch so zukünftige Erweiterungen ermöglicht. Der *eindeutige Bezeichner* wird dafür genutzt, die Sicherheitsadapter zu identifizieren und erlaubt daher adapterspezifische Konfigurationen und Richtlinien.

Basisfunktionen behandeln die Kommunikation mit Sicherheitsadaptern, die absolut notwendig für deren Integration ist:

- Anmeldung (`module_init_function`)
- Abmeldung (`module_close_function`)

Für die *Anmeldung* existiert in jedem Adapter die Funktion `module_init_function` und für die *Abmeldung* die Funktion `module_close_function`. Beim Starten beziehungsweise Beenden der Sicherheitsadapter werden diese Funktionen automatisch ausgeführt. Diese Funktionen ermöglichen es ACCS, dynamisch weitere Sicherheitsadapter hinzuzufügen (Erweiterbarkeit).

Schutzanforderungen beinhalten einerseits Abfragen über den möglichen Schutz einer bestimmten Kommunikationsassoziation und andererseits explizite Schutzanforderungen. Hierfür implementiert jeder Adapter die folgenden Funktionen:

- Abfrage des möglichen Schutzes (`module_detection_function`)
- Explizite Schutzanforderung (`module_action_function`)

Bei der *Abfrage des möglichen Schutzes* werden den Sicherheitsadaptern durch den Sicherheitsmanager die Adressinformationen (zum Beispiel als 5-Tupel) der Kommunikation (`struct accs_event`) – basierend auf der Nachricht des Kommunikationserkenners – mitgeteilt. Jeder Adapter antwortet hierauf mit einer Liste möglicher und von dem Kommunikationspartner unterstützter Alternativen (`struct sec_mech`) inklusive ihrer jeweiligen Kommunikationseigenschaften (siehe auch Kapitel 3). Auf Basis dieser Daten trifft der Sicherheitsmanager seine Entscheidung.

Die *explizite Schutzanforderung* meldet dem Sicherheitsadapter, dass eine der zuvor angebotenen Alternativen genutzt werden soll. Zu den möglichen Alternativen gehören unter anderem das Verwerfen von Paketen (Filtermodul), das Verschlüsseln und Authentifizieren von Paketen (zum Beispiel beim IPsec-Modul), aber auch anwendungsprotokollspezifische Schutzoptionen (zum Beispiel beim HTTP-Modul).

Abbildung 5.5 zeigt an einem Beispiel die Interaktion mit den Adaptern. Hierfür werden die Adapter IPsec, TLS und Paketfilter nach möglichem Schutz abgefragt. Nach einer Entscheidungsfindung wird dann Schutz durch den Adapter TLS angefordert.

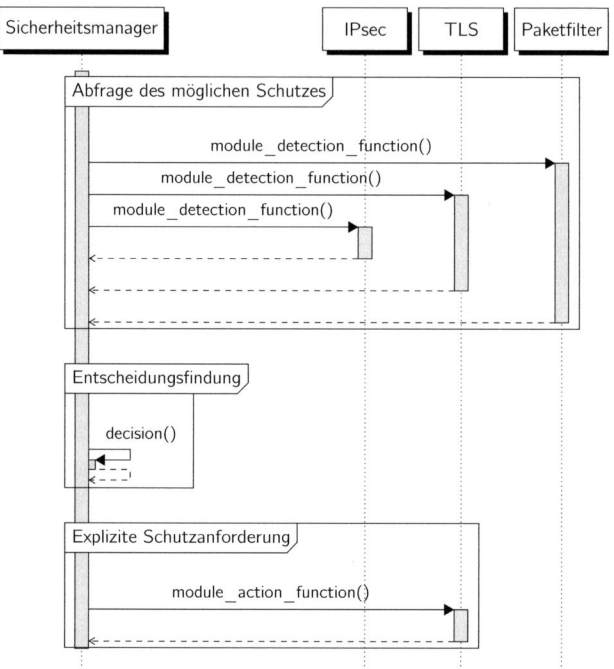

Abbildung 5.5: Abfrage des möglichen Schutzes und explizite Schutzanforderung

Um die Anzahl der Schnittstellen im System zu beschränken, können auch Kommunikationserkenner mit dieser Schnittstelle angebunden werden. Daher unterstützt sie zudem die Meldung von *Ereignissen*:

- Ereignismeldung (`enqueue_event`)

Die Ereignisse werden für die Erkennung von schützbarer Kommunikation durch AC-CS genutzt. Beispielsweise sendet das Kommunikationserkennungsmodul eine Ereignismeldung, falls neue Kommunikationsanforderungen entdeckt wurden, und fordert somit ACCS zum Handeln auf. Dieser Teil der Schnittstelle ist optional und wird in der Regel nur von Kommunikationserkennern genutzt.

Weitere Details der Schnittstelle zur Anbindung von Sicherheitsadaptern finden sich im Anhang E. Im Zusammenhang mit der vorliegenden Arbeit wurde die Schnittstelle in [129] entworfen, implementiert und detailliert beschrieben. Sie wird im aktuellen ACCS-Demonstrator erfolgreich eingesetzt [131].

5.5.2 Anbindung des Paketfilters

In den verbreiteten Desktop- und Server-Betriebssystemen ist in der Regel eine Funktionalität zum Filtern von Dateneinheiten vorhanden (Paketfilter). Hiermit kann nicht nur verhindert werden, dass empfangene Dateneinheiten von lokalen Anwendungen verarbeitet werden, sondern auch, dass bestimmte Dateneinheiten gesendet werden. Daher bietet es sich für ACCS an, den Paketfilter zu nutzen, um hiermit gezielt Kommunikation verhindern zu können. Dies ist vor allem wichtig im Kontext der *Standardaktion* von ACCS, welche dann angewendet wird, wenn keine passende Alternative gefunden wurde. Typische Standardaktionen, welche mittels des Paketfilters umgesetzt werden können, sind das Blockieren der Kommunikation und die ungeschützte Freigabe der Kommunikation.

Für die Anbindung des Paketfilters an ACCS ist ein eigener Sicherheitsadapter notwendig. Mit ihm kann festgestellt werden, ob die aktuellen Filterregeln es erlauben, dass bestimmte Kommunikation das System verlassen darf und ob von außen kommende Dateneinheiten dieser Kommunikation angenommen werden dürfen. Zusätzlich können aber auch die Regeln des Paketfilters modifiziert werden, um zum Beispiel ungesicherte Dateneinheiten durch Verwerfen am Verlassen des Systems zu hindern. ACCS kann so verhindern, dass eine Anwendung mittels eines unsicheren Kommunikationsprotokolls kommuniziert. Hierbei ist zu beachten, dass es ohne eine Rückmeldung über das Verwerfen an die Anwendung zu Wartezeiten durch Timeouts kommen kann. Es bietet sich daher an, durch eine geeignete Signalisierung der Anwendung mitzuteilen, dass diese Kommunikation nicht durchgeführt werden kann. Damit dies auch dann möglich ist, wenn ACCS ausgelagert wurde (Proxy-Ansatz), sind hierfür unter anderem ICMP-Nachrichten zu nutzen. Für TCP-basierte Kommunikation sind zudem TCP-Dateneinheiten mit Reset-Flag notwendig.

Für die Anbindung an Paketfilter muss die Beschreibung der Kommunikation allerdings zur Paketfilterimplementierung passen. Gut geeignet ist die für Paketfilter gängige Beschreibung durch das 5-Tupel.

5.5.3 Anbindung von IPsec

Die IPsec-Funktionalität des Betriebssystems wird mithilfe des IPsec-Adapters an ACCS angebunden. Hierbei wird ausgenutzt, dass das Verhalten von IPsec durch die Security Policy Database (SPD) und die Security Association Database (SAD) bestimmt wird. Die SPD beschreibt, welcher Verkehr geschützt werden soll, und die SAD hält bei bestehendem Schutz unter anderem das kryptografische Material vor. Daher kann ACCS anhand der SPD und SAD-Einträge einfach erkennen, ob für bestimmte Kommunikation ein Schutz durch IPsec besteht (SPD- und SAD-Einträge liegen vor), dieser Schutz bei Bedarf ausgehandelt würde (nur SPD-Eintrag vorhanden) oder ob IPsec diese Kommunikation ignorieren würde (keine SPD- und SAD-Einträge). Der Zugriff auf SPD und SAD erfolgt in der Regel mittels der pf_key-Schnittstelle [134].

Die pf_key-Schnittstelle ermöglicht es auch, neue SPD-Einträge anzulegen, damit IPsec bisher nicht geschützte Kommunikation schützt. Hierbei muss allerdings gewährleistet werden, dass für diese Kommunikation IPsec anwendbar ist. Zwei Bedingungen sind im Kontext der vorliegenden Arbeit dafür wesentlich: Erstens muss ein Schlüsselaustausch mit dem Kommunikationspartner möglich sein, und zweitens muss eine Authentifizierung der beiden Kommunikationspartner erfolgreich durchführbar sein. Ob erfolgreich ein *Schlüsselaustausch* mit dem Kommunikationspartner durchgeführt werden kann, muss mithilfe eines geeigneten Schlüsselaustauschprotokolls, wie z. B. IKEv2, festgestellt werden. Während des IKEv2-Ablaufs kann zudem eine erfolgreiche Authentifizierung erkannt werden.

Es wird allerdings in dieser Arbeit davon abgesehen, neue SPD-Einträge anzulegen, da im Allgemeinen nicht zu erwarten ist, dass zwischen den Kommunikationspartnern vorkonfigurierte Authentifizierungsmechanismen existieren und da IPsec – im Gegensatz zu TLS – es nicht erlaubt, unvertraute Zertifikate durch den Nutzer selbst überprüfen und akzeptieren zu lassen. Liegen aber einer oder beiden IKEv2-Instanzen keine gültigen und vertrauenswürdigen Zertifikate oder andere Mittel zur Authentifizierung vor, so schlägt die Authentifizierung und somit der Aufbau eines IPsec-Schutzes fehl.

Da dieser Umstand nicht nur die Anbindung von IPsec an ACCS, sondern auch die weite Verbreitung von IPsec einschränkt, existieren einige Ansätze, mit dem Problem umzugehen:

- Unauthentifiziertes IPsec (Better Than Nothing Security – BTNS)
- Opportunistic Encryption (OE)
- diverse VPN-Lösungen

Der einfachste Ansatz ist es, keine Authentifizierung durchzuführen, also ein *unauthentifiziertes IPsec* zu nutzen. Da die Kommunikationspartner nicht gegenseitig ihre Identität überprüfen können, sind hierbei Angriffe aktiver Angreifer, wie zum Beispiel Man-in-Middle-Angriffe, möglich. Erreicht wird hingegen Vertraulichkeit auch in Gegenwart passiver Angreifer. Unauthentifiziertes IPsec wurde von der BTNS-Arbeitsgruppe der IETF verfolgt [135, 136]. Die Unterstützung dieses Ansatzes kann in der SPD abgelesen werden, da Kommunikationspartner, mit denen diese Art von IPsec genutzt werden darf, explizit angegeben werden. Es ist jedoch nicht einfach festzustellen, ob ein Kommunikationspartner unauthentifiziertes IPsec zulässt; vielmehr muss eine komplette IKEv2-Aushandlung durchgeführt werden.

Ein weiterer Ansatz für IPsec ist *Opportunistic Encryption (OE)*, welche die Authentifizierung mithilfe von im DNS abgelegten Authentifizierungsdaten durchzuführen versucht. Für IKEv2 können hierbei öffentliche Schlüssel abgelegt werden, welche dann während des Schlüsselaustauschs für die Authentifizierung genutzt werden. DNS kann in diesem Fall mit einer Public Key Infrastructure verglichen werden, wie sie zum Beispiel auch für die von TLS genutzten Zertifikate verwendet wird. Eine sichere Vertrauensbeziehung mit DNS aufzubauen, ist allerdings erst dann möglich, wenn mithilfe von DNSSEC Daten geschützt im DNS abgelegt werden [137]. Für den Einsatz mit OE ist ein DNS-Eintrag vom Typ *IPSECKEY* vorgesehen [138], der es ermöglicht, den öffentlichen Schlüssel für die Authentifizierung zum Beispiel durch IKEv2, wie oben erwähnt, im DNS abzulegen. Unterstützt die lokale IPsec-Implementierung OE, kann ACCS überprüfen, ob ein passender IPSECKEY-Eintrag für den Kommunikationspartner im DNS vorhanden ist.

Weitere Ansätze für die Authentifizierung in IPsec werden durch diverse VPN-Lösungen wie z. B. Cisco XAUTH [139] implementiert. Mit geeigneten Schnittstellen können diese an ACCS angebunden werden. Diese Sonderfälle werden allerdings in der vorliegenden Arbeit nicht weiter betrachtet, da sie vor allem implementierungsspezifische Details aufweisen.

Abbildung 5.6 fasst das Vorgehen des IPsec-Adapters zusammen. Zuerst wird überprüft, ob ein passender regulärer SPD-Eintrag vorhanden ist, also ob IPsec versuchen wird, die Kommunikation zu schützen. Ist zudem ein passender SAD-Eintrag vorhanden, so wird die Kommunikation bereits geschützt. Falls dieser Eintrag nicht vorhanden ist, so wird IPsec versuchen, diesen Eintrag anzulegen, sobald passende Kommunikation auftritt. Hierfür wird von IPsec ein Schlüsselaustauschprotokoll (zum Beispiel IKEv2) genutzt. Es ist daher auch keine direkte Aussage über den tatsächlichen Schutz und somit über die Kommunikationseigenschaften möglich, da diese erst nach dem Schlüsselaustausch feststehen. Hierfür müssen das genutzte Schlüsselaustauschprotokoll und dessen Konfiguration konsultiert werden.

Aber selbst wenn IPsec alleine die Kommunikation nicht schützen kann, ist doch noch ein Schutz mittels OE möglich, falls OE-Unterstützung gegeben ist und geeignete DNS-Einträge vorhanden sind (schützbar).

Ist dies nicht der Fall, kann noch versucht werden, mithilfe von unauthentifiziertem IPsec die Kommunikation zumindest gegen passive Angriffe zu schützen. Hierfür ist es allerdings notwendig, dass beide Kommunikationspartner dieses Vorgehen unterstüt-

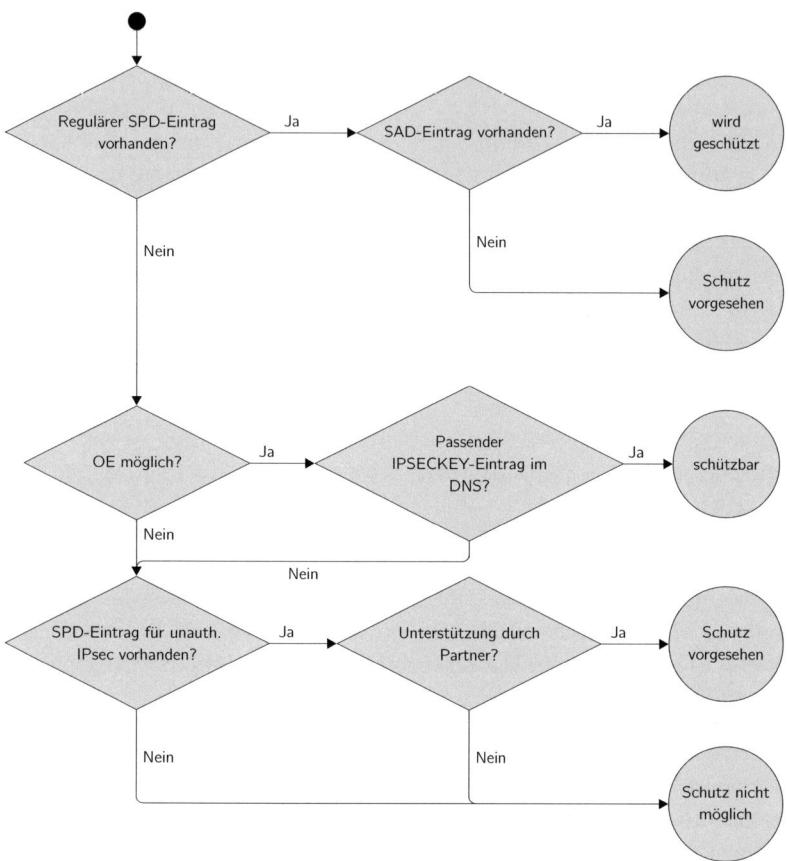

Abbildung 5.6: Entscheidungen des IPsec/IKE-Schutzes

zen – ansonsten kann die Kommunikation nicht geschützt werden (Schutz nicht möglich).

Für die Abfrage der SPD und SAD existiert bei vielen IPsec-Implementierungen eine geeignete Schnittstelle, die *pf_key-Schnittstelle* [134]. Diese erlaubt es auch, Einträge der SPD und SAD zu ändern, zu löschen oder neu anzulegen. Allerdings unterstützen viele Implementierungen nicht die Ausgabe der gesamten SPD und SAD. Für solche Implementierungen ist es nötig, den IPsec-Adapter für ACCS bereits beim Systemstart zu laden und an die pf_key-Schnittstelle zu binden. Da jede Änderung der SPD und SAD an der pf_key-Schnittstelle bekannt gegeben wird, ist es dem IPsec-Adapter mög-

lich, die Einträge der SPD und SAD zu kennen, auch wenn direkte Anfragen nicht
ermöglicht werden.

Es kann vorkommen, dass sich Einträge der SPD oder der SAD überlappen. Dies bedeutet, dass mehrere Einträge zur gleichen Kommunikation passen. Das kann soweit führen,
dass ein Eintrag den Schutz durch IPsec bedingt, während ein anderer nur ungeschützte
Kommunikation zulässt. Um eine zutreffende Vorhersage des IPsec-Verhaltens treffen
zu können, ist es in einem solchen Fall wichtig, dass Besonderheiten im Verhalten der
IPsec-Implementierung dem IPsec-Adapter bekannt sind, da kein standardisiertes Verhalten vorliegt.

Da IPsec nur unidirektionale Assoziationen betrachtet, müssen zum Beispiel für eine
TCP-Verbindung mindestens zwei geeignete IPsec-Assoziationen vorliegen: eine für
jede Richtung.

5.5.4 Anbindung von TLS

Viele Dienste, die TCP nutzen, können mittels Transport Layer Security (TLS) geschützt werden. Ob eine Verbindung mittels TLS geschützt wird, kann von ACCS erst
nach Anfang des Verbindungsaufbaus (zum Beispiel anhand der Portnummer des Dienstes) bestimmt werden. Hierbei nutzt man die Eigenschaft, dass viele durch TLS schützbare Dienste unterschiedliche Portnummern für ungeschützte und geschützte Kommunikation nutzen. Während beispielsweise das Hypertext Transport Protocol (HTTP) in
der Regel den Port 80 für ungeschützte Kommunikation nutzt, kommuniziert die gesicherte Variante HTTPS über Port 443. Weitere Portnummern finden sich in Tabelle 5.1.

Ungeschützter Port	TLS-Port	Port für StartTLS	Protokoll
25, 587	465	25, 587	SMTP
110	995	110	POP3
143	993	143	IMAP4
80	443	(80)	HTTP
389	636		LDAP
5222	(5223)	5222	XMPP Client

Tabelle 5.1: Ein Auszug häufig verwendeter TCP-Portnummern

Mittels der Portnummer kann man nun bestimmen, ob eine Anwendung gesichert oder
ungesichert kommuniziert. Eingeklammerte Portnummern werden entweder selten genutzt oder deren Nutzung wird laut aktuellen Standards nicht mehr empfohlen. Es ist zu
beachten, dass einige Kommunikationsprotokolle es erlauben, auf dem Port für ungeschützte Kommunikation auch geschützt zu kommunizieren. Diese Fähigkeit wird bei
den meisten Kommunikationsprotokollen als StartTLS bezeichnet. SMTP nutzt dies oft

auf Port 25 und 587 [133], IMAP4 und POP3 unterstützen StartTLS auf Port 110 beziehungsweise 143 [140] und HTTP kann auch Kommunikation auf Port 80 schützen [141]. Da dieses Verhalten vor allem für SMTP genutzt wird, wird StartTLS am Beispiel SMTP in Abschnitt 5.5.5 genauer betrachtet.

Anhand der Portnummer kann nicht nur festgestellt werden, ob die Kommunikation geschützt sein könnte, sondern es ist auch mithilfe der Portnummer und einem Erreichbarkeitstest feststellbar, ob eine Verbindung mittels TLS geschützt werden kann. Wird zum Beispiel LDAP-Kommunikation zum TCP-Port 389 aufgebaut, so kann einfach die Alternative, nämlich TCP-Port 636, überprüft werden. Ist LDAP-Kommunikation mit diesem Port möglich, so ist die Kommunikation mittels TLS schützbar.

Es ist zu beachten, dass neuere Kommunikationsprotokolle nur in Ausnahmefälle unterschiedliche Portnummern von der IANA zugewiesen bekommen. Die Kommunikationsprotokolle können dann, entweder nur als geschützte Varianten definiert werden oder stattdessen eine StartTLS-Funktionalität (siehe nächsten Abschnitt) nutzen. Zum Beispiel nutzt das Extensible Messaging and Presence Protocol (XMPP) für die Client-Kommunikation laut aktuellem Standard nur noch Port 5222 für geschützte und ungeschützte Kommunikation [142] und nutzt hierfür eine StartTLS-Funktionalität.

Ein Problem ist, dass sowohl die Nutzung des TLS-Ports als auch der Einsatz eines Sicherheitsprotokolls keine Sicherheit garantieren, da die Konfigurationen von Ports und Kommunikationsprotokollen geändert werden können und Sicherheitsprotokolle gewöhnlich auch mit deaktivierter Sicherheit (zum Beispiel TLS mit der Cipher Suite TLS_NULL_WITH_NULL_NULL) genutzt werden können. Beides muss zwangsläufig erkannt und ausgeschlossen werden. Die endgültige Entscheidung, ob eine Verbindung durch TLS gesichert ist, kann erst dann getroffen werden, wenn die TLS-Verbindung bereits besteht, da erst dann Aushandlungen, wie die der genutzten Sicherheitsmechanismen, abgeschlossen sind.

Für die Umsetzung des Kommunikationsschutzes durch TLS ist ein einfacher „Proxy-Ansatz" geeignet. Hierfür wird die ungeschützte Kommunikation abgefangen, auf den „sicheren" Port umgeleitet und dabei transparent TLS auf den Verkehr angewendet. Eine Herausforderung dieses Ansatzes ist es, dass die Zertifikate für die Authentifizierung unter Umständen nur teilweise geprüft werden können, da dem Aussteller des Server-Zertifikats nicht getraut wird. Selbst ohne Überprüfen des Zertifikats liegt zumindest Sicherheit gegen Angriffe passiver Angreifer vor. Genauere Betrachtungen der möglichen Probleme beim Prüfen der Zertifikate werden, neben HTTP-spezifischen Optimierungen, in Abschnitt 5.6 betrachtet. Im folgenden Abschnitt wird die StartTLS-Funktionalität am Beispiel SMTP betrachtet.

5.5.5 Automatischer Schutz durch StartTLS

Ein Sonderfall bei der Nutzung von Transport Layer Security (TLS) tritt beispielsweise beim Simple Mail Transfer Protocol (SMTP) [143] auf. Die *StartTLS-Funktionalität* erlaubt es, dass TLS auch noch nach dem Verbindungsaufbau der Verbindung hinzugefügt werden kann. Abbildung 5.7 zeigt die beiden möglichen Verhaltensoptionen, wenn ein Client vom Server mitgeteilt bekommt, dass StartTLS möglich ist: Er kann StartTLS ignorieren und nicht nutzen (Abbildung 5.7a) oder er kann die Übertragung der Daten mittels StartTLS-Funktionalität schützen (Abbildung 5.7b).

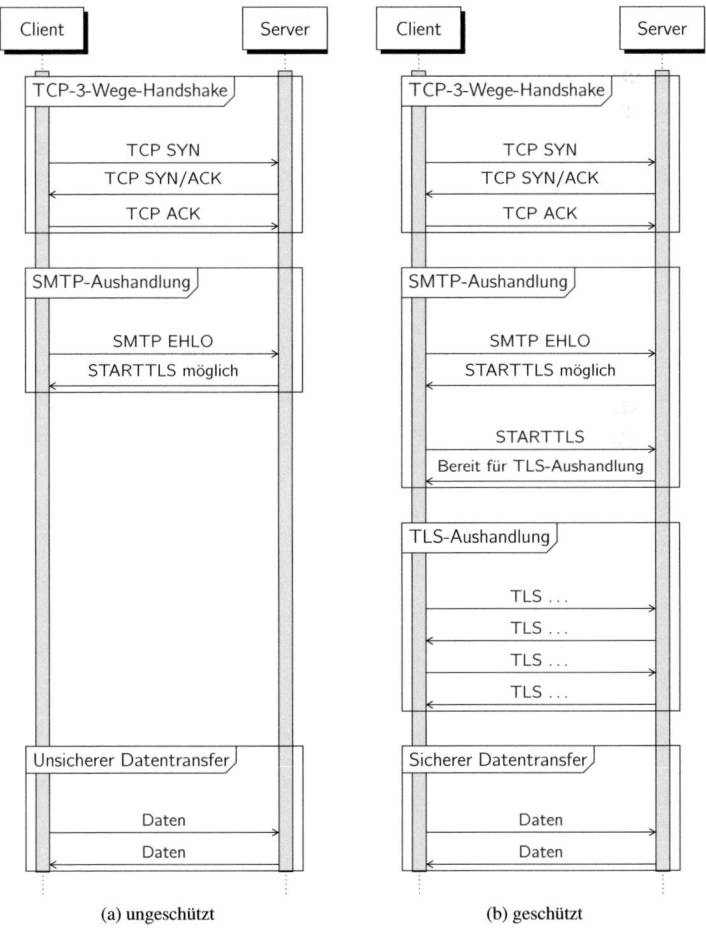

(a) ungeschützt   (b) geschützt

Abbildung 5.7: Vereinfachtes Verhalten bei StartTLS-Option

Dieser Ablauf macht ersichtlich, dass erst am Ende der SMTP-Aushandlung bekannt ist, ob die Verbindung mittels TLS geschützt wird. Daher kann bei SMTP-Kommunikation über Port 25 nicht einfach das Verhalten vorhergesagt werden. Es ist allerdings möglich, durch Beobachtung der SMTP- und StartTLS-Aushandlung durch einen Sicherheitsadapter das Verhalten festzustellen.

Der Sicherheitsadapter für SMTP basiert auf dem Ansatz, das StartTLS-Angebot anzunehmen, falls der Client ein solches Angebot nicht selbstständig annimmt. Gelingt dies, wird die Kommunikation geschützt. Abbildung 5.8 zeigt vereinfacht das Auslösen der StartTLS-Option durch den Adapter. Sobald festgestellt wird, dass der Client die SMTP-Aushandlung abschließt und anfängt, Daten zu übertragen, werden diese Daten abgefangen und die StartTLS-Option angenommen. Dadurch werden die Daten geschützt übertragen. Da der Sicherheitsadapter für SMTP bereits die ersten ungeschützt übertragenen Daten annimmt (in der Abbildung „Daten (1)"), können im praktischen Einsatz u. a. Timeouts beim Client verhindert werden, solange die Aushandlung zwischen Sicherheitsadapter und Server nicht fehlschlägt.

Die Vorhersage, ob der Sicherheitsadapter mittels StartTLS schützen kann, ist nicht alleine aufgrund der Beschreibung der Kommunikation möglich. Es ist vielmehr nötig, dies mittels eines Tests zu überprüfen. Hierbei wird eine Verbindung zum SMTP-Port des Kommunikationspartners aufgebaut, auf ein StartTLS-Angebot während der SMTP-Aushandlung gewartet und dann gegebenenfalls die StartTLS-Option wahrgenommen. Da es vorkommen kann, dass SMTP-Server auch StartTLS unterstützen, ohne es anzubieten, ist es sinnvoll, zu versuchen die StartTLS-Option zu nutzen, auch wenn sie vorher nicht angeboten wurde.

Beim automatischen Schutz von SMTP – und beim Schutz des Transports von E-Mails im Allgemeinen – ist von Vorteil, dass Clients in der Regel immer mit den gleichen Mailservern kommunizieren. Statt für jeden Kommunikationsvorgang immer wieder neu festzustellen, ob diese Kommunikation geschützt werden kann, ist eine sporadische Überprüfung und Caching der Ergebnisse (siehe auch Abschnitt 5.7) ausreichend. Somit können der Aufwand und die Verzögerung stark begrenzt werden.

Obwohl StartTLS in diesem Abschnitt nur im Zusammenhang mit SMTP betrachtet wurde, ist es möglich, den in diesem Abschnitt verfolgten Ansatz auch auf andere Protokolle, wie zum Beispiel POP, IMAP oder XMPP zu übertragen. Es sind jedoch protokollspezifische Anpassungen nötig, da in den jeweiligen Protokollablauf eingegriffen werden muss. Zum Beispiel muss der Client bei IMAP am Anfang per Capability-Befehl abfragen, ob StartTLS unterstützt wird. Bei POP hingegen muss der Client ausprobieren, ob StartTLS unterstützt wird, indem er versucht, es mittels STLS-Befehl zu aktivieren. Er bekommt danach eine entsprechende Fehlermeldung oder beginnt die

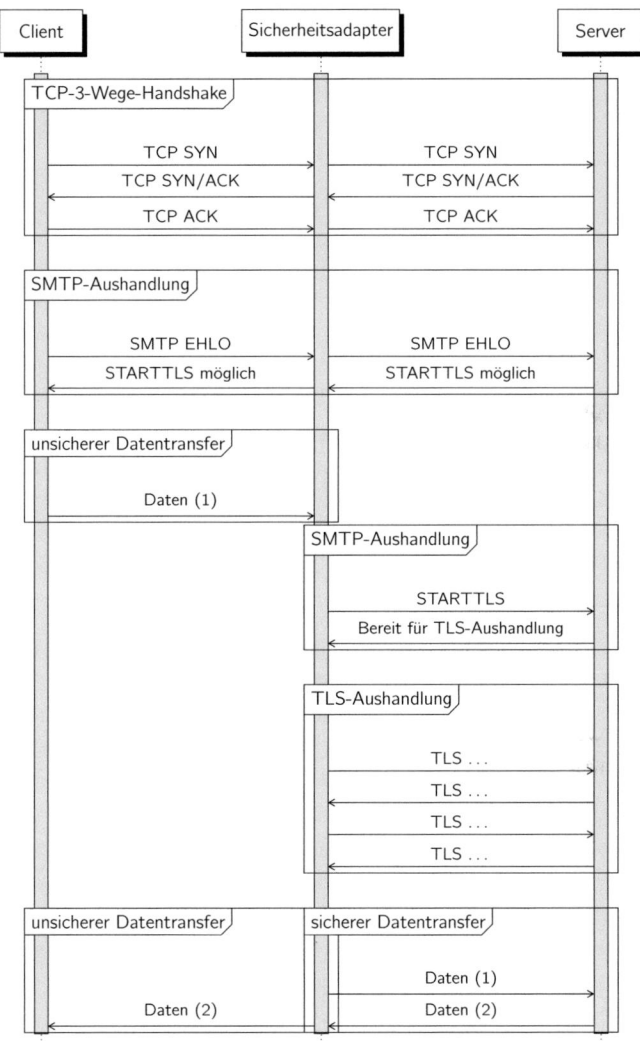

Abbildung 5.8: Schutz des SMTP-Verkehrs durch Einfügen von StartTLS

StartTLS-Aushandlung [140]. XMPP hingegen verhält sich sehr ähnlich zu SMTP: Der Server bietet dem Client StartTLS an und der Client kann es annehmen [142].

Im Gegensatz zum automatisierten Schutz mittels TLS ist beim automatischen Einsatz der StartTLS-Funktionalität ein generisches Schutzmodul kaum denkbar. Für jedes

Kommunikationsprotokoll muss dann der StartTLS-Adapter geeignet angepasst werden, da in den Protokollablauf eingegriffen werden muss. Der Aufwand der Anpassungen für jedes weitere Kommunikationsprotokoll ist jedoch stark begrenzt. Um zum Beispiel die Unterstützung der StartTLS-Funktionalität für SMTP zu implementieren, war nur ein sehr kleiner Anteil des SMTP-Protokolls umzusetzen.

5.5.5.1 Evaluierung geschützte E-Mail-Kommunikation

Um die automatische Schützbarkeit von SMTP und anderen Protokollen für die Übertragung von E-Mails zu evaluieren, wurden die Server verschiedener E-Mail-Anbieter untersucht. Im Gegensatz zu Webservern sind Mailserver in der Regel nur für einen begrenzten Nutzerkreis gedacht. Daher wurde für die folgenden Untersuchungen eine Anzahl kostenloser und kostenpflichtiger E-Mail-Anbieter betrachtet. Hierzu gehören zum Beispiel die E-Mail-Dienste von Google, Microsoft, Web.de, GMX und AOL. Eine genaue Aufstellung der 26 E-Mail-Anbieter und der im Folgenden vorgestellten Ergebnisse für die Kommunikationsprotokolle SMTP, POP und IMAP sind in Anhang D.2 zu finden. Wurden SMTP, POP und IMAP in Kombination mit TLS oder StartTLS genutzt, so ist dies im Folgenden immer angegeben. Ansonsten wurden die Kommunikationsprotokolle ungeschützt verwendet.

Nur 25 von 26 untersuchten Anbietern ermöglichten Zugriff per SMTP, falls der Client sich außerhalb ihres eigenen Zugangsnetzes befindet. Daher konnten auch nur diese 25 SMTP-Server untersucht werden. In Tabelle 5.2 werden die Ergebnisse dieser Untersuchung dargestellt. Von den 25 SMTP-Servern, die SMTP auch von außerhalb erlaubten, konnte bei 21 – das entspricht 84% – die SMTP-Verbindung mittels StartTLS gesichert werden. Bei 16 Servern (64%) konnte die Übertragung mittels SMTPS geschützt werden. Für diese reicht bereits der in Abschnitt 5.5.4 vorgestellte Ansatz zum Schutz von Kommunikation durch das einfache Anwenden von TLS aus. Zudem unterstützten 19 (76%) der Server SMTP auf Port 587 (Submission). Von diesen Servern beherrschten 16 StartTLS auf diesem Port. Insgesamt war es möglich, durch die Nutzung von StartTLS oder SMTPS die SMTP-Kommunikation mit 23 von 25 Anbietern zu schützen. Dies entspricht 92%.

Tabelle 5.3 zeigt die Schützbarkeit der E-Mail-Übertragung per POP für die 26 E-Mail-Anbieter. Von diesen Anbietern erlaubten nur 22, E-Mails per ungeschütztem POP zu übertragen. Es boten wiederum 22 Anbieter eine geschützte Übertragung mittels POP mit TLS an. Bei jedem E-Mail-Anbieter konnten die E-Mails per POP oder POP mit TLS abgerufen werden. Die 4 Anbieter ohne Unterstützung von POP haben immer POP mit TLS angeboten. Für diese gilt, dass ACCS die Sicherheit nicht verbessern musste. Insgesamt erlaubten 22 von 26 Anbietern den sicheren Abruf der E-Mails per POP. Dies entspricht 84,6%. Alle Anbieter, die kein POP mit TLS unterstützten,

Option	Ja		Nein	
SMTP	25	(100,0%)	-	
SMTP + StartTLS	21	(84,0%)	4	(16,0%)
SMTPS	16	(64,0%)	9	(36,0%)
Submission	19	(76,0%)	6	(24,0%)
Submission + StartTLS	16	(84,2%)	3	(15,8%)
Durch ACCS schützbar	23	(92,0%)	2	(8,0%)

Tabelle 5.2: Schützbarkeit von SMTP

erlaubten auch kein POP mit StartTLS. Zusätzlicher Schutz durch die Nutzung von StartTLS war für diese Anbieter daher nicht möglich. ACCS konnte hierbei für 4 der 26 mangels TLS- und StartTLS-Unterstützung die Kommunikation nicht schützen. Für die restlichen 22 war jedoch ein Schutz möglich. 4 dieser 22 Anbieter erlaubten jedoch überhaupt keine ungeschützte Kommunikation, ACCS konnte bei diesen also höchstens die Wahl der Cipher Suites beeinflussen.

Option	Ja		Nein	
POP	22	(84,6%)	4	(15,4%)
POP mit TLS	22	(84,6%)	4	(15,4%)
Durch ACCS schützbar	22	(84,6%)	4	(15,4%)

Tabelle 5.3: Schützbarkeit von POP

Bei der Schützbarkeit der E-Mail-Übertragung mittels IMAP ergab sich ein ähnliches Bild wie zuvor bei POP. 20 Anbieter erlaubten den Abruf per IMAP oder IMAP mit TLS. Davon erlaubten 17 den Abruf per IMAP und 19 per IMAP mit TLS. Die Schützbarkeit durch ACCS lag für diese Server bei 95%, da bei 19 von 20 E-Mail-Anbietern die Übertragung geschützt werden konnte. Es ist jedoch zu beachten, dass bei 2 dieser 19 keine ungeschützte Kommunikation möglich war und daher ACCS die Sicherheit höchstens bei Nutzung unsicherer Cipher Suites verbessern könnte. Auch für IMAP wurde festgestellt, dass für die untersuchten Server keine Verbesserung der Schützbarkeit durch die Nutzung von StartTLS erreicht werden konnte.

Option	Ja		Nein	
IMAP	17	(85,0%)	3	(15,0%)
IMAPS mit TLS	19	(95,0%)	1	(5,0%)
Durch ACCS schützbar	19	(95,0%)	1	(5,0%)

Tabelle 5.4: Schützbarkeit von IMAP

Insgesamt ergibt sich für die automatische Schützbarkeit der Übertragung von E-Mails zwischen Client und Server ein sehr gutes Bild. Immerhin konnten für die untersuchten E-Mail-Anbieter 92% der Übertragungen per SMTP, 84,6% der Übertragungen per POP und 95% der Übertragungen per IMAP durch TLS und/oder StartTLS geschützt werden. Hiervon haben allerdings 15,4% der POP und 10% der IMAP bereits ohne ACCS keine ungeschützte Kommunikation angeboten und ACCS konnte höchstens in die Wahl der Cipher Suites eingreifen.

5.6   Automatischer Schutz von HTTP

Das *Hypertext Transfer Protocol (HTTP)* [144] erlaubt es, HTTP-Clients Webseiten (web pages) von HTTP-Servern abzurufen. Die HTTP-Server werden im Allgemeinen auch als Webserver bezeichnet, und Webbrowser sind Beispiele für HTTP-Clients. *Webseiten* werden in der Regel als Hypertext dargestellt, einer Art strukturiertem Text. Sie gehören zu einer Website oder auch Webpräsenz. Im Folgenden wird nur der Begriff Webpräsenz genutzt, weil dieser sich im Gegensatz zu *Website* deutlich vom Wort *Webseite* unterscheidet.

Eine Webpräsenz wird anhand ihres Hostnamens bezeichnet. An einer URL, wie zum Beispiel http://www.tm.uka.de/tm/index.html, kann unter anderem das genutzte Protokoll (hier HTTP), der Hostname (hier www.tm.uka.de) und die tatsächliche Webseite (hier www.tm.uka.de/tm/index.html) abgelesen werden. Wird HTTP mittels TLS geschützt, so beginnt die URL mit *https* [145]. Daher wird diese Kombination aus HTTP und TLS in der Regel HTTPS genannt.

Um eine gewünschte Webseite abzurufen, wird die URL durch den HTTP-Client mittels HTTP an den HTTP-Server übertragen (HTTP-Request) und dieser sendet danach, falls keine Fehler auftreten, die angeforderte Webseite zurück zum HTTP-Client (HTTP-Response). Zu den *HTTP-Clients* gehören unter anderem Webbrowser, aber auch zum Beispiel viele Programme, die Software- oder Datenaktualisierungen per HTTP abrufen.

Abbildung 5.9 stellt die Übertragung mittels HTTP (Abbildung 5.9a) und HTTPS (Abbildung 5.9b) gegenüber. Während der Verbindungsaufbau von TCP und die Datenübertragung innerhalb von HTTP gleich sind, wird nur von HTTPS eine TLS-Aushandlung durchgeführt. Obwohl HTTP mittels TLS geschützt wird, kann der im Abschnitt 5.5.4 vorgestellte TLS-Adapter nicht einfach für den automatisierten Schutz von HTTP eingesetzt werden. Es müssen aufgrund unterschiedlicher Probleme (Zertifikatsfehler und Inhaltsfehler) spezielle Maßnahmen ergriffen werden, um HTTP automatisch zu schützen. Im Rahmen der nächsten Abschnitte wird der Sonderfall des automatischen Schutzes von HTTP im Detail betrachtet.

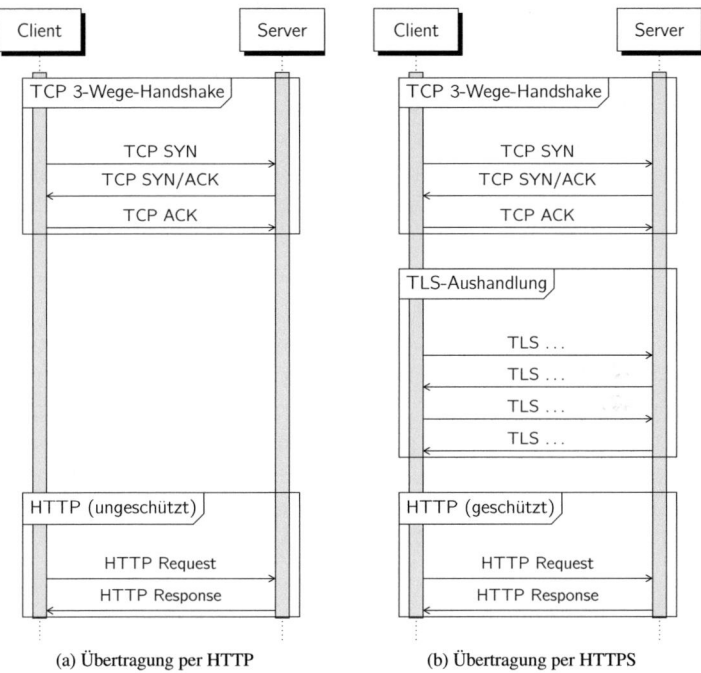

(a) Übertragung per HTTP   (b) Übertragung per HTTPS

Abbildung 5.9: Vereinfachtes Verhalten von HTTP und HTTPS

Abschnitt 5.6.1 betrachtet die Probleme, die eine gesonderte Behandlung von HTTP notwendig machen. Anschließend geht Abschnitt 5.6.2 auf wesentliche Bestandteile einer Lösung ein, die danach in Abschnitt 5.6.3 auf ihre Eignung untersucht werden. Die Integration der Lösung in ACCS wird in Abschnitt 5.6.4 betrachtet. In den Abschnitten 5.6.4.1, 5.6.4.2 und 5.6.4.3 werden Module für ACCS zum automatischen Schutz von HTTP beschrieben.

5.6.1 Herausforderungen

Die ersten HTTP-Server waren nur in der Lage, genau eine Webpräsenz pro IP-Adresse auszuliefern. Sollte ein HTTP-Server eine weitere Webpräsenz ausliefern, so war hierfür eine weitere IP-Adresse nötig, um den Bezug zwischen HTTP-Anfragen und Webpräsenz herzustellen. Erst durch die Erweiterung *name-based virtual hosting* ist es HTTP möglich, auch Webseiten unterschiedlicher Webpräsenzen mit der gleichen IP-Adresse auszuliefern. Der Ansatz dieser Erweiterung ist es, dass der HTTP-Client die Webpräsenz, auf die sich die Anfrage bezieht, explizit mittels Hostname benennt (host header). Diese weitverbreitete Erweiterung von HTTP ergibt aber Probleme bei der Nutzung von HTTPS. Da der Client erst nach der TLS-Aushandlung, nämlich während des HTTP-Requests, die gewünschte Webseite mittels Hostname benennt, kann der Server beim Aufbau der TLS-Verbindung nicht erkennen, auf welchen Hostnamen die Anfrage sich bezieht. Da in der Regel für verschiedene Hostnamen unterschiedliche Zertifikate benötigt werden, ist es daher dem HTTP-Server nicht möglich, das passende Zertifikat auszuwählen. In der Konsequenz nutzen HTTP-Server in der Regel nur ein einzelnes Zertifikat für HTTPS.

Die Nutzung eines einzelnen Zertifikats führt aber nicht zwangsläufig dazu, dass nur eine einzelne Webpräsenz mittels HTTPS ausgeliefert wird. Einerseits kommt es vor, dass unpassende Zertifikate – also Zertifikate, die nicht zum Hostnamen passen – verwendet werden, andererseits können Zertifikate für mehr als einen Hostnamen ausgestellt werden. Das Ausstellen von Zertifikaten für mehr als einen Hostnamen ist jedoch nicht immer sinnvoll, da Zertifikatsaussteller, ungeeignete HTTP-Software und organisatorische Gründe die Nutzbarkeit solcher Zertifikate stark begrenzen. In Hinblick auf die Laufzeit von für HTTPS genutzten Zertifikaten, die in der Regel 1–2 Jahre beträgt, sind Zertifikate mit mehreren Einträgen unflexibel. Zudem verraten solche Zertifikate alle auf dem Server vorhandenen Webpräsenzen, was von Betreibern der Server als Nachteil gesehen werden kann. Die Nutzung unpassender Zertifikate und das Ausstellen von Zertifikaten für mehr als einen Hostnamen sind im Allgemeinen entweder für die Nutzer, die Anbieter der Webpräsenz oder die des Servers keine akzeptable Lösung.

Abhilfe schafft die TLS-Erweiterung *Server Name Indication* (SNI) [146], die es erlaubt, den erwarteten *Hostnamen* und somit den für die Wahl des Zertifikats wesentlichen Teil der URL bereits in der TLS-Aushandlung dem Server mitzuteilen. Der HTTP-Server kann dann das passende Zertifikat auswählen und für die TLS-Aushandlung nutzen.

Die SNI-Erweiterung musste bislang allerdings weder in HTTP-Client-Software (zum Beispiel in Webbrowsern) noch in HTTP-Server-Software verpflichtend implementiert werden, selbst wenn eine HTTP-Implementierung mehrere parallele Webpräsenzen unterstützt. SNI ist daher (noch) nicht weit verbreitet. Der weitverbreitete HTTP-Server Apache bietet Unterstützung für SNI beispielsweise erst seit Juli 2009 an [147]. Die Unterstützung von SNI durch andere HTTP-Implementierungen nimmt aber zu. Es ist daher zu erwarten, dass Zertifikatsprobleme beim Ausliefern mehrerer verschiedener Webpräsenzen mittels HTTPS in Zukunft weniger häufig auftreten werden. Während einer Übergangszeit müssen jedoch Wege des Umgangs mit unpassenden Zertifikaten gefunden werden.

Tabelle 5.5 zeigt eine Übersicht möglicher Fälle im Umgang mit Zertifikaten und den darin enthaltenen Hostnamen sowie den daraus resultierenden vorhandenen oder nicht vorhandenen Schutz gegenüber Angriffen passiver und aktiver Angreifer. Hierbei werden nicht nur die Fälle mit passenden und unpassenden Zertifikaten betrachtet, sondern auch die Nutzung eines des *Leap-of-Faith-Ansatzes (LoF)*. Bei diesem Ansatz wird im Rahmen der ersten HTTPS-Verbindung das Zertifikat akzeptiert und bei weiteren Verbindungen auf Veränderungen geprüft [148]. Die drei Zeilen in Tabelle 5.5 zeigen somit: Falls ein korrektes und zur abgerufenen Webseite passendes Zertifikat genutzt wird, können Angriffe aktiver und passiver Angreifer für alle Verbindungen verhindert werden (Zertifikat passt). Aber selbst wenn ein Zertifikat nicht passt, ist zumindest noch der Schutz vor Angriffen passiver Angreifer möglich (Zertifikat passt nicht). Bei der ersten Verbindung ist ein Leap-of-Faith-Ansatz (LoF) vergleichbar mit dem Fall, dass kein passendes Zertifikat vorliegt, und kann nur gegen Angriffe passiver Angreifer schützen. Danach kann dann allerdings für weitere Verbindungen vor Angriffen aktiver und passiver Angreifer geschützt werden (Zertifikat passt nicht und Leap-of-Faith-Ansatz).

| | Angreifer, deren Angriffe verhindert werden | |
	bei erster Verbindung	bei weiterer Verbindungen
Zertifikat passt	aktiv/passiv	aktiv/passiv
Zertifikat passt nicht	passiv	passiv
Zertifikat passt nicht & LoF	passiv	aktiv/passiv

Tabelle 5.5: Verhinderte Angriffe in Abhängigkeit der Zertifikatsprüfung

Ein weiteres schwerwiegendes Problem beim automatischen Schutz von HTTP per TLS ist es, dass HTTP-Server so konfiguriert werden können, dass bei der Nutzung von HTTPS anderer Inhalt als bei der Nutzung von HTTP ausgeliefert wird. Ein einfacher, automatischer Schutz der HTTP-Kommunikation per TLS ist daher nicht immer möglich.

Es existieren also zwei wesentliche Herausforderungen beim automatischen Schutz von HTTP mittels TLS:

- Zertifikatsfehler – Das vom HTTP-Server übertragene Zertifikat passt nicht zum Hostnamen der angeforderten Webseite.
- Inhaltsfehler – Anfragen nach der gleichen Webseite mit HTTP und HTTPS führen zu unterschiedlichen Inhalten.

Die Problematik der Zertifikatsfehler ist natürlich nicht auf HTTP und TLS beschränkt. Auch bei anderen Sicherheitsprotokollen wie IKEv2 ist es zum Beispiel möglich, dass Zertifikate nicht mehr gültig sind. Aber gerade bei der Nutzung von TLS treten solche Fehler doch prinzipbedingt häufiger auf. Dies liegt einerseits daran, dass Nutzer bislang relativ einfach die Zertifikatsfehler zum Beispiel im Webbrowser ignorieren können und dann trotzdem Kommunikation zustande kommt. Wäre dies nicht der Fall, wäre die Auswirkung der Zertifikatsfehler größer und somit auch die Motivation, diese zu verhindern. Andererseits wird insbesondere TLS sehr häufig für die Kommunikation mit bislang unbekannten Kommunikationspartnern verwendet. Es ist daher mit einer größeren Anzahl von Kommunikationspartnern zu rechnen, als beispielsweise bei IPsec. Zusätzlich kommen bei der Kombination HTTP und TLS noch die oben beschriebenen Probleme im Hinblick auf *name-based virtual hosting* hinzu.

5.6.2   Inhaltsvergleich von HTTP

Um zu erkennen, ob Anfragen über HTTP automatisch durch den Einsatz von TLS geschützt werden können, muss festgestellt werden, ob der gleiche Inhalt über HTTP und HTTPS angeboten wird. Hierfür wird in diesem Abschnitt ein geeignetes *Inhalts-vergleichsverfahren* beschrieben. Das Verfahren soll Webseiten über eine ungeschützte HTTP-Verbindung und über eine geschützte HTTPS-Verbindung beim Server anfragen und die resultierenden Antworten – also den ausgelieferten Inhalt – vergleichen können. Es darf aber nicht für jede einzelne HTTP-Anfrage eines Nutzers ein Vergleich durch-geführt werden, denn ansonsten werden die Daten immer auch ungeschützt übertragen. Gerade dies soll jedoch durch den automatischen Schutz verhindert werden. Daher ist es notwendig, durch Überprüfungen das Verhalten des HTTP-Servers für eine Webpräsenz oder einen Teil einer solchen festzustellen. Eine komplette Überprüfung des Verhaltens beim Abruf jeder Webseite einer Webpräsenz ist jedoch viel zu aufwendig. Es ist daher nötig, eine geeignete Heuristik zu nutzen.

Dies wird erreicht, indem nicht die zu schützende HTTP-Anfrage, sondern eine „all-gemeinere HTTP-Anfrage" über HTTP und HTTPS gestellt und der zurückgegebene Inhalt verglichen wird. Die allgemeinere Anfrage wird über das Kürzen der URL er-reicht. Hierfür wird statt der angeforderten Webseite eine Webseite mit kürzerer URL angefragt. Beispielsweise kann anstatt http://www.tm.uka.de/1/2/3/ nur http://www.tm.uka.de/1/ oder http://www.tm.uka.de/ angefragt werden. Dieses Vorgehen erlaubt es bei mehreren Anfragen, den ungeschützt übertragenen Inhalt zu minimieren. Zudem sind weniger Rückschlüsse auf die vom Nutzer angefragten Inhalte möglich. Das Kon-zept dieser allgemeineren Anfrage basiert auf der Beobachtung, dass das Verhalten von Webservern in der Regel für die gesamte Webpräsenz oder zumindest große Teile gleich ist. Dies liegt darin begründet, dass die Konfiguration von HTTP-Server-Software sich oft an Webpräsenzen und Verzeichnissen orientiert. Der Nachteil dieses Ansatzes ist es, dass es vorkommen kann, dass der Zugriff auf die gekürzte URL nicht erlaubt wird. In dem Fall kann dann nur die Fehlermeldung verglichen werden, welche allerdings nur eine begrenzte Aussagekraft hat.

Für den Vergleich der zurückgegebenen Inhalte ist ein geeigneter Algorithmus nötig. Mit einem gewöhnlichen Textvergleichsalgorithmus kann festgestellt werden, ob die beiden Eingaben *gleich* oder *ungleich* sind. Eine Entscheidung zwischen gleich und ungleich reicht im Allgemeinen allerdings nicht aus, da Webseiten oft dynamische Inhalte, wie zum Beispiel Werbebanner, enthalten und solche sich oft von Seitenabruf zu Seitenabruf ändern. Das heißt, dass bei mehrfachen, identischen Seitenabrufen möglicherweise teilweise unterschiedliche Inhalte ausgeliefert werden, aber trotzdem die aus Nutzersicht gewünschte Webseite dargestellt wird.

Einen besseren Ansatz stellt ein *Ähnlichkeitsmaß* dar, das die Ähnlichkeit zweier Inhalte mit einem Wert beschreibt. So kann mithilfe einer Schwelle bestimmt werden, ab welcher Ähnlichkeit zwei Inhalte als gleich gelten sollen. Hierdurch soll erreicht werden, dass auch der Vergleich dynamischer Webseiten zum korrekten Ergebnis führt.

Als zu vergleichende Inhalte werden die HTML-Webseiten genutzt. Auf den Vergleich der referenzierten Inhalte wird aus Effizienzgründen verzichtet, da diese zu hohen Mengen zu übertragender Daten führen können.

Für die Bestimmung der Ähnlichkeit können zum Beispiel der Algorithmus für die Berechnung der Levenshtein-Distanz [149] oder der Ratcliff/Obershelp-Algorithmus [150] genutzt werden. Beide sind vor allem daher gut geeignet, da sie davon ausgehen, dass Teile der Eingaben unterschiedlich, andere aber identisch sind. Während die Levenshtein-Distanz die Editierdistanz darstellt, betrachtet der Ratcliff/Obershelp-Algorithmus den Anteil geänderter Bytes oder Teilstrings. Im Folgenden wird der Ratcliff/Obershelp-Algorithmus verwendet, da die betrachteten Implementierungen in Bezug auf Arbeitsspeicherbedarf und Laufzeitverhalten für die gewünschte Aufgabe besser geeignet sind. Die Ausgabe des Algorithmus wird als $ROA(A,B)$ bezeichnet und nimmt den Wertebereich von $[0;1]$ an. Eine Ähnlichkeit von 1 bedeutet hierbei, dass A und B identisch sind.

Die Herausforderung besteht nun darin, eine geeignete Schwelle zu finden, sodass möglichst alle Abrufe der gleichen Webseite als gleich und Abrufe unterschiedlicher Webseiten als ungleich erkannt werden. Je nach Anteil des sich dynamisch ändernden Teils der jeweiligen Webseite sind unterschiedliche Schwellen unterschiedlich gut geeignet. Für eine Webseite mit wenigen Änderungen kann eine geeignete Schwelle wesentlich höher als für eine Webseite mit vielen Änderungen liegen. Gleichzeitig soll eine geeignete Schwelle aber möglichst hoch sein, sodass Abrufe ungleicher Webseiten nicht als gleich erkannt werden. Es ist daher nötig, dynamisch die Schwelle an die vorliegende Webseite anzupassen. Hierfür wurde eine „Normalisierung" der Ähnlichkeitswerte des Algorithmus entwickelt:

1. Mehrmaliger Abruf der Webseite per HTTP: $A_1, A_2, \dots, A_m$ (Inhalte).

2. Mehrmaliger Abruf der Webseite per HTTPS: $B_1, B_2, \ldots, B_n$ (Inhalte).

3. Berechnung der durchschnittlichen Ähnlichkeit der Inhalte der HTTP-Abrufe A_i zueinander als Maß der Dynamik der Webseite:

$$\text{selfSim}(A) = \begin{cases} 1, & m = 1 \\ \frac{\sum_{1 \le i < j \le m} \text{ROA}(A_i, A_j)}{m \cdot (m-1)/2}, & \text{sonst} \end{cases} \tag{5.1}$$

4. Berechnung der durchschnittlichen Ähnlichkeit zwischen den Inhalten der m HTTP-Abrufe A_i und den Inhalten der n HTTPS-Abrufe B_j:

$$\text{avgSim}(A, B) = \frac{1}{mn} \sum_{i=1}^{m} \sum_{j=1}^{n} \text{ROA}(A_i, B_j) \tag{5.2}$$

5. Berechnung der „normalisierten" Ähnlichkeit der Inhalte der m HTTP- und n HTTP-Abrufe (A_i und B_j):

$$\text{Sim}(A, B) = \frac{\text{avgSim}(A, B)}{\text{selfSim}(A)} \tag{5.3}$$

Die normalisierte Ähnlichkeit nimmt Werte größer gleich 0 an. Wenn avgSim höher beziehungsweise niedriger als selfSim ist, wird eine höhere beziehungsweise niedrigere Ähnlichkeit als 1 erreicht.

Auf Basis der berechneten normalisierten Ähnlichkeit von A und B kann mittels einer Schwelle entschieden werden, ob es sich bei A und B um die gleiche Webseite handelt. Wird diese Ähnlichkeitsschwelle beispielsweise auf 0,95 gesetzt, bedeutet dies, dass A und B bei Ähnlichkeiten größer/gleich 0,95 als gleich und bei Ähnlichkeit kleiner als 0,95 als ungleich angesehen werden.

Um dieses Verfahren in ACCS einzusetzen, ist es nötig, eine geeignete Schwelle sowie geeignete Anzahlen der Abrufe (m und n) zu wählen. Diese Parameterwahl wird in Abschnitt 5.6.3.3 diskutiert. Zuvor wird jedoch das hier vorgestellte Verfahren anhand einiger Beispiele untersucht.

Der für diese Arbeit entwickelte Ansatz zum Inhaltsvergleich und somit das Verfahren zum automatischen Schutz von HTTP wurde auch in [151] vorgestellt.

5.6.3 Evaluierung des vorgestellten Verfahrens

Im Folgenden werden einzelne Aspekte des automatischen Schutzes von HTTP mittels HTTPS untersucht. Hierbei soll auch festgestellt werden, ob das vorgestellte Verfahren zum gewünschten Ergebnis führt und ob dies zudem in einer angemessenen Zeit geschieht.

Bereits in Abschnitt 5.6.1 wurden die möglicherweise auftretenden Fehler (zum Beispiel nicht passende Zertifikate) beim Schutz von HTTP durch TLS aufgeführt, welche nun quantitativ untersucht werden sollen.

Da eine Untersuchung aller existierenden Webpräsenzen nicht möglich ist, können hierfür nur Stichproben verwendet werden. In Abschnitt 5.6.3.1 werden die 50 in Deutschland am meisten abgerufenen Webpräsenzen (Top-50-Webpräsenzen) und in Abschnitt 5.6.3.2 eine Stichprobe der 1000 meist abgerufenen Webpräsenzen eines Studentenwohnheims untersucht.

Im Anschluss daran wird untersucht, welche Parameter für die Anzahl der Abrufe (m und n) sowie für die Ähnlichkeitsschwelle geeignet sind (Abschnitt 5.6.3.3) und welche Laufzeit das Verfahren aufweist (Abschnitt 5.6.3.4).

5.6.3.1 Top-50-Webpräsenzen

Eine Liste der Top-50-Webpräsenzen nach Zugriffen aus Deutschland bietet unter anderem www.alexa.com an. Basierend auf der Liste vom 25.10.2009 wurde per Hand der Zugriff mittels HTTPS getestet. Hierfür wurde die Startseite jeder Webpräsenz aufgerufen. 31 von 50 Webpräsenzen (62 %) erlaubten einen Zugriff per HTTPS. Dieses Ergebnis mag auf den ersten Blick ernüchternd erscheinen; allerdings umfassen die Top-50-Webpräsenzen auch Videoportale und andere Webpräsenzen, die eine große Anzahl von Zugriffen haben, aber selten oder nie mit persönlichen Daten in Kontakt kommen. Daher verwundert es nicht, dass solche Webpräsenzen keinen Schutz zulassen, zumal ein Zugriff per HTTPS mehr Rechenaufwand als ein Zugriff per HTTP bedeutet.

Tabelle 5.6 stellt die Ergebnisse der 31 Webpräsenzen mit HTTPS-Unterstützung dar. Hierbei wurden Inhalt und Zertifikate manuell mittels Webbrowser überprüft. Konnte das Zertifikat erfolgreich zum Schutz verwendet werden und passte das Zertifikat zum Hostnamen, wurde die Webpräsenz zur Kategorie „Zertifikat passt" gezählt, ansonsten zu „Zertifikat passt nicht".

	Gleicher Inhalt		Ungleicher Inhalt		Summe	
Zertifikat passt	17	(54,8 %)	6	(19,4 %)	23	(74,2 %)
Zertifikat passt nicht	4	(12,1 %)	4	(12,1 %)	8	(25,8 %)
Summe	21	(67,7 %)	10	(32,3 %)	31	(100,0 %)

Tabelle 5.6: Manuell ermittelte Ergebnisse der HTTPS-fähigen Webpräsenzen (Top-50)

Die Ergebnisse zeigen, dass von den Webpräsenzen mit HTTPS-Unterstützung zumindest 67,7 % den erwarteten Inhalt ausliefern, auch wenn hiervon nur bei 54,8 % das passende Zertifikat vorhanden war. Berücksichtigt man zudem, dass nur 31 (62 %) der Webpräsenzen überhaupt Zugriff per HTTPS erlaubt haben, können insgesamt bei 21 (42 %) der Top-50-Webpräsenzen Zugriffe automatisch besser geschützt werden. Hierzu zählen sowohl die Nutzung passender Zertifikate als auch die Nutzung unpassender Zertifikate in Kombination mit dem Leap-of-Faith-Ansatz. Unter der Annahme, dass Nutzer diese Webseiten auch ohne Schutz aufgerufen hätten, ist eine Verbesserung der Sicherheit bei 42% der Top-50-Webpräsenzen ein sehr gutes Ergebnis. Weitere detaillierte Ergebnisse finden sich in Anhang D.1.

5.6.3.2 1000 Webpräsenzen

In diesem Abschnitt wird ein Testdatensatz basierend auf den Logdateien eines transparenten HTTP-Proxy-Servers als Grundlage der Betrachtung gewählt. Hierfür wurden in einem Studentenwohnheim die Abrufe von Webseiten nach Häufigkeit sortiert, nach Webpräsenzen gruppiert und die ersten 1000 Einträge für die späteren Analysen genutzt. Im Gegensatz zu den Top-50-Webpräsenzen sind diesmal auch Zugriffe zum Beispiel auf statische Bilder, die von anderen Servern als die Webpräsenz selbst geladen werden, enthalten. Viele große Webpräsenzen neigen dazu, einen Teil ihrer Inhalte „auszulagern". Es werden dann zum Beispiel die Webseiten dynamisch von einem HTTP-Server erzeugt und übertragen. Die statischen Inhalte, wie zum Beispiel Bilder, werden jedoch von einem anderen HTTP-Server angeboten. Während in der Liste der Top-50-Webpräsenzen solche Seiten nicht enthalten sind, sind sie in der Liste der 1000 Webpräsenzen in diesem Abschnitt vorhanden. Bei solchen HTTP-Servern für statische Inhalte ist mit weniger Dynamik bei der Erzeugung zu rechnen.

Da für die Analyse der Zertifikatsfehler nur Webpräsenzen mit Hostnamen und nicht solche mit nur einer IP-Adresse genutzt werden können, wurden 55 Einträge dieser Art aus der Liste entfernt. Es verbleiben somit 945 Einträge. Für diese Einträge wurde der Inhalt sowohl mittels HTTP als auch mit HTTPS abgerufen und die Ähnlichkeit dieser Abrufe berechnet. Zudem wurde überprüft, ob das ausgelieferte Zertifikat auf den angeforderten Hostnamen passt (Prüfung des Attributes „Common Name"). Der Inhaltsvergleich wurde, im Gegensatz zu der Untersuchung in Abschnitt 5.6.3.1, zuerst automatisiert durchgeführt, allerdings im Anschluss von Hand überprüft.

Von 945 Webpräsenzen erlaubten es 426 (45,08 %), einen Zugriff per HTTPS durchzuführen. Diese 426 Webpräsenzen werden in Tabelle 5.7 in die bereits zuvor genutzten Klassen eingeteilt. Sie basieren auf Ähnlichkeit des Inhalts und Eignung der Zertifikate. Die Parametrisierung des Inhaltsvergleichs wird im nächsten Abschnitt detailliert diskutiert.

Von den 426 Webpräsenzen mit HTTPS-Unterstützung wurde nur bei 26,3 % der gleiche Inhalt wie bei der entsprechenden HTTP-Anfrage übertragen. Dieser Wert muss

	Gleicher Inhalt		Ungleicher Inhalt		Summe	
Zertifikat passt	83	(19,5 %)	129	(30,3 %)	212	(49,8 %)
Zertifikat passt nicht	29	(6,8 %)	185	(43,4 %)	214	(50,2 %)
Summe	112	(26,3 %)	314	(73,7 %)	426	(100,0 %)

Tabelle 5.7: Anteile der HTTPS-fähigen Webseiten (1000 Webpräsenzen)

jedoch als untere Schranke gesehen werden, da bei der Überprüfung aus Implementierungsgründen Weiterleitungen als ungleicher Inhalt gewertet werden mussten. Diese Weiterleitungen traten sowohl für HTTP- als auch HTTPS-Anfragen auf. Eine manuelle Überprüfung einer Stichprobe der Ergebnisse zeigt, dass bei einem Teil der Webpräsenzen mit Weiterleitungen erfolgreich die Kommunikation geschützt werden konnte.

Es ergibt sich weiterhin, dass 102 Webpräsenzen durch HTTP-Server des Anbieters Akamai bereitgestellt wurden. Akamai betreibt weltweit eine sehr große Menge von Servern, um Webpräsenzen von Kunden möglichst schnell auszuliefern. Diese Server bieten zwar teilweise HTTPS an, liefern aber in der Regel nicht den erwarteten Inhalt aus. Ein automatisierter Schutz dieser Kommunikation ist demnach nicht möglich. Da für das Bereitstellen von Webpräsenzen durch Akamai Kosten anfallen, verwundert es nicht, dass ein zusätzlicher (möglicherweise kostenpflichtiger) Dienst, wie HTTPS, nicht genutzt wird. In diesem Zusammenhang ist Akamai nur als ein Stellvertreter für Dienstleister für das verteilte Bereitstellen von Webinhalten zu sehen, auch wenn bei der durchgeführten Untersuchung nur Akamai selbst erkannt werden konnte.

Der Test mit 1000 Webpräsenzen zeigt, dass durchaus Potenzial besteht, HTTP automatisch zu schützen, auch wenn ein kleinerer Anteil der Seiten tatsächlich schützbar erscheinen, als es für die Top 50 der Fall war. Bei der Betrachtung von HTTP-Servern für statische Inhalte fällt auf, dass das Kürzen der URLs (allgemeinere Anfrage, Abschnitt 5.6.2) für einen Teil dieser HTTP-Server fehlschlägt. Zwar enthalten dann die Inhalte keine nennenswerte Dynamik, doch kann dies nicht erkannt werden, da bei Anfragen nach gekürzten URLs Fehler auftreten. In einem solchen Fall schlägt der Inhaltsvergleich fehl.

5.6.3.3 Parameterwahl

Die Wahl der Parameter des HTTP-Inhaltsvergleichs bestimmt vor allem die Fehleranfälligkeit bei der Verwendung des Inhaltsvergleichs für den automatischen Schutz von HTTP durch TLS. Im Folgenden wird anhand einiger Beispiele die Parametrisierung untersucht.

Abbildung 5.10 stellt die Ergebnisse für einen Vergleich der Webpräsenz www.tm.uka. de mit sich selbst vor. Da diese Webpräsenz sich nicht dynamisch ändert, ist bei jedem

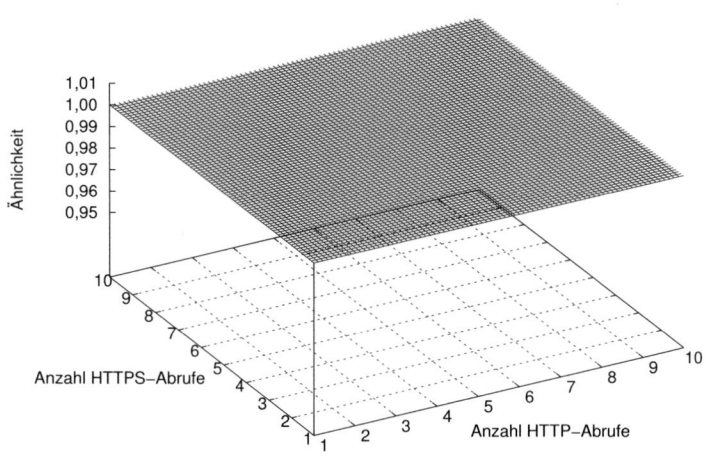

Abbildung 5.10: Ähnlichkeit in Abhängigkeit der Anzahl von HTTP- und HTTPS-Abrufen für die gleiche statische Webpräsenz (www.tm.uka.de)

Abruf (sowohl HTTP als auch HTTPS) der Inhalt immer exakt gleich und der Ähnlichkeitswert liegt immer bei 1,00.

Bei einer Webpräsenz mit relativ hoher Dynamik ergibt sich ein anderes Bild. Abbildung 5.11 zeigt unterschiedliche Ähnlichkeiten in Abhängigkeit der Anzahl der HTTP- und der Anzahl der HTTPS-Abrufe: einmal als Abruf im Oktober 2009 und einmal im März 2010. Diese und auch alle folgenden Graphen enthalten zudem Projektionen der 95%-Konturlinie in der XY-Ebene.

Für die Graphen in Abbildung 5.11 wurde jeweils 10-mal die Webpräsenz www.amazon.de per HTTP und HTTPS abgerufen. Auf Basis des abgerufenen Inhalts wurden dann die Parameter m und n variiert. Die Webpräsenz www.amazon.de wurde gewählt, weil sie im Unterschied zu vielen anderen Webpräsenzen selbst bei mehreren sehr schnell aufeinander folgenden Abrufen noch große Unterschiede und somit eine sehr große Dynamik aufweist. Sie stellt daher besonders hohe Anforderungen an das Inhaltsvergleichsverfahren (worst case).

Die Wirkung der Normalisierung ist in beiden Fällen deutlich am Unterschied zwischen ein und zwei HTTP-Abrufen erkennbar. Der Ähnlichkeitswert ist ab zwei HTTP-Abrufe wesentlich höher, da Unterschiede zwischen den über HTTP abgerufenen Inhalten berücksichtigt wurden. Es muss $m \geq 2$ gelten, damit die Normalisierung durchgeführt werden kann.

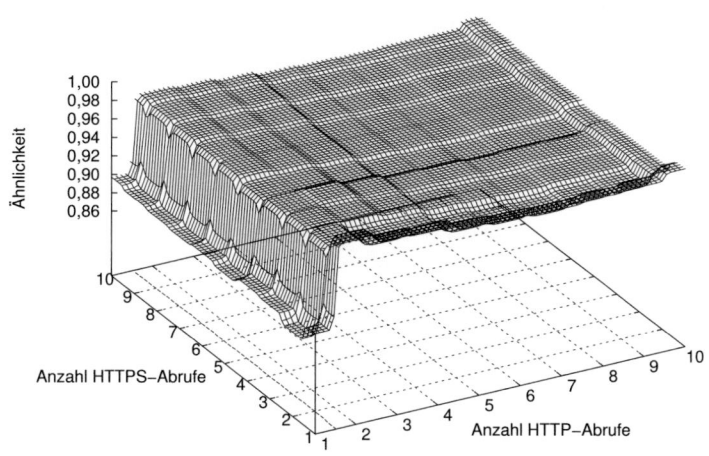

(a) Vergleich im Oktober 2009

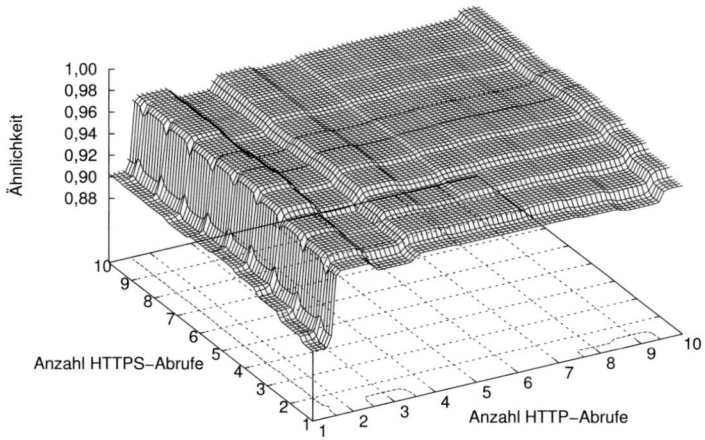

(b) Vergleich im März 2010

Abbildung 5.11: Ähnlichkeit in Abhängigkeit der Anzahl der HTTP- und HTTPS-Abrufe für gleiche dynamische Webpräsenzen (www.amazon.de)

Zusätzlich ist sowohl für verschiedene HTTP-Abrufe als auch für HTTPS-Abrufe die Dynamik erkennbar, da die Ähnlichkeiten schwanken. Bei nur einem HTTPS-Abruf ($n = 1$) treten deutlich höhere (2009) oder niedrigere (2010) Ähnlichkeitswerte auf als bei mehreren HTTPS-Abrufen. Auch dies liegt in der Dynamik von www.amazon.de begründet. Da nur ein HTTPS-Abruf in die Berechnung eingeht ($n = 1$), kommt es durch die große Dynamik zu Schwankungen. Bei einer größeren Anzahl von HTTPS-Abrufen stabilisiert sich jedoch das Verhalten.

In einem weiteren Beispiel soll der Einfluss der Normalisierung aufgezeigt werden. Hierfür wurden die zwei unterschiedlichen Webseiten www.amazon.com und www. nytimes.com miteinander verglichen. Beide werden dynamisch erzeugt, allerdings sind die dynamischen Änderungen von www.amazon.com deutlich größer als die von www. nytimes.com. Die Ergebnisse der Vergleiche werden in Abbildung 5.12 dargestellt und unterscheiden sich, je nach dem, welche Webseite mit welcher verglichen wird, da die Normalisierung nur auf Basis der per HTTP abgerufenen Webseite erfolgt. Wird die dynamischere Webseite www.amazon.com mit der weniger dynamischen Webseite www.nytimes.com verglichen, so ist ein Anstieg der Ähnlichkeit in Abhängigkeit der Anzahl der HTTP-Abrufe – hier die Abrufe von www.amazon.com) – zu erkennen (Abbildung 5.12a). Im Vergleich ist ein deutlich schwächerer Anstieg zu erkennen, wenn www.nytimes.com mit www.amazon.com verglichen wird (Abbildung 5.12b).

Um die Grenzen des Verfahrens aufzuzeigen, wurde ein möglichst schwieriger Vergleich gesucht. Hierfür wurden die Webseiten www.amazon.de und www.amazon.com verglichen. Dies kommt so in der Realität nicht vor, da die Webserver von www.amazon. de auch per https nur www.amazon.de ausliefern. Das Beispiel wurde gewählt, weil die beiden ausgewählten Webpräsenzen für Nutzer bei oberflächlicher Betrachtung nicht leicht zu unterscheiden sind, sie sind strukturell annähernd gleich. Sie unterscheiden sich jedoch in der Sprache der Webseite (Deutsch beziehungsweise Englisch), welche angesichts von umfangreichen Formatierungsinformationen (CSS) und anderen Bestandteilen (wie zum Beispiel Javascript) jedoch nur einen sehr kleinen Teil der Webseite ausmacht. Zudem weisen beide Webpräsenzen zusätzlich eine sehr hohe Dynamik auf. Daher ist damit zu rechnen, dass das vorgestellte Verfahren an seine Grenzen stößt und nicht in der Lage ist, diese Webpräsenzen zu unterscheiden.

Abbildung 5.13a zeigt einen Vergleich beider Webpräsenzen im Oktober 2009. Es ist zu erkennen, dass bei steigender Zahl von HTTPS-Abrufen die Ähnlichkeit der unterschiedlichen Webpräsenzen fällt. Bereits bei *drei* Abrufen liegt der Ähnlichkeitswert immer unter 0,95. Dies liegt unter anderem darin begründet, dass von Abruf zu Abruf die dargestellten Produkte wechseln und somit ungünstigerweise nur Formatierungsinformationen und Ähnliches gleich bleiben.

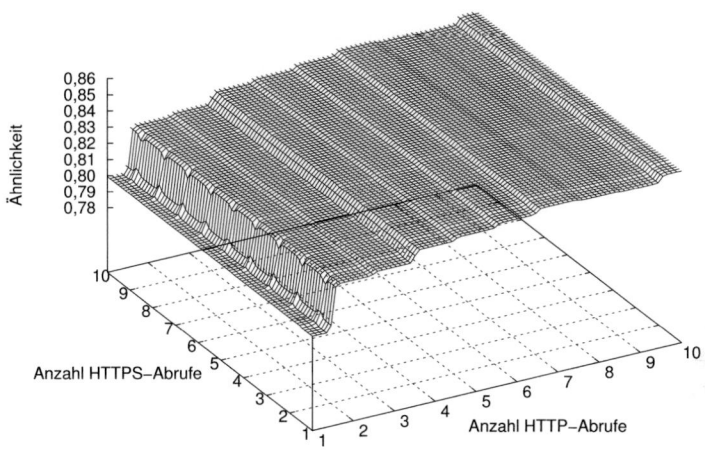

(a) www.amazon.com (http) und www.nytimes.com (https)

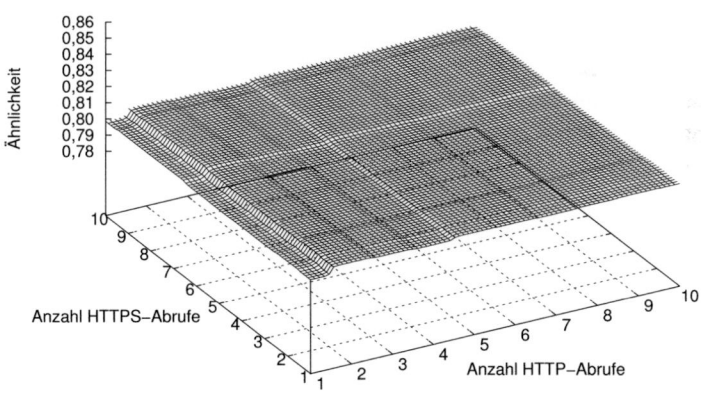

(b) www.nytimes.com (http) und www.amazon.com (https)

Abbildung 5.12: Ähnlichkeit zwischen amazon.com und nytimes.com

Stellt man dieses Ergebnis dem Vergleich von www.amazon.de mit sich selbst gegenüber, so ist noch eine Definition eines geeigneten Schwellenwerts möglich. Die Dif-
ferenzen der beiden Vergleiche werden in Abbildung 5.14 dargestellt. Es zeigt sich
in den Vergleichen vom Oktober 2009, dass bei steigendem m und steigendem n der

Abstand zwischen den Ähnlichkeiten der beiden Beispiele (Ähnlichkeitsunterschied) größer wird (Abbildung 5.14a). Ab *drei* HTTPS-Abrufen ist hier der Ähnlichkeitsunterschied bereits bei über *0,02*. Dies bedeutet, dass der Bereich, in dem eine für diese Beispiele geeignete Schwelle liegen muss, bei größerem *m* und größerem *n* größer wird.

Bei einer Wiederholung dieser Messungen im März 2010 änderten sich diese Ergebnisse jedoch (Abbildung 5.11b und Abbildung 5.13b). Eine ausreichende Differenz zwischen den beiden Messungen ist nun nicht mehr vorhanden und eine Unterscheidung unmöglich (Abbildung 5.14b). Eine genaue Analyse der Struktur der ausgelieferten Webseiten zeigt, dass die unterscheidbaren Inhalte – dies sind vor allem Textinhalte in Deutsch beziehungsweise in Englisch – jetzt durch die Dynamik bei jedem Abruf ausgetauscht werden. Dies geht sogar so weit, dass selbst Navigationselemente sich zwischen den Abrufen ändern, weil die URLs, auf die sie verweisen, sich dynamisch ändern. Das vorgestellte Verfahren schlägt bei diesem konstruierten Vergleich in der Untersuchung vom März 2010 fehl. In den Untersuchungen im Rahmen der vorliegende Arbeit wurde allerdings kein realer Webserver gefunden, der zwei so ähnliche Webpräsenzen ausliefert und dabei eine solch hohe Dynamik aufweist.

Da die Anzahl der Aufrufe des Ratcliff/Obershelp-Algorithmus (ROA) und somit der Gesamtrechenaufwand mit größerem *m* und größerem *n* steigt, dürfen *m* und *n* nicht beliebig groß gewählt werden. Die Anzahl der ROA-Aufrufe (Abschnitt 5.6.2) ist $\frac{m(m-1)}{2} +$ *mn*. Für die weiteren Untersuchungen wurden $m = 3$ und $n = 3$ gewählt, da bei diesen Werten einerseits eine Unterscheidung ungleicher Inhalte möglich ist und gleiche Inhalte als gleich erkannt werden, andererseits der Berechnungsaufwand noch relativ niedrig ist. Die Anzahl der Vergleichsoperationen in Abhängigkeit von *m* und *n* wird in Abbildung 5.15 dargestellt. Dieser Graph zeigt zudem Projektionen verschiedener Konturlinien in der XY-Ebene (12, 24, 36 und 48).

Um einen geeigneten Wert für die *Ähnlichkeitsschwelle* zu finden, wurden Webpräsenzen des zuvor genutzten Datensatzes der 1000 Webpräsenzen, sowohl von Hand, als auch automatisch, durch den Inhaltsvergleich untersucht. Abbildung 5.16 zeigt den Anteil der *korrekt als gleich* beziehungsweise *korrekt als unterschiedlich* klassifizierten Webpräsenzen in Abhängigkeit der Ähnlichkeitsschwelle. Es ist gut zu erkennen, dass bei den untersuchten Webseiten eine Schwelle von etwa 0,95 zu sehr guten Ergebnissen führt, da sowohl die Anzahl der *korrekt als gleich* als auch die Anzahl der *korrekt als unterschiedlich* klassifizierten Webpräsenzen sehr hoch sind. In der hier gezeigten Stichprobe und bei einer Schwelle von 0,95 liegt der Anteil *fälschlicherweise als ungleich klassifizierter Webpräsenzen* bei 1,05 % und derjenigen *fälschlicherweise als gleich klassifizierter Webpräsenzen* bei 0%. Es handelt sich hierbei um einen sehr guten Wert. In etwa 1,05 % der Fälle wird der Inhaltsvergleich fälschlicherweise nicht

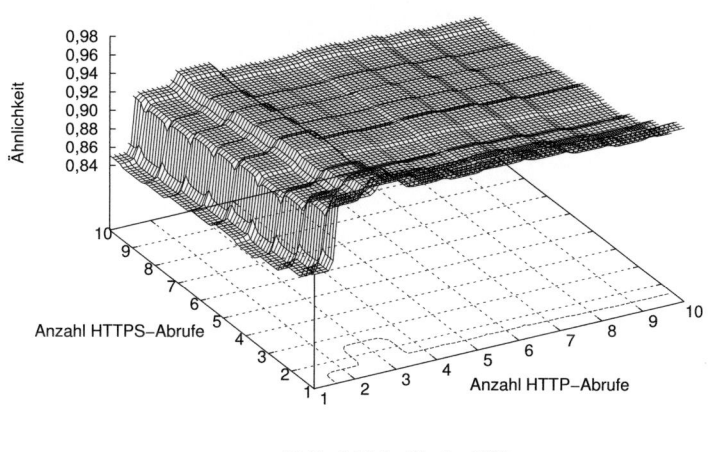

(a) Vergleich im Oktober 2009

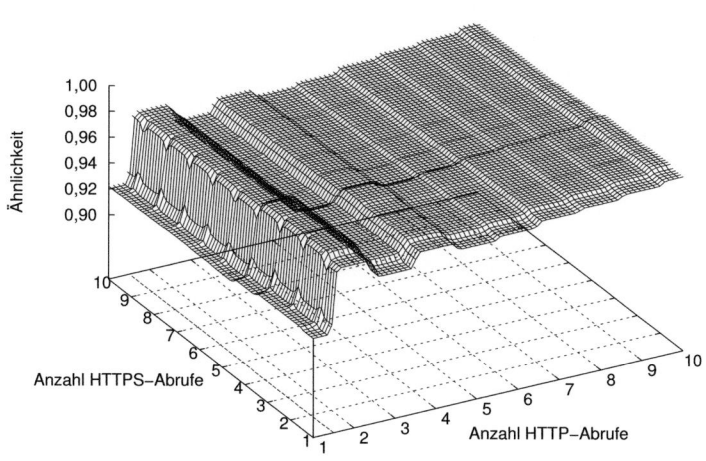

(b) Vergleich im März 2010

Abbildung 5.13: Ähnlichkeit in Abhängigkeit der Anzahl der HTTP- und HTTPS-Abrufe für unterschiedliche Webpräsenzen (www.amazon.de, www.amazon.com)

erkennen, dass die Kommunikation durch HTTPS geschützt werden kann. Falls jedoch die Kommunikation als schützbar erkannt wurde, so treten keine Inhaltsfehler auf.

Den hier diskutierten Ergebnissen zufolge werden die Parameter wie folgt gewählt:

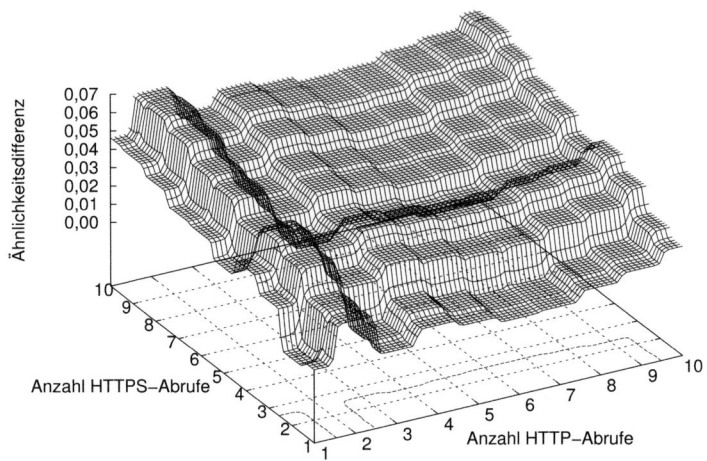

(a) Differenz der Vergleiche im Oktober 2009 (Konturlinie bei 0,02)

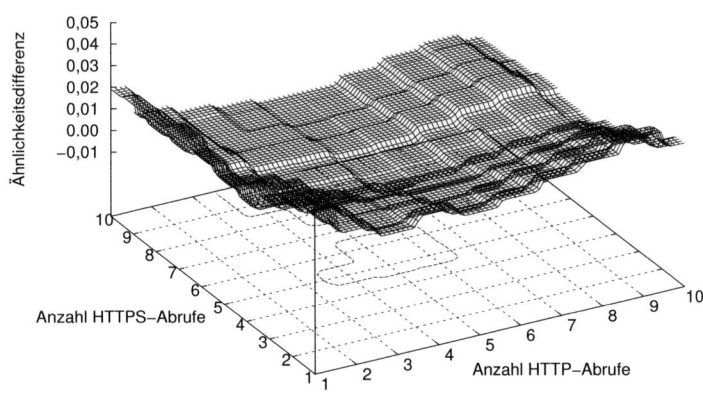

(b) Differenz der Vergleiche im März 2010 (Konturlinie bei 0,00)

Abbildung 5.14: Differenz der Ähnlichkeiten für gleiche und unterschiedliche Webpräsenzen in Abhängigkeit der Anzahl der HTTP- und HTTPS-Abrufe

- Ähnlichkeitsschwelle: 0,95
- Anzahl der HTTP-Abrufe (m): 3
- Anzahl der HTTPS-Abrufe (n): 3

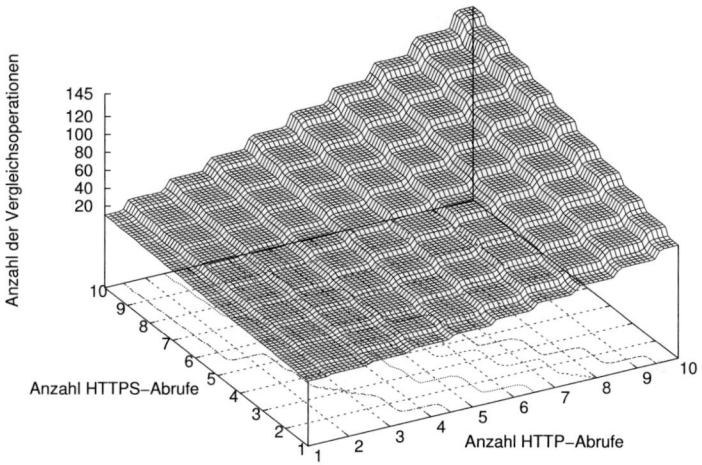

Abbildung 5.15: Anzahl der Vergleichsoperationen abhängig von der Anzahl der HTTP-
und HTTPS-Abrufe

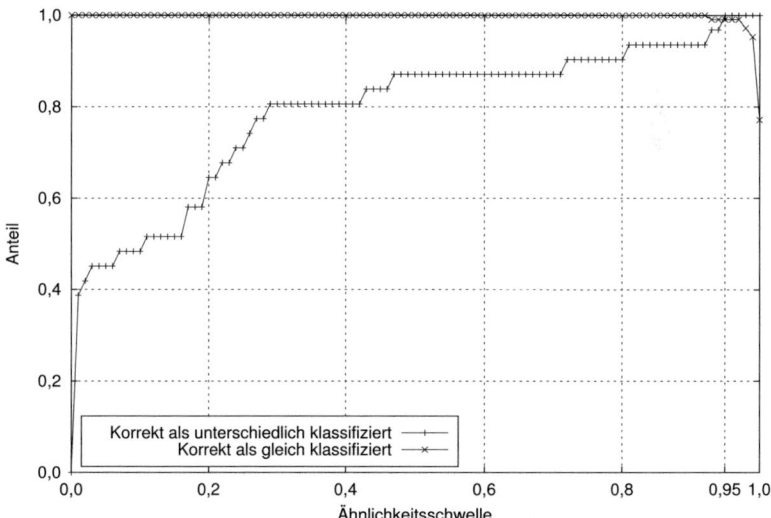

Abbildung 5.16: Korrekt klassifizierte Webpräsenzen in Abhängigkeit der Ähnlichkeitsschwelle

Dies bedeutet, dass bei einem Ergebnis von 0,95 oder größer angenommen wird, dass es sich um die gleiche Webpräsenz handelt. Zudem werden pro Webpräsenz je 3 Abrufe per HTTP und HTTPS für das Inhaltsvergleichsverfahren durchgeführt. Dies führt zu 12 Aufrufen des Ratcliff/Obershelp-Algorithmus. Da die Gesamtlaufzeit des Verfahrens auch zum Beispiel von den Dauern der HTTP- und HTTPS-Abrufe abhängt, wird im nächsten Abschnitt eine genauere Analyse der Gesamtlaufzeit des Verfahrens vorgestellt.

5.6.3.4 Gesamtlaufzeit des Webseitenvergleichs

Um eine Aussage über die zu erwartende Latenz bei Anfragen machen zu können, wird in diesem Abschnitt die Gesamtlaufzeit des Verfahrens betrachtet. Von dieser hängt vor allem auch die Nutzerakzeptanz ab.

Das Verfahren und somit auch die vollständigen Inhaltsvergleiche müssen nur sehr selten durchgeführt werden, da mithilfe von Caching-Verfahren (siehe auch Abschnitt 5.7) Ergebnisse wiederverwendet werden können. Aber auch diese seltenen Inhaltsvergleiche sollten nicht zu lange dauern und die Wartezeit hierbei die Aufmerksamkeitsschwelle des Nutzers von 10 Sekunden [152] nicht übersteigen. Zudem ist es möglich, eine vertrauenswürdige Liste anzubieten, welche ähnlich dem Cache Ergebnisse des Inhaltsvergleichs vorwegnehmen kann. Diese könnte beispielsweise zentral gepflegt werden und mittels Software-Update-Funktionen aktualisiert werden. Durch eine ausreichend große Liste kann die Frequenz der Inhaltsvergleiche nochmals deutlich gesenkt werden.

Die Testanordnung des Inhaltsvergleichsverfahrens nutzt die Implementierung des Ratcliff/Obershelp-Algorithmus der *Python 2.6.2*-Bibliotheken und das zuvor skizzierte Verfahren. Alle Messungen wurden auf einem Linux-System (Kernel 2.6.31, x86_64) ausgeführt. Das System umfasst eine CPU mit vier Kernen (Intel Core 2 Quad 2,5 GHz) und 8 GiB Arbeitsspeicher. Jede einzelne Messung umfasst das komplette Inhaltsvergleichsverfahren inklusive des Abrufs per HTTP und HTTPS und wurde sequenziell ausgeführt.

Das hier vorgestellte Inhaltsvergleichsverfahren wurde für 3726 zufällig gewählte Webpräsenzen durchgeführt. Die zuvor betrachteten Webpräsenzen (Top-50 und 1000 Webpräsenzen) zeichnen sich vor allem durch ihre Popularität aus. Es ist davon auszugehen, dass es sich eher um leistungsfähigere Webserver handelt, weil mit einer größeren Anzahl von Anfragen gerechnet werden muss, und dass die Latenzen zwischen Webclient und diesen Webservern eher niedrig sind, weil sie sich in geografischer Nähe befinden. Beides kann zu schnelleren Antworten führen, welche das Ergebnis ungerechtfertigt positiv beeinflusst hätten. Aus diesen Gründen wurden mithilfe eines Suchmaschinen-Crawlers zufällige Webpräsenzen im Internet gesucht. So konnte verhindert werden, dass bevorzugt große Webpräsenzen oder solche in geografischer Nähe gewählt wurden.

Abbildung 5.17 zeigt, in Abhängigkeit der durchschnittlichen Seitengröße, die komplette Laufzeit des Webseitenvergleichs inklusive der Übertragungszeit, welche von Netztopologie, Entfernung und Auslastung des Servers abhängt. Die durchschnittliche Seitengröße bezeichnet den Durchschnitt der Größen der HTTP- und HTTPS-Abrufe, da diese sich in der Größe unterscheiden können.

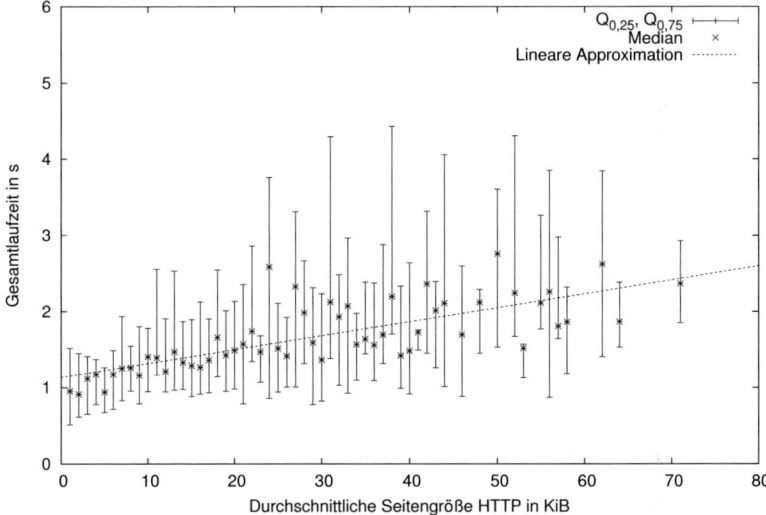

Abbildung 5.17: Verteilung der Gesamtlaufzeit des Inhaltsvergleichs nach durchschnittlicher Seitengröße

Es wurden sowohl der Median als auch die Quartile ($Q_{0,25}$ und $Q_{0,75}$) für die durchschnittliche Seitengröße (HTTP) bis 80 KiB aufgetragen. Median und Quartile wurden gewählt, weil insbesondere durch Timeouts einige Ausreißer aufgetreten sind, diese aber nicht aus den Daten entfernt wurden. Durch die Nutzung von Median und Quartilen konnte der Einfluss dieser Ausreißer reduziert werden. Es werden allerdings nur der Median und die Quartile gezeigt, falls zumindest 8 Werte an dieser Stelle vorliegen. Zudem wird eine lineare Approximation nach der Methode der kleinsten Quadrate dargestellt ($f(x) = 0{,}018x + 1{,}135$).

Abbildung 5.18 zeigt basierend auf den gleichen Messwerten die kumulative Verteilungsfunktion der Gesamtlaufzeit. Mehr als 80 % aller Gesamtlaufzeiten sind kleiner als 2,5 Sekunden und die Aufmerksamkeitsschwelle von 10 Sekunden wird von mehr als 90 % der Gesamtlaufzeiten eingehalten. Weiterhin ist der Einfluss von Timeouts in der

Übertragung zu erkennen. Der Timeout für einen Abruf beträgt jeweils 10 Sekunden. Da pro Messung 6 Abrufe erfolgen, sind die Timeouts als Sprünge nahe 10, 20, 30, und 40 Sekunden zu erkennen. Die Sprünge bei 50 und 60 Sekunden sind in der Abbildung nicht zu erkennen.

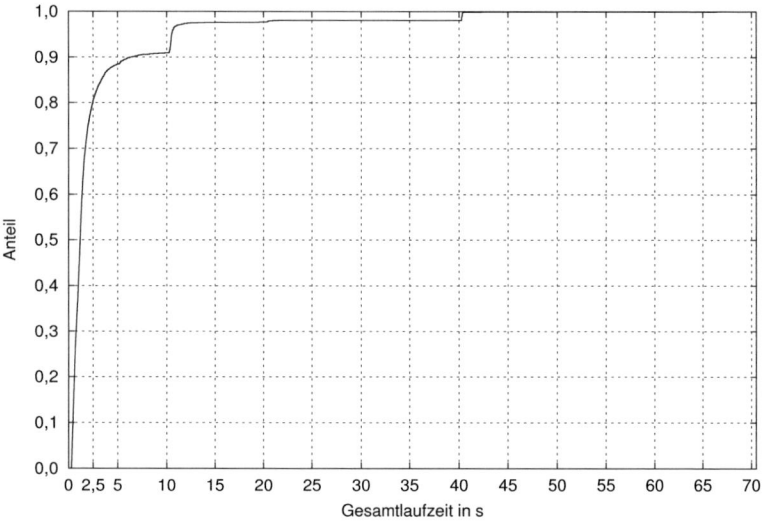

Abbildung 5.18: Kumulierte Verteilungsfunktion der Gesamtlaufzeiten des Inhaltsvergleichs

Die wesentlichen zu erwartenden Anteile der Gesamtlaufzeit sind die Übertragungszeiten der einzelnen HTTP- und HTTPS-Abrufe. Die Übertragungszeiten hängen in der Regel von der Seitengröße ab, deren Einfluss jedoch nur sehr schwach in den Messungen zu erkennen ist (Abbildung 5.17). Es ist zu erkennen, dass große Abweichungen der Gesamtlaufzeit für gleichgroße Webseiten auftraten. Der schwache Einfluss der Seitengröße kann vor allem auf die Latenz zwischen Client und Server, die Verarbeitungszeit des Servers sowie die dynamischen Unterschiede zwischen Seitenabrufen zurückgeführt werden. Es ist zu beachten, dass die Laufzeit des Ratcliff/Obershelp-Algorithmus beim Vergleich identischer Inhalte wesentlich kürzer ist als beim Vergleich unterschiedlicher Inhalte.

Die hier vorgestellten Gesamtlaufzeiten sind gut für den Anwendungszweck geeignet, da die Wartezeiten für den Nutzer nur beim ersten Abruf einer zuvor unbekannten Webpräsenz, also – je nach Nutzerverhalten – sehr selten auftreten. Es liegt zudem nahe, das hier vorgestellte Verfahren nach einer gewissen Wartezeit abzubrechen und somit die

Wartezeit des Nutzers zu beschränken. Webpräsenzen, bei denen eine Zeitüberschreitung auftritt, sind dann jedoch nicht mehr automatisch durch ACCS schützbar.

Für die Webpräsenz des Versandhändlers www.amazon.com wurde exemplarisch eine detaillierte Analyse der Gesamtlaufzeit des Inhaltsvergleichsverfahrens durchgeführt und zudem als Optimierung die Implementierung (Abfrage und Inhaltsvergleich) parallelisiert ausgeführt. Die detaillierten Ergebnisse zeigt Abbildung 5.19. Die Laufzeit der einzelnen Abrufe kann durch den Einsatz mehrerer Prozessorkerne zwar nicht wesentlich verkürzt werden, die Ähnlichkeitsberechnung profitiert jedoch von mehreren Prozessorkernen und lässt sich hierdurch deutlich beschleunigen. Abbildung 5.19 zeigt diese Messung. Die Abrufe per HTTP und HTTPS werden durch horizontale Balken dargestellt – drei Balken für die drei HTTP-Abrufe und drei Balken für die drei HTTPS-Abrufe. Die Balken zeigen den zeitlichen Ablauf und stellen DNS-Anfragen, Verbindungsaufbau und Übertragung nacheinander dar. Bei HTTPS kommt noch die TLS-Aushandlung hinzu. Die HTTP- und HTTPS-Abrufe werden möglichst schnell hintereinander gestartet. Hierbei wird für jeden Abruf eine separate DNS-Anfrage gestellt. Da DNS-Server üblicherweise Caching nutzen, wurden die DNS-Anfragen so schnell beantwortet (3–7 ms), dass sie in Abbildung 5.19 nicht mehr erkennbar sind.

Die einzelnen Anfragen und Übertragungen mit HTTP und HTTPS selbst benötigen unterschiedlich lange, was unter anderem aus unterschiedlichen Größen der dynamisch generierten Webseiten und schwankender Serverauslastung resultiert. Sobald alle HTTP- und HTTPS-Abrufe abgeschlossen sind, wird mit dem Inhaltsvergleich auf Basis des Ratcliff/Obershelp-Algorithmus (ROA) begonnen. Die hierfür notwendigen ROA-Aufrufe wurden hierbei möglichst parallel ausgeführt, also möglichst ein ROA-Aufruf pro Prozessorkern: zuerst die drei ROA-Aufrufe für die Berechnung von selfSim und im Anschluss die neun ROA-Aufrufe für die Berechnung von avgSim. Eine Verbesserung der Gesamtlaufzeit kann erreicht werden, indem einerseits nicht zuerst auf alle HTTP- und HTTPS-Abrufe gewartet wird und andererseits die Berechnung von selfSim und avgSim nicht sequenziell, sondern teilweise parallel durchgeführt wird.

Die Messung zeigt eine Laufzeit des Verfahrens von etwa 2,3 Sekunden. Vor dem Hintergrund, dass das Verfahren nur bei der ersten Anfrage einer Webpräsenz benutzt wird und die betrachtete Webpräsenz relativ große Inhaltsunterschiede bei mehrfachen Abrufen aufweist, ist dieses Ergebnis als sehr gut zu bewerten, da es unterhalb der Aufmerksamkeitsschwelle von 10 Sekunden bleibt [152]. Wie zuvor erwähnt, ist der Ratcliff/-Obershelp-Algorithmus beim Vergleich identischer Inhalte deutlich schneller als beim Vergleich unterschiedlicher Inhalte, dieses Beispiel stellt also einen Worst Case dar.

Insgesamt konnten die Ergebnisse dieses Abschnitts zeigen, dass ein Verfahren auf Basis des Ratcliff/Obershelp-Algorithmus und einer Normalisierung für den Inhaltsver-

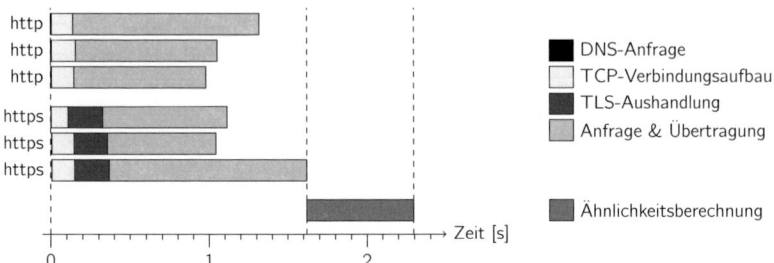

Abbildung 5.19: Detaillierte Laufzeit eines Inhaltsvergleichs von HTTP

gleich von dynamisch generierten Webpräsenzen geeignet ist. Zudem wurden geeignete Parametrisierungen des Verfahrens untersucht. Die Inhaltsvergleiche benötigen jedoch relativ viel Zeit im Worst Case. Es wurden daher auch Verfahren – wie Caches, Timeouts und zentrale Listen – aufgezeigt, um dieses Verhalten abzumildern. Die Probleme des automatisierten Schutzes von HTTP-Kommunikation resultieren daraus, dass ein Teil der Webserver semantisch zwischen geschützter und ungeschützter HTTP-Kommunikation unterscheiden. Ein solches Verhalten sollte beim Entwurf von Kommunikationsprotokollen möglichst vermieden werden und ist glücklicherweise eine Ausnahme bei den heutigen Kommunikationsprotokollen.

Im Anschluss wird nun die Integration des in den letzten Abschnitten vorgestellten Verfahrens in ACCS betrachtet.

5.6.4 Integration in ACCS

Das zuvor vorgestellte Verfahren zum automatischen Schutz von HTTP muss noch in ACCS eingebettet werden. Der Ablauf des automatischen Schutzes von HTTP durch einen Sicherheitsadapter wird in Abbildung 5.20 dargestellt: Wird bereits HTTPS verwendet, ist keine weitere Aktion mehr nötig, denn in der Regel wird dann die Kommunikation bereits geschützt. Wenn allerdings nur HTTP genutzt wird, wird überprüft, ob bekannt ist, dass für diese Kommunikation ein Schutz per HTTPS möglich ist (Cache Lookup). Bei einer bekannten HTTPS-Nutzbarkeit ist der Schutz möglich. Ansonsten werden Anfragen per HTTP und HTTPS an den Server gestellt (Abruf per HTTP und HTTPS) und mittels des zuvor vorgestellten Verfahrens (Inhaltsvergleich) festgestellt, ob der automatische Schutz genutzt werden kann. Nur wenn die Inhalte ähnlich genug sind, ist der Schutz möglich.

Es sind zwei verschiedene Ausprägungen des Sicherheitsadapters für den automatischen Schutz von HTTP denkbar, die im Folgenden betrachtet werden: Ein Proxy-Ansatz (Abschnitt 5.6.4.1), der in Kombination mit optionaler Signalisierung genutzt werden kann (Abschnitt 5.6.4.2), sowie eine Webbrowser-Erweiterung (Abschnitt 5.6.4.3).

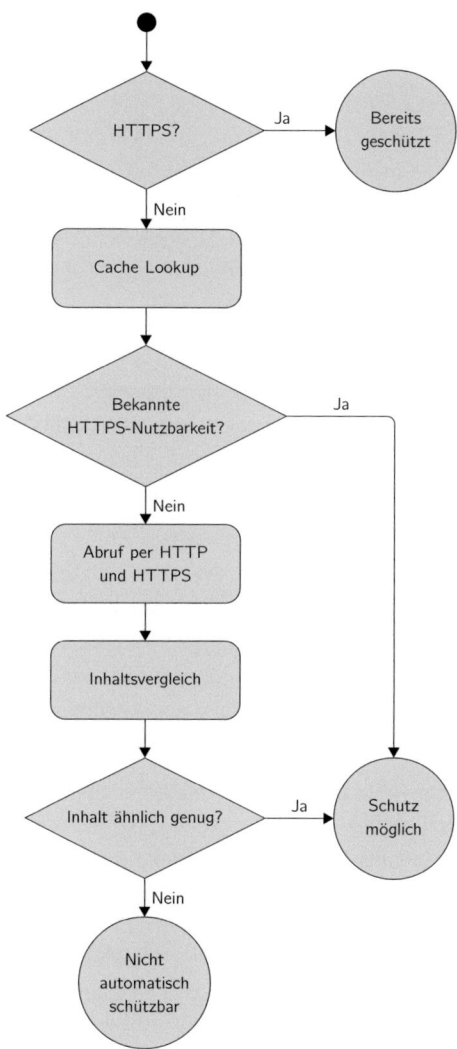

Abbildung 5.20: Automatischer Schutz von HTTP

5.6.4.1 HTTP-Proxy-Ansatz

Eine naheliegende Form, den automatischen Schutz von HTTP in einen Sicherheits-adapter zu integrieren, ist ein Proxy-Ansatz. Hierbei wird die HTTP-Kommunikation transparent durch einen Proxy geleitet und durch diesen geschützt. Wesentlich ist in diesem Fall, dass der Proxy sich möglichst auf dem Endsystem des Clients befindet und somit die Kommunikation mit dem Proxy inhärent geschützt ist.

Für die Beschreibung der HTTP-Kommunikation reicht nicht das übliche 5-Tupel. Zusätzlich muss noch der Hostname bekannt sein, da ein HTTP-Server verschiedene Webseiten ausliefern kann (name-based virtual hosting). Daher muss der Proxy zuerst den Hostnamen feststellen, indem er mit dem HTTP-Client kommuniziert und sich hierbei als HTTP-Server ausgibt. Dieses Verhalten ist vergleichbar mit dem Verhalten des Sicherheitsadapters für SMTP mit StartTLS-Funktionalität (siehe auch Abschnitt 5.5.5).

Wie bereits im vorherigen Abschnitt erläutert, kann der Proxy anhand des Hostnamens feststellen, ob ein Schutz möglich ist. Ist dies nicht der Fall, bleibt die Kommunikation unverändert. Ansonsten kann der Proxy die Kommunikation mittels HTTPS schützen oder per „HTTP-Redirect" dem Client mitteilen, dass er per HTTPS zugreifen soll. Hierbei ist jedoch zu beachten, dass zum Beispiel Software-Update-Funktionen eventuell kein HTTPS unterstützen. Ein HTTP-Redirect kann daher nicht für jeden Client genutzt werden.

Eine Verbesserung des HTTP-Schutzes ist allerdings möglich. Kann mittels Mithören der DNS-Kommunikation (DNS Snooping) oder durch Erweiterung der HTTP-Client-Software eindeutig der Hostname des HTTP-Servers festgestellt werden, ist eine Entscheidung über den Schutz einer Verbindung auch bereits vor Beginn der Kommunikation möglichen. Diese Optimierung wird bereits teilweise in der anderen Umsetzung des HTTP-Schutzes, der Webbrowser-Erweiterung (Abschnitt 5.6.4.3), eingesetzt.

Es ist zu beachten, dass – obwohl festgestellt werden kann, ob die Kommunikation mittels HTTPS geschützt werden kann – eine Vorhersage über den tatsächlichen Schutz einer HTTPS-Verbindung nicht vollständig möglich ist. Dies liegt darin begründet, dass die gewählte *Cipher Suite* erst zur Laufzeit ausgehandelt wird. Der Client – in diesem Fall der Proxy – kann zwar die möglichen Cipher Suites auf eine gewünschte Teilmenge einschränken. Damit ist jedoch zu einem erfolgreichen Verbindungsaufbau führt, muss aber vorher bekannt sein, dass zumindest eine angebotene Cipher Suite vom HTTP-Server unterstützt wird. Für eine komplette Liste der unterstützten Cipher Suites ist ein aufwendiger Ansatz mit mehreren TLS-Aushandlungen notwendig, da bei TLS – und somit HTTPS – nur der Client die Liste der unterstützten Cipher Suites überträgt. Um die vom Server unterstützten Cipher Suites zu ermitteln, muss jede einzeln ausprobiert werden. Hierfür wird jeweils eine Verbindung geöffnet und es erfolgt eine TLS-Aushandlung. Dies ist im Allgemeinen ein zu großer Aufwand. Ein besserer Ansatz ist es, davon auszugehen, dass ein Server die laut Standard empfohlenen Cipher Suites unterstützt [52] und davon auszugehen, dass diese für die Kommunikation mit dem Server genutzt werden können. Hierbei kann man annehmen, dass alle Cipher Suites ohne Authentifizierung, Datenauthentifizierung oder Verschlüsselung nicht unterstützt werden. Während der HTTPS-Abrufe für den Inhaltsvergleich können dann einige wenige Cipher Suites überprüft werden. Wird von ACCS eine Cipher Suite gewählt, die nicht erfolgreich umgesetzt werden kann, führt dies nicht zum Scheitern der Kommunikation; der HTTPS-Sicherheitsadapter kann, wie jeder andere ACCS-Sicherheitsadapter auch, signalisieren, dass eine Schutzanforderung nicht erfüllt werden konnte. ACCS versucht dann, die nächstbeste Alternative zu nutzen.

Als Erweiterung des Proxy-Ansatzes kann dieser in eines heutige Proxy-Cache-Lösung, also einem HTTP-Proxy mit eingebautem Cache, integriert werden. Ein solcher Proxy könnte – im Gegensatz zu den bisherigen Betrachtungen – zum Beispiel im Zugangsnetz platziert werden (Abbildung 5.21b). Diese Lösung kann vor allem für Nutzer drahtloser Kommunikationsnetze, wie zum Beispiel UMTS, eingesetzt werden, die in der Regel weniger leistungsstarke Endgeräte und eine weniger breitbandige Anbindung nutzen. Ein zusätzlicher Vorteil einer solchen Lösung ist, dass durch Caching die Wahrscheinlichkeit eines Inhaltsvergleichs pro Abruf verringert wird, falls mehrere Nutzer die gleichen Webpräsenzen besuchen. Der durchschnittliche Aufwand des Verfahrens pro HTTP-Anfrage kann so noch verringert werden.

Im Vergleich mit einer ACCS-Instanz innerhalb des Endsystems (Abbildung 5.21a) stellt der Proxy im Zugangsnetz (Abbildung 5.21b) ein exponiertes System dar, welches besonders geschützt werden muss. Wird es erfolgreich angegriffen, so ist die Kommunikation mehrerer Clients gefährdet. Zusätzlich muss die Kommunikation zwischen Client und Proxy geschützt werden, um Angriffe auf die in diesem Abschnitt ansonsten ungeschützte Kommunikation zu verhindern. Dies trifft jedoch auch beim Einsatz anderer Zwischensysteme als Proxies (zum Beispiel VPN-Gateways) zu. Daher sind diesbezügliche Betrachtungen unabhängig von der vorliegenden Arbeit und werden hier nicht weiter verfolgt. Es sei jedoch an dieser Stelle auf Schicht-2-Sicherheitsprotokolle (wie zum Beispiel IEEE 802.11i) und Schicht-3-Sicherheitsprotokolle (wie zum Beispiel IPsec) verwiesen.

5.6.4.2 Feedback über transparenten Schutz für den Nutzer

Der automatische Schutz durch den Proxy-Ansatz erlaubt es Nutzern nicht, direkt festzustellen, ob ihre Kommunikation geschützt ist und wie sie gegebenenfalls geschützt wird. Dies gilt natürlich auch für fast alle anderen automatischen Schutzmöglichkeiten von ACCS. Ein Nutzer kann jedoch Interesse daran haben, dies feststellen zu können, um sich zum Beispiel zu vergewissern, dass für sicherheitskritische Kommunikation ein Schutz vorhanden ist. Daher wurde im Zusammenhang mit [153] das Signalisierungsprotokoll *Implicit Upgrade Notification* (IUN) entworfen, welches es dem Nutzer erlaubt festzustellen, ob und wie die Kommunikationssicherheit verbessert wird.

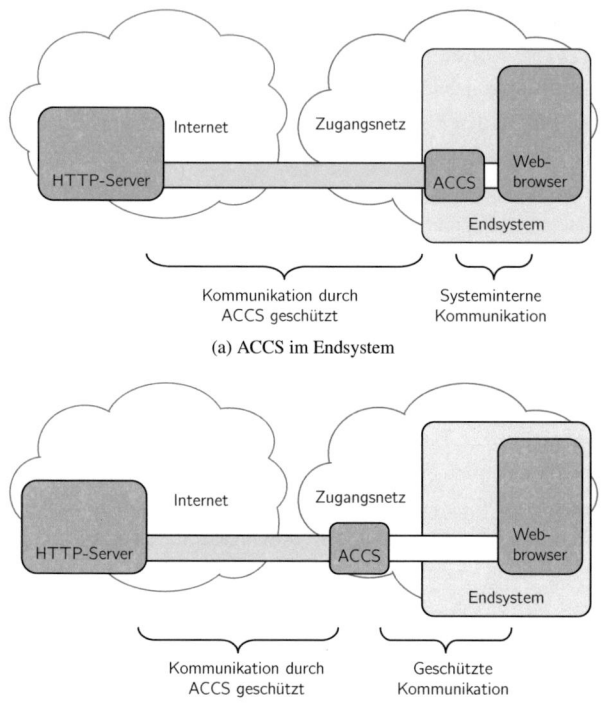

(a) ACCS im Endsystem

(b) ACCS als Proxy im Zugangsnetz vorgelagert

Abbildung 5.21: Ansätze zum Schutz von HTTP

Das IUN-Protokoll wird innerhalb von HTTP in Form von *HTTP Response Headers* transportiert. Hierdurch kann eine einfache Integration in aktuelle Webbrowser erreicht werden. Der im Rahmen der vorliegenden Arbeit verwendete Webbrowser Firefox erlaubt es, dass Erweiterungen (Add-ons) HTTP Response Header inspizieren und darauf reagieren.

Abbildung 5.22 zeigt die IUN-Syntax in *Augmented Backus-Naur Form* (ABNF, [61]). IUN fügt hierbei der *HTTP Response* die folgenden Felder (IUN-Felder) hinzu, welche im Anschluss erläutert werden:

- X-IUN-Version
- X-IUN-SecProtocol
- X-IUN-CipherSuite
- X-IUN-Trusted
- X-IUN-SeqNumber
- X-IUN-MAC

Mittels *X-IUN-Version* ist es möglich, verschiedene Versionen von IUN zu unterstützen und zukünftige Erweiterungen zuzulassen.

X-IUN-SecProtocol und *X-IUN-CipherSuite* beschreiben das verwendete Sicherheitsprotokoll und die verwendete Algorithmenkombination. Hierdurch ist es dem Webbrowser möglich, zu erkennen, ob zum Beispiel die Kommunikation verschlüsselt wird und ob ein adäquater Schlüsselaustausch erfolgt ist. Zusätzlich ermöglicht die Kenntnis der Algorithmenkombination dem Webbrowser algorithmenspezifische Reaktionen. Die Darstellung von X-IUN-CipherSuite erfolgt nach Vorbild der TLS Cipher Suites. Da HTTP Response Header aus Text bestehen, werden für X-IUN-CipherSuite die Textrepräsentationen der Cipher Suites genutzt. Auf die im Bezug auf die Übertragungsmenge etwas effizientere Übertragung der numerischen IDs der Cipher Suites wurde verzichtet, da der Webbrowser dann jede übertragene Cipher Suite und deren numerische ID und Textrepräsentation kennen müsste, um sie dem Nutzer anzeigen zu können. Wird die Textrepräsentation übertragen, kann auf die Abbildung der numerischen ID zur Textrepräsentation im Webbrowser oder in der Erweiterung verzichtet werden.

X-IUN-Trusted beschreibt das Ergebnis der Authentifizierung (zum Beispiel das der Zertifikatsüberprüfung). Bei einem Wert von „Yes" wird der Authentifizierung vertraut. Dies setzt zum Beispiel voraus, dass die Zertifikatskette erfolgreich bis zu einem vertrauten Wurzelzertifikat überprüft werden konnte. X-IUN-Trusted nutzt einen Wert von „No", wenn beispielsweise als Authentifizierung nur ein anonymer Schlüsselaustausch oder ein Leap-of-Faith-Ansatz genutzt wurde. In Kombination mit X-IUN-SecProtocol und X-IUN-CipherSuite kann der Webbrowser auch erkennen, ob die Kommunikation gegen Angriffe passiver Angreifer und gegen Angriffe aktiver Angreifer geschützt wird.

Zum Integritätsschutz der IUN-Felder werden *X-IUN-SeqNumber* und *X-IUN-MAC* genutzt. X-IUN-MAC transportiert dabei zum Beispiel die Daten eines Message Authentication Codes. Mögliche Verfahren zum Integritätsschutz der IUN-Felder umfassen:

- Kein Schutz
- Geheimzahlbasierter Schutz
- HMAC-basierter Schutz

Wenn *kein Schutz* gewählt wurde, werden X-IUN-MAC und X-IUN-SeqNumber nicht verwendet. Sollte ein *geheimzahlbasierter Schutz* angewendet werden, so wird eine zuvor ausgehandelte Zufallszahl oder ein Ticket in das Feld X-IUN-MAC eingetragen. X-IUN-SeqNumber wird jedoch nicht genutzt. Wird ein Verfahren auf Basis des *HMAC* verwendet, so muss X-IUN-SeqNumber eine Sequenznummer transportieren und der HMAC wird über alle IUN-Felder bis auf X-IUN-MAC berechnet. Die Sequenznummer ist für jede Anfrage um eins zu erhöhen und wird als Ziffernfolge (DIGIT) dargestellt, das Feld X-IUN-MAC hexadezimal (HEXDIGIT).

Durch den Einsatz des geheimzahlbasierten Schutzes oder des HMAC-basierten Schutzes wird es für externe Angreifer äußerst schwierig, die IUN-Felder unbemerkt in eine HTTP-Antwort einzufügen. Gleichzeitig sind diese Verfahren aber leichtgewichtig genug, nur einen geringen Mehraufwand zu verursachen. Ein Verfahren auf Basis einer Signatur hätte diesen Vorteil nicht, könnte allerdings auf eine vorgelagerte Konfiguration verzichten.

Die Konfiguration der gemeinsamen Geheimnisse zwischen ACCS und Webbrowser beziehungsweise Erweiterung muss bei den hier vorgestellten Verfahren vorab geschehen. Da dies nur einmal geschehen muss, bleibt der Aufwand allerdings beschränkt. Es sind jedoch Erweiterungen von IUN denkbar, die einen automatischen Schlüsselaustausch und eine Aushandlung des Integritätsschutzes von IUN erlauben. Diese werden im Rahmen der vorliegenden Arbeit nicht verfolgt.

```
IUN          = Version CRLF
               SecProtocol CRLF
               CipherSuite CRLF
               Trusted CRLF
               [SeqNumber CRLF]
               [MAC CRLF];

Version      = "X-IUN-Version: " 1*DIGIT "." 1*DIGIT;
SecProtocol  = "X-IUN-SecProtocol: "
               ( "TLS" / "IPsec" / "None" );
CipherSuite  = "X-IUN-CipherSuite: " 0*ZEICHEN;
Trusted      = "X-IUN-Trusted: " ( "Yes" / "No" );
SeqNumber    = "X-IUN-SeqNumber: " 1*DIGIT;
MAC          = "X-IUN-MAC: " ( "Unused" / 1*HEXDIG );

ZEICHEN      = ALPHA / "_" /    DIGIT;

ALPHA        = "A" / "B" / "C" / "D" / "E" / "F" / "G" /
               "H" / "I" / "J" / "K" / "L" / "M" / "N" /
               "O" / "P" / "Q" / "R" / "S" / "T" / "U" /
               "V" / "W" / "X" / "Y" / "Z";
HEXDIG       = DIGIT / "A" / "B" / "C" / "D" / "E" / "F";
DIGIT        = "0" / "1" / "2" / "3" / "4" / "5" / "6" /
               "7" / "8" / "9";
CRLF         = %d13.10
```

Abbildung 5.22: IUN-Syntax in ABNF

Abbildung 5.23 zeigt die IUN-Felder einer durch ACCS und den HTTP-Sicherheitsadapter als Proxy automatisch geschützten HTTP-Anfrage. Die ersten fünf Zeilen zeigen den Auszug eines HTTP Response Header, also die Antwort vom Webserver zum Webbrowser. Danach folgen die IUN-Felder, welche mit „X-" beginnen – es handelt sich um eine experimentelle Erweiterung. Da es sich um die erste Version von IUN handelt, transportiert X-IUN-Version die Versionsnummer 1.0. Danach folgen Details zum automatisierten Schutz durch ACCS. Es ist zu erkennen, dass die HTTP-Anfrage per TLS und der Cipher Suite *DHE-RSA-AES256-SHA-256* geschützt wurde (Zeile 7 und 8). Dem Zertifikat wird allerdings nicht vertraut (Zeile 9). Diese IUN-Übertragung wurde nicht geschützt (Zeile 10), da ACCS auf dem lokalen System eingesetzt wurde.

```
 1  HTTP/1.x 200 OK
 2  Date: Thu, 01 Jan 2010 00:00:01 GMT
 3  Server: Apache/2.2.9 (Debian) [...]
 4  Content-Location: index.html.en
 5  [...]
 6  X-IUN-Version: 1.0
 7  X-IUN-SecProtocol: TLS
 8  X-IUN-CipherSuite: DHE_RSA_AES256_SHA_256
 9  X-IUN-Trusted: No
10  X-IUN-MAC: Unused
```

Abbildung 5.23: Auszug aus HTTP-Response mit IUN-Nachrichtenkopf

Mittels IUN kann der Webbrowser nun dem Nutzer Rückmeldung über den automatischen Schutz geben. Der hier vorgestellte Mechanismus und eine Visualisierung konnten im Rahmen von [153] erfolgreich für den Webbrowser Firefox umgesetzt werden. Abbildung 5.24 zeigt einen Webbrowser mit Visualisierung, die einen durch ACCS automatisch hinzugefügten Schutz der HTTP-Übertragung darstellt. Die Visualisierung besteht aus einem runden Symbol (in Abbildung mit „B" markiert), welches am rechten Rand der Statusleiste des Webbrowsers zu sehen ist. Das Symbol nimmt je nach Grad der Sicherheit verschiedene Farben an: durch den Webbrowser geschützte Kommunikation (grün mit gelbem Schloss), durch ACCS geschützte Kommunikation (grün), durch ACCS geschützte Kommunikation mit fehlerhaftem oder nicht vertrauenswürdigem Zertifikat (gelb) und ungeschützte Kommunikation (rot). Zudem werden genauere Informationen, wie die genutzten kryptografischen Verfahren, als Tooltip[2] angezeigt (in der Abbildung mit „A" markiert).

5.6.4.3 Webbrowser-Erweiterung

Der automatische Schutz von HTTP kann auch direkt im Webbrowser implementiert werden. Hierfür bietet sich zum Beispiel eine Firefox-Erweiterung (Add-on) an. Dieses Vorgehen erlaubt eine einfache plattformübergreifende Einsetzbarkeit des Verfahrens.

Im Rahmen von [154] wurde dieser Ansatz umgesetzt und zudem erweitert. Hierzu gehört, dass es innerhalb des Webbrowsers möglich ist, Nutzerverhalten mittels der

---

[2] Der Tooltip wird immer dann angezeigt, wenn der Mauszeiger kurz über dem Icon verweilt.

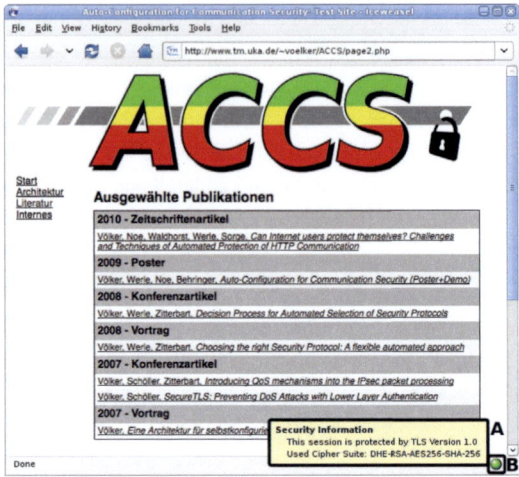

Abbildung 5.24: Darstellung des automatischen ACCS-Schutzes im Webbrowser

Chronik besuchter Webseiten sowie der Lesezeichen zu analysieren und zukünftiges Nutzerverhalten vorherzusagen. Dadurch ist eine proaktive Überprüfung auf Schützbarkeit durch HTTPS möglich. Es kann also eine Aussage getroffen werden, ob der Abruf einer Webseite durch die Erweiterung in Zukunft automatisch geschützt werden kann. Die Implementierung im Webbrowser ermöglicht zusätzlich den Verzicht auf eine Signalisierung mittels IUN: Die für die Visualisierung relevanten Daten liegen bereits im Webbrowser vor, da der Schutz durch die Erweiterung des Webbrowsers geschieht.

Als großer Nachteil der Firefox-Erweiterung stellte sich heraus, dass nur sehr einfache Inhaltsvergleichsalgorithmen plattformneutral implementiert werden können, da aus Robustheitsgründen Firefox jeder Erweiterung nur ein begrenztes Rechenzeitkontingent zur Verfügung stellt. Eine Implementierung des zuvor vorgestellten Inhaltsvergleichsverfahrens auf Basis des Ratcliff/Obershelp-Algorithmus (ROA) als Erweiterung ist damit nicht möglich. Dieses Problem kann überwunden werden, indem der Inhaltsvergleich von einer externen Komponente übernommen wird oder nur ein einfacher Ansatz auf Basis einer Liste von schützbaren Webpräsenzen genutzt wird.

Der automatische Schutz von HTTP durch eine Webbrowser-Erweiterung ermöglicht es, die HTTP-Kommunikation zu schützen, ohne dass die Entscheidungsfindung von ACCS eingesetzt werden muss. Allerdings erlaubt es dieser Ansatz nicht, zwischen verschiedenen Sicherheitsprotokollen zu wählen, da er nur HTTPS unterstützt. Er kann nur die Kommunikation des Webbrowsers schützen und betrachtet auch nicht die verschiedenen Kommunikationseigenschaften, wie zum Beispiel Dienstgüte und Energiebedarf.

5.7 Erweiterungen

Die bislang vorgestellten Komponenten reichen bereits aus, um mit ACCS die gewünschte Wirkung zu erreichen. Es sind jedoch noch Erweiterungen sinnvoll, um den Ablauf des Sicherheitsmanagers in Hinblick auf Abfragen und Berechnungen weiter zu verbessern. Hierzu gehören Cache, Wissensbasis und proaktive Auto-Discovery.

Der *Cache* ermöglicht es, wiederkehrende Anfragen an die Sicherheitsadapter und die Entscheidungsfindung einzusparen, indem er die Ergebnisse der Entscheidungsfindung zwischenspeichert und bei Wiederholung dann direkt beantwortet. Dies führt zu einer verkürzten Latenz durch eingesparte Detektion der Alternativen und den eingesparten Entscheidungsprozess.

Für den Cache sind verschiedene Strategien sowie Gültigkeitsdauern der Einträge denkbar. Im Allgemeinen werden die Konfigurationen von Kommunikationspartnern nicht allzu oft geändert; somit kann eine lange Gültigkeitsdauer von Cache-Einträgen gewählt werden. Genauere Untersuchungen hierzu werden allerdings in der vorliegenden Arbeit nicht weiter vorgenommen.

Eine weitere Verbesserung der Latenz kann durch die Komponente zur *proaktiven Auto-Discovery* erreicht werden. Sie ermöglicht es, noch vor dem Beginn der Kommunikation durch die Anwendung mit der Entscheidungsfindung bzw. den notwendigen Abfragen an die Sicherheitsadapter zu beginnen. Hierbei ist die Komponente in der Lage, bestimmte Ereignisse, wie z. B. den Start von bekannten Programmen oder getätigte DNS-Anfragen, zu nutzen. Zudem ist es möglich, Vorhersagen basierend auf dem Verhalten des Nutzers zu treffen, beispielsweise anhand bekannter häufiger Kommunikationspartner. Die proaktive Auto-Discovery wird in Abschnitt 5.7.1 beschrieben.

Durch den Einsatz der *Wissensbasis* wird vermieden, dass der Sicherheitsmanager und die Sicherheitsadapter bei Änderungen von grundlegenden kryptografischen Erkenntnissen angepasst werden müssen. Dies wird erreicht, indem notwendiges Wissen in der Wissensbasis abgelegt wird und es dort leicht zentral anpassbar ist. Soll zum Beispiel die effektive Bitstärke für eine Alternative eines Sicherheitsadapters bestimmt werden, so geschieht dies nicht durch den Adapter selbst, sondern durch Aufruf der Wissensbasis. Wird die Wissensbasis dann aufgrund neuer Erkenntnisse aktualisiert, so werden automatisch alle folgenden Bestimmungen der effektiven Bitstärke angepasst. Für die Aktualisierung der Wissensbasis bieten sich verbreitete Mechanismen an, wie sie bei Aktualisierungen von Virenscannersignaturdateien oder Software-Updates bekannt sind.

5.7.1 Proaktive Auto-Discovery

Die Komponente zur proaktiven Auto-Discovery wurde entworfen, um die Abfragen der Sicherheitsadapter und die Berechnungen der Entscheidungsfindung möglichst früh beginnen zu können. Hiermit soll die Verzögerung durch ACCS beim Kommunikationsbeginn möglichst klein gehalten werden. Dies ist vor allem wichtig für den Schutz von HTTP-Verbindungen, da die Verzögerung durch den Inhaltsvergleich von HTTP und HTTPS einige Sekunden betragen kann.

Verschiedene Ereignisse können die Auto-Discovery starten. Hierzu zählen:

- Start bekannter Anwendungen
- DNS-Anfragen
- Anfragen an Suchmaschinen

Wird eine Anwendung regelmäßig genutzt, kann man davon ausgehen, dass mit einer gewissen Wahrscheinlichkeit die Menge der Kommunikationspartner ähnlich zu derjenigen der letzten Ausführung der Anwendung ist. Je nach Anwendung kann es sogar vorkommen, dass die Menge der Kommunikationspartner konstant ist – z. B. bei E-Mail-Clients. In diesem Fall kann zwar auf die Einträge im Cache zurückgegriffen werden; mittels einer Überprüfung kann allerdings sichergestellt werden, dass die Einträge im Cache noch zutreffen. Daher kann *der Start einer bekannten Anwendung* zum Anlass genommen werden, eine Liste zuvor erlernter Kommunikationspartnern bezüglich möglicher Schützbarkeit der Kommunikation zu überprüfen.

Da in der Regel eine *DNS-Anfrage* vor der eigentlichen Kommunikation durchgeführt wird, kann diese als Ereignis für die Auto-Discovery genutzt werden. Hierbei muss allerdings „erraten" werden, welches Protokoll das anfragende Programm nutzen will, da nur wenige DNS-Anfragen (zum Beispiel solche nach MX-, SRV- und NAPTR-Einträgen) Rückschlüsse auf das Protokoll erlauben. Es ist jedoch möglich, anhand des angefragten Hostnamens die Menge möglicher Protokolle zusätzlich einzuschränken: Zum Beispiel ist bei einer Abfrage nach *www* in der Regel Kommunikation per http zu erwarten. Allerdings kann die Erkennung basierend auf DNS-Anfragen nur wenig Zeit einsparen, da der Verbindungsaufbau in der Regel sofort im Anschluss der DNS-Anfrage der Anwendung erfolgt.

Eine weitere Option ist es, Links von Webseiten zu untersuchen, wie zum Beispiel die *Anfrage an eine Suchmaschine* als Anlass für die Auto-Discovery zu nehmen. Hierbei führt die Komponente Überprüfungen auf eine Menge der zurückgegebenen Antworten aus und lernt frühzeitig, ob die Webseiten, auf die die Antworten verweisen, automatisch schützbar sind. Eine solche Variante der Auto-Discovery wurde im Zusammenhang mit der vorliegenden Arbeit von [155] untersucht und die Funktionsweise nachgewiesen. Ein solches Verfahren kann die Wartezeit zwar nochmals verkürzen, bedeutet allerdings einen großen Aufwand, da möglicherweise eine große Anzahl von Webpräsenzen untersucht werden müssen, die jedoch nie aufgerufen werden. Zudem ist die transparente Integration eines solchen Verfahrens nicht problemlos möglich: Ist die Kommunikation zwischen Webbrowser und Webserver verschlüsselt, so kann nicht transparent die Kommunikation geschützt werden. Eine Modifikation des Webbrowsers ist notwendig.

5.8 Vergleich mit dem Stand der Forschung

Im vorliegenden Abschnitt wird das in diesem Kapitel vorgestellte System zum Schutz der Kommunikation (ACCS) mit anderen aktuellen Arbeiten zum besseren Schutz der Kommunikation verglichen.

Ein Ansatz, der auch versucht, den Nutzer von der Sicherheitsentscheidung zu entlasten, ist das *Extensible Security Adaptation Framework*, kurz ESAF [156, 157]. ESAF erlaubt es dem Nutzer, genau wie ACCS, Anforderungen an die Sicherheit der Kommunikation zu definieren und versucht diese dann umzusetzen. Hierbei geht ESAF allerdings einen anderen Weg als ACCS: ESAF nutzt ein eigenes Aushandlungsprotokoll, um den sogenannten „Sicherheitskontext" aushandeln. Hierbei einigen sich die beiden Kommunikationspartner auf das zu nutzende Sicherheitsprotokoll und dessen Konfiguration. Daher kann ESAF nicht einfach für die Kommunikation mit beliebigen Kommunikationspartnern verwendet werden, sondern nur mit Kommunikationspartnern, die ESAF ebenfalls einsetzen.

Der Ansatz von *Opportunistic Encryption* (OE) ist es, Kommunikation möglichst immer durch IPsec zu schützen, falls IPsec vom Kommunikationspartner unterstützt wird. OE schlägt vor, die notwendigen öffentlichen Schlüssel zur Authentifizierung der Parteien für die Schlüsselaustauschphase im DNS zu speichern [138]. In Kombination mit einem geschützten DNS (DNSSEC) bildet sich eine sichere Grundlage für den Schlüsselaustausch mit zuvor unbekannten Kommunikationspartnern. Auf diese Art kann OE die volle Sicherheit von IPsec, das heißt auch die Authentifizierung des Kommunikationspartners, erreichen. OE selbst erklärt allerdings nicht, wie entschieden werden kann, ob die Kommunikation geschützt werden soll und ob dabei auch Kommunikationseigenschaften, wie zum Beispiel Dienstgüte und Energiebedarf, berücksichtigt werden. Zudem ist OE noch nicht weit verbreitet. Der Ansatz von OE kann jedoch, wie in Abschnitt 5.5.3 gezeigt, in ACCS integriert werden.

Die IETF-Arbeitsgruppe *Better-Than-Nothing-Security* (BTNS) beschreibt unter anderem, wie IPsec auch ohne Authentifizierung des Kommunikationspartners eingesetzt

werden kann [135, 136]. Dieses Konzept wird auch als unauthentifiziertes IPsec bezeichnet. Hierbei wird ein unauthentifizierter Schlüsselaustausch mit dem Kommunikationspartner durchgeführt; das heißt, die Identität des Kommunikationspartners wird
nicht sichergestellt. Es wird zwar nicht der volle Schutz von IPsec erreicht, aber Angriffe passiver Angreifer – wie zum Beispiel das Abhören der Kommunikation – werden
wirkungsvoll verhindert. Die BTNS-Arbeitsgruppe hat zudem einen Mechanismus stan-
dardisiert, um Anwendungen die Interaktion mit IPsec und IKE zu erlauben [158].
Hierdurch können Anwendungen einerseits sicherstellen, dass ihre Daten nur durch bestimmte IPsec-Assoziationen geschützt gesendet und empfangen werden (connection
latching). Andererseits ist vorgesehen, dass Anwendungen auch IPsec und IKE steuern und dabei die Authentifizierung übernehmen. Auch Teile der Ansätze der BTNS-
Arbeitsgruppe können mit ACCS kombiniert werden (siehe Abschnitt 5.5.3).

In der Tabelle 5.8 werden die bereits vorgestellten Ansätzen und Lösungen der Lösung
dieser Arbeit (ACCS) gegenübergestellt. Diese Lösungen unterscheiden sich bereits
im *Ansatz*. Einige wählen aus einer Menge von Optionen (Auswahlansatz) und andere versuchen, durch Aushandlung einen möglichst geeigneten Kommunikationsschutz
zu erreichen. Bis auf OE besitzen alle Lösungen auch eine *Anwendungsschnittstelle*, um
zum Beispiel Richtlinien von der Anwendung erhalten zu können. Hiermit können alle
Lösungen bis auf OE *Anforderungen* von Anwendungen erhalten. Insbesondere ESAF
und OE besitzen *Abhängigkeiten*. Das heißt, sie erfordern ein zusätzliches Aushandlungsprotokoll beziehungsweise eine Erweiterung des DNS. Dies führt zu mangelnder
Abwärtskompatibilität. Während sich bei OE und BTNS die Menge der unterstützten
Sicherheitsprotokolle auf IPsec beschränkt, sind für ESAF auch weitere Sicherheitsprotokolle denkbar und ACCS unterstützt sie bereits. Dies führt dazu, dass nur bei AC-
CS eine große *Flexibilität* gegeben ist. Auf welcher Art die Kommunikation geschützt
wird (Sicherheitsprotokoll und Konfiguration), kann von verschiedenen *Kommunikationseigenschaften* der Kommunikation und Anforderungen an diese abhängen. Hierfür
werden Kommunikationseigenschaften aus den Kategorien Sicherheit, Dienstgüte und
Energiebedarf betrachtet.

ACCS ist im Gegensatz zu den anderen Ansätzen abwärtskompatibel, da es bereits vorhandene Sicherheitsprotokolle nutzt. Zudem benötigt es weder ein Meta-Protokoll (wie
ESAF) noch eine DNS-Erweiterung (wie OE) und kann daher bereits heute eingesetzt
werden.

5.9 Zusammenfassung

In diesem Kapitel wurde ein flexibles System zum automatisierten Schutz der Internetkommunikation beschrieben. Die Systemarchitektur erlaubt die Integration in bisherige

	ESAF	OE	BTNS	ACCS
Ansatz				
Auswahlansatz	nein	nein	nein	ja
Aushandlungsansatz	ja	nein	nein	nein
Anwendungsschnittstelle				
vorhanden	ja	nein	ja	ja
Anforderungen möglich	ja	nein	nein	ja
Abhängigkeiten				
Aushandlungsprotokoll	ja	nein	nein	nein
DNS-Erweiterung	nein	ja	nein	nein
Allgemein				
Abwärtskompatibilität	nein	nein	nein	ja
Sicherheitsprotokolle	u.a. IPsec	IPsec	IPsec	IPsec, TLS, ...
Flexibilität	mittel	niedrig	niedrig	hoch
Berücksichtigte Kommunikationseigenschaften				
Sicherheit	ja	nein	nein	ja
Dienstgüte	ja	nein	nein	ja
Energiebedarf	ja	nein	nein	ja

Tabelle 5.8: Vergleich mit dem Stand der Forschung

Betriebssysteme bei Nutzung bestehender Sicherheitsprotokolle. Somit kann – im Gegensatz zu vielen anderen Lösungen – lediglich durch Änderungen des lokalen Systems bereits zusätzlicher Schutz erreicht werden.

Das System (ACCS) baut auf der Kriterienbeschreibung und Entscheidungsfindung des vorangegangenen Kapitels auf. Dies erlaubt es ACCS, sehr flexibel und effizient auf die Anforderungen von Nutzern und Anwendungen einzugehen und hiermit eine geeignete Balance zwischen den Sicherheitswirkungen und auftretenden Nebenwirkungen, wie zum Beispiel erhöhtem Energiebedarf und verminderter Dienstgüte, zu erreichen.

Besonders im Fokus von ACCS liegt die Nutzung aktueller Sicherheitsprotokolle für den automatisierten Schutz der Kommunikation. Hierbei wurde für die verbreiteten Sicherheitsprotokolle IPsec und TLS detailliert aufgezeigt, wie diese genutzt werden können. Es wurde zudem auf Sonderfälle, wie den automatischen Schutz von SMTP oder HTTP mittels TLS eingegangen. Vor allem der automatische Schutz von HTTP zeichnet sich durch wesentliche Herausforderungen aus, die jedoch von ACCS gelöst werden konnten, indem ein Verfahren zum Vergleich von über HTTP und HTTPS ausgeliefertem Inhalt entwickelt wurde.

Für die Übertragung von Webseiten und E-Mails wurde exemplarisch die automatische Schützbarkeit untersucht. In beiden Fällen kann eine deutliche Verbesserung der Sicherheit (Anteil geschützter Kommunikation) erreicht werden, wenn auch bei der E-Mail-Übertragung die Ergebnisse etwas besser ausfallen. Dies entspricht allerdings auch den Erwartungen, da E-Mails in der Regel als persönliche und schützenswerte Daten empfunden werden. Für Webseiten gilt dies jedoch nur zum Teil.

Die Aktualität und Wichtigkeit der in diesem Kapitel betrachteten Thematik werden auch dadurch ersichtlich, dass die Probleme und Ansätze der vorliegenden Arbeit auch durch andere Arbeiten aufgegriffen werden. Neben der in dieser Arbeit vorgestellten Webbrowser-Erweiterung ist eine weitere entstanden [159], welche allerdings bislang nur ein rudimentäres White-List-Verfahren unterstützt. Weiterhin wird seit Mitte 2010 ein Mechanismus entwickelt, um den Webbrowser zu signalisieren, dass auf eine Web-präsenz per HTTPS zugegriffen werden kann und soll [160]. Dieser Ansatz muss allerdings durch den Webserver explizit unterstützt und konfiguriert werden.

Im praktischen Einsatz zeigte sich zudem, dass im heutigen Internet die Anzahl von nutzbaren Alternativen begrenzt ist. In vielen Fällen unterstützt der Kommunikations-partner nur genau ein nutzbares Sicherheitsprotokoll. Die Entscheidungsfindung kann dann zum Beispiel nur für die Wahl einer geeigneten Cipher Suite genutzt werden oder ungeschützte Kommunikation unterbinden. Betrachtet man allerdings ACCS im Kontext von Sicherheitsproblemen von Protokollen, wie zum Beispiel der Renegotiation-Schwäche in TLS [161], so werden die Vorteile einer dynamischen automatisierten Wahl von Kommunikationsprotokollen im Internet offensichtlich. Eine automatisierte Wahl von Kommunikationsprotokollen, wie sie in diesem Kapitel betrachtet wurde, erlaubt es, zeitnah und automatisiert ein Sicherheitsprotokoll mit Sicherheitsschwäche durch ein besseres Sicherheitsprotokoll zu ersetzen, ohne dass Anwendungen verändert werden müssen.

ACCS konnte erfolgreich als Demonstrator vor Fachpublikum einer wissenschaftlichen Konferenz präsentiert werden [131] und hierbei den automatisierten Schutz von Protokollen, wie zum Beispiel HTTP und SMTP, durch geeignete Adapter demonstrieren.

Dieses Kapitel zeigt einen wesentlichen Aspekt der automatisierten Wahl von Kommunikationsprotokollen, nämlich die Möglichkeit ihres Einsatzes im Internet auf Basis bestehender Protokolle. Das anschließende Kapitel führt die Konzepte dieses und der vorangegangenen Kapitel weiter, indem es die automatisierte Wahl von Kommunikationsprotokollen im zukünftigen Internet auf Basis von komponierten Kommunikationsprotokollen betrachtet und ein wesentliches Problem löst: die automatische Bestimmung der Kommunikationseigenschaften.

6. Automatisierte Protokollwahl im zukünftigen Internet

Ein wichtiges Forschungsthema der letzten Jahre ist das „zukünftige Internet" (Future Internet). Unter diesem Begriff werden eine Vielzahl verschiedener Ansätze und Architekturen betrachtet, um entweder das heutige Internet graduell zu verbessern oder das Internet mit einem Neuanfang zu ersetzen (clean slate).

In vielen Arbeiten soll sich das zukünftige Internet unter anderem dadurch auszeichnen, dass es auch auf Anwendungsfälle zugeschnittene Kommunikationsprotokolle und nicht nur die Kommunikationsprotokolle der TCP/IP-Protokollfamilie unterstützt. Hierdurch soll erreicht werden, dass auch Anwendungen, Netze und Knoten, für die TCP/IP bislang wenig geeignet ist, ausreichend unterstützt werden und einfach über das Internet kommunizieren können. Beispiele hierfür sind drahtlose Sensornetze, Fahrzeugnetze oder Heimautomatisierungsnetze. Dieser Aspekt wird auch von der vorliegenden Arbeit aufgegriffen.

Um solche spezialisierten Kommunikationsprotokolle testen und ausführen zu können, entstanden in den letzten Jahren geeignete Testumgebungen und Netzvirtualisierungsansätze. *Testumgebungen* (test beds) erlauben es, neue Ansätze und Architekturen zu testen, indem viele verteilte Systeme und geeignete Methoden zum Verteilen von Software bereitgestellt werden. Hierdurch soll die Entwicklung solcher Ansätze und Architekturen stark vereinfacht werden [162, 163, 164]. *Netzvirtualisierung* hat zum Ziel, gleichzeitig verschiedene Ansätze und Architekturen auf derselben Hardware betreiben zu können [165]. So soll ermöglicht werden, schneller Innovationen in das Internet einzubringen und somit der sogenannten „Verknöcherung des Internets" entgegenzuwirken [5, 6].

Auf Basis der Testumgebungen und Netzvirtualisierung ist eine Umsetzung spezialisierter Kommunikationsprotokolle möglich. Für den späteren Produktiveinsatz bedarf es allerdings auch eines geeigneten Systems, das es erlaubt, mehrere dieser Protokolle parallel zu betreiben. So ist es möglich, für verschiedene Anwendungen unterschiedliche Kommunikationsprotokolle nutzen zu können.

Es ist anzunehmen, dass viele Protokollbestandteile in mehr als einem spezialisierten Kommunikationsprotokoll eingesetzt werden. Zum Beispiel greifen bereits heute viele Sicherheitsprotokolle auf identische kryptografische Verfahren zurück. Daher liegt es nahe, eine Effizienzsteigerung durch die Wiederverwendung von Protokollbestandteilen zu verfolgen. Ein Ansatz dies zu erreichen, ist die Protokollkomposition, die Kommunikationsprotokolle aus *funktionalen Blöcken* zusammensetzt und dabei eine Wiederverwendung dieser Blöcke ermöglicht. So können einfach geeignete Protokolle konstruiert werden.

Die Verfügbarkeit einer großen Menge unterschiedlicher Kommunikationsprotokolle führt dazu, dass für jede Kommunikation ein geeigneter Protokollstapel ausgewählt werden muss. Für diese Wahl soll das Verfahren aus Kapitel 4 angewendet werden. Diese ist allerdings nur genau dann anwendbar, wenn ihr die Kommunikationseigenschaften der Protokollstapel vorliegen. Sie müssen jedoch zuerst bestimmt werden. Die Bestimmung soll möglichst automatisch und ohne zusätzlichen Aufwand für den Nutzer erfolgen. Wünschenswert ist daher ein Verfahren, das die Beschreibung der funktionalen Blöcke und den „Bauplan" eines komponierten Protokolls betrachtet und hieraus automatisch die Kommunikationseigenschaften bestimmt.

Daher wird in diesem Kapitel die Bestimmung der Kommunikationseigenschaften komponierter Protokollstapel betrachtet und hiermit ein Lösungsansatz für dieses Verfahren vorgestellt. Die in den vorangegangenen Kapiteln präsentierten Konzepte werden dadurch nicht nur im zukünftigen Internet anwendbar, sondern zur Lösung eines allgemeineren Problems.

Das Kapitel ist wie folgt strukturiert: Im Anschluss wird zuerst eine geeignete Systemarchitektur für das zukünftige Internet vorgestellt (Abschnitt 6.1). Hierauf aufbauend wird in Abschnitt 6.2 ein Verfahren für die Bestimmung der Kommunikationseigenschaften vorgestellt. In Abschnitt 6.3 wird das Verfahren im Einsatz untersucht. Aufbauend auf das Verfahren zur Bestimmung von Kommunikationseigenschaften wird danach ein Entwicklungswerkzeug (Abschnitt 6.5) für den Entwurf komponierter Kommunikationsprotokolle vorgestellt. Abschnitt 6.4 zeigt den Vergleich mit dem Stand der Forschung. Abgeschlossen wird dieses Kapitel mit einem Fazit in Abschnitt 6.6.

6.1 Systemarchitektur für das zukünftige Internet

Wie bereits für die automatisierte Wahl von Sicherheitsprotokollen in Kapitel 5 wird auch im vorliegenden Kapitel zuerst eine geeignete Systemarchitektur für die im Abschnitt 3.1 präsentierten abstrakten Konzepte der Wahl von Kommunikationsprotokollen vorgestellt. Hierfür wurde im Zusammenhang mit der vorliegenden Arbeit die *Netlet-based Node Architecture* (NENA) für die Ausführung von Kommunikationsprotokollen für das zukünftige Internet im 4WARD-Projekt[1] entwickelt [166, 167]. Das 4WARD-Projekt hatte unter anderem zum Ziel, Tausende zukünftige Netze zu ermöglichen (let 1000 networks bloom). Daher ist es ein Ziel von NENA, möglichst effizient und flexibel Zugriff auf eine Vielzahl von Netzen mit unterschiedlichen Kommunikationsprotokollen bereitzustellen. Hierbei stehen vor allem komponierte Kommunikationsprotokolle im Vordergrund.

Da für die vorliegende Arbeit nur ein Teil von NENA wesentlich ist, wird im Folgenden NENA nur in einer vereinfachten Form gezeigt. Die vereinfachte Architektur für die Nutzung verschiedener Netze mit hochspezialisierten Protokollen wird in Abbildung 6.1 dargestellt.

Das wichtigste Konzept von NENA ist das *Netlet*, welches den Container für Kommunikationsprotokolle darstellt und mit heutigen Protokollstapeln vergleichbar ist. Netlets können durch Komposition erzeugt werden, also komponierte Kommunikationsprotokolle beinhalten. Aber auch nicht-komponierte Netlets werden durch NENA unterstützt. Die Spezialisierung der Kommunikationsprotokolle kann dazu führen, dass ein Netlet deutlich weniger komplex als heutige Protokollstapel ist, denn ein Netlet muss nicht für beliebige Kommunikation einsetzbar sein, da mehrere Netlets parallel vorhanden sein können.

Die parallele Nutzung mehrerer Netlets wird durch *Multiplexer* ermöglicht, welche eingehende Dateneinheiten auf zugehörige Netlets verteilen. Multiplexer sind in der Regel spezifisch auf die Kommunikation mehrerer Netlets zugeschnitten und implementieren eine gemeinsame Funktionalität dieser Netlets. Ein Multiplexer kann beispielsweise eine sehr einfache Funktionalität (wie das Auswerten eines Protokollfelds) implementieren. Um ein IPv4- und ein IPv6-Netlet umzusetzen, könnte man einen einfachen Multiplexer einsetzen, der nur das Versionsfeld am Anfang der IP-Nachrichtenköpfe auswertet. Es ist jedoch auch denkbar, dass ein Netlet keinen Multiplexer benötigt.

---

[1] 4WARD – EU-Projekt im 7. Rahmenprogramm: http://www.4ward-project.eu

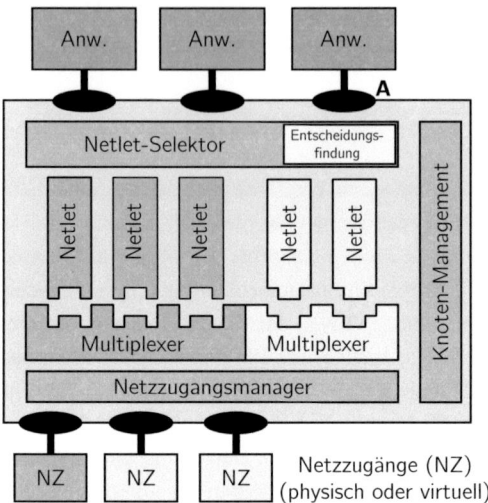

Abbildung 6.1: Vereinfachte Netlet-based Node Architecture

Die Anbindung der einzelnen Netze wird durch die Abstraktion des *Netzzugangs* (NZ) realisiert, welcher vergleichbar zu den heutigen physischen und virtuellen Netzwerkschnittstellen ist.

Die Verknüpfungen von Netzzugang und Multiplexer bzw. Netlet geschehen mithilfe des *Netzzugangsmanagers*. Diese Verknüpfungen können entweder fest konfiguriert werden oder durch Kommunikationsprotokolle dynamisch ausgehandelt werden. Dies ist unter anderem für mobile Endgeräte sinnvoll [168]. Hierfür ist ein Verständnis der innerhalb eines Netzes gesprochenen Kommunikationsprotokolle wesentlich. Ein Netzzugangsmanager darf Multiplexer und Netlets nur mit Netzen verknüpfen, derer Dateneinheiten diese auch verstehen können. Eine weitere wichtige Aufgabe des Netzzugangsmanagers ist es, die Kommunikationseigenschaften der einzelnen Netzzugänge zu kennen und diese Daten innerhalb von NENA bereitzustellen. Die Nutzung dieser Kommunikationseigenschaften wird im nächsten Abschnitt thematisiert.

Für die Anbindung der Anwendungen an die Knotenarchitektur wird ein *erweiterter Dienstzugangspunkt* genutzt, welcher bereits in Abschnitt 3.1 vorgestellt wurde und als Symbol „A" direkt unter den Anwendungen dargestellt wird. Eine wesentliche Aufgabe dieser Schnittstelle ist es, Anforderungen der Anwendungen zu transportieren. Hierdurch kann die Anwendung die erlaubten Kommunikationseigenschaften einschränken und die Entscheidungsfindung mittels Gewichten und Nutzenfunktionen beeinflussen. Die Verknüpfung der Anwendungen mit den Netlets ermöglicht der *Netlet-Selektor*. Eine wesentliche Anforderung an ihn ist es, das jeweils am besten geeignete Netlet für die Kommunikationsassoziationen auszuwählen. Hierfür wird die zuvor beschriebene Entscheidungsfindung eingesetzt.

Andere Funktionalitäten wurden zur Vereinfachung in der Abbildung unter *Knoten-Management* subsumiert und haben für diese Arbeit keine direkte Relevanz. Weitere Details hierzu und zu anderen Aspekten der Architektur finden sich in [167].

Die hier vorgestellte Architektur und ein Teil der Konzepte für die Wahl von Protokollen im zukünftigen Internet konnten bereits erfolgreich auf einer renommierten Konferenz in Form eines Demonstrators präsentiert werden, welcher mit dem Preis für den besten Demonstrator ausgezeichnet wurde [169].

Im nächsten Abschnitt wird betrachtet, wie im Rahmen von NENA die Kommunikationseigenschaften der Netlets bestimmt werden, welche für die Wahl des am besten geeigneten Netlets benötigt werden.

6.2 Aggregation der Wirkungen funktionaler Blöcke

Für die automatisierte Wahl der am besten geeigneten Kommunikationsprotokolle müssen zunächst die für die Entscheidungsfindung notwendigen Kommunikationseigenschaften der Kommunikationsprotokolle bestimmt werden. Im Folgenden wird gezeigt, wie diese aus den Wirkungen der verwendeten funktionalen Blöcke und den Kommunikationseigenschaften des genutzten Kommunikationsnetzes bestimmt werden können. Um das Verfahren bewusst einfach zu halten, beschränkt sich die vorliegende Arbeit bei der Betrachtung auf die Verarbeitung der Daten durch die Kommunikationsprotokolle (Datenpfad) und ignoriert dabei einen Teil der Wirkung von Kontrolldaten. Die Kontrolldaten werden jedoch indirekt in einigen Kommunikationseigenschaften, wie zum Beispiel Aufbauverzögerung durch Kommunikation, Overhead Kommunikationsaufbau/-abbau, Energiebedarf Kommunikationsaufbau/-abbau und diversen Kommunikationseigenschaften der Kategorien Zuverlässigkeit und Sicherheit berücksichtigt.

Das Verfahren für die Aggregation der Wirkungen funktionaler Blöcke orientiert sich am Weg der Dateneinheiten. Den Dateneinheiten vom lokalen System zum Kommunikationspartner folgend, werden diese zuerst durch den lokalen Protokollstapel beziehungsweise durch dessen funktionale Blöcke verarbeitet. Danach werden die Dateneinheiten durch ein Kommunikationsnetz zum Kommunikationspartner transportiert, wo wiederum ein Protokollstapel sie verarbeitet.

Das Verfahren selbst folgt einem rekursiven Ansatz. Zur Vereinfachung wird zuerst ein „leerer" Kommunikationskanal zwischen den Kommunikationspartnern betrachtet, der noch mit keinen funktionalen Blöcken oder Kommunikationsnetzen interagiert. Diesem

Kanal werden dann schrittweise funktionale Blöcke und Kommunikationsnetze hinzugefügt, bis alle funktionalen Blöcke und Kommunikationsnetze des zu betrachtenden
Kanals vorhanden sind. Während des schrittweisen Hinzufügens werden die Kommunikationseigenschaften $\vec{\rho}$ des Kanals betrachtet, deren Anfangsbelegung mit $\vec{\rho}_0$ bezeichnet wird. In jedem Schritt fließt die Wirkung des hinzugefügten funktionalen Blockes
oder Netzes in $\vec{\rho}$ ein. Abbildung 6.2 zeigt ein einfaches Modell für den Einfluss eines
funktionalen Blocks und die Änderungen von $\vec{\rho}$. Die funktionalen Blöcke sind in der
Reihenfolge nummeriert, in der sie im Protokollstapel durchlaufen werden. Vor dem
i-ten funktionalen Block FB$_i$ werden die Kommunikationseigenschaften mit $\vec{\rho}_{i-1}$ und
nach FB$_i$ mit $\vec{\rho}_i$ bezeichnet.

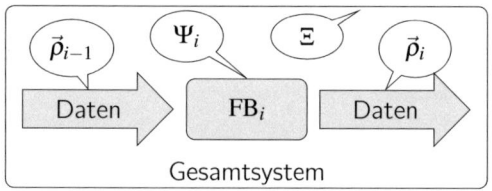

Abbildung 6.2: Funktionale Blöcke und Eigenschaften

Die Wirkungen des funktionalen Blocks FB$_i$ werden mit Ψ_i bezeichnet und der Systemzustand mit Ξ. Die abstrakte Funktion f^2 bestimmt die Kommunikationseigenschaften
$\vec{\rho}_i$ basierend auf den vorangegangenen Kommunikationseigenschaften $\vec{\rho}_{i-1}$, der Wirkung Ψ_i des funktionalen Blocks FB$_i$ und dem Systemzustand Ξ:

$$\vec{\rho}_i = f(\vec{\rho}_{i-1}, \Psi_i, \Xi) \tag{6.1}$$

Wie zuvor erwähnt, sind die funktionalen Blöcke anhand ihrer Verarbeitungsreihen-
folge nummeriert. Zuerst werden die Dateneinheiten der Kommunikation durch den
funktionalen Block FB$_1$ verarbeitet, im Anschluss daran durch den funktionalen Block
FB$_2$ und so weiter. Um die Auswirkungen eines komponierten Protokollstapels auf die
Kommunikation zu bestimmen, werden die Kommunikationseigenschaften des Kanals
aggregiert. Dies geschieht, indem die Transferfunktion f nacheinander auf die genutzten funktionalen Blöcke angewendet wird.

$$\vec{\rho}_n = f\left(f\left(\ldots\left(f\left(\vec{\rho}_0, \Psi_1, \Xi\right), \ldots\right), \Psi_{n-1}, \Xi\right), \Psi_n, \Xi\right) \tag{6.2}$$

---

[2] Die Funktion f wird als abstrakt bezeichnet, weil es in der Praxis nicht immer sinnvoll oder möglich ist,
diese als mathematische Funktion zu definieren. Für das Verständnis der Aggregation ist diese Darstellung jedoch
hilfreich und in der Implementierung kann die Funktion leicht umgesetzt werden.

Da die Bestimmung der Kommunikationseigenschaften schrittweise geschieht, kann das Verfahren auch mit Abhängigkeiten zwischen Kommunikationseigenschaften umgehen, denn die Kommunikationseigenschaften $\vec{\rho}_{i-1}$ liegen bereits vor, wenn die Wirkungen des funktionalen Blocks FB_i betrachtet werden. Werden zum Beispiel beschädigte Dateneinheiten durch einen funktionalen Block „CRC" erkannt, werden diese verworfen und so der Fehleranteil positiv verändert. Dieses Vorgehen wirkt sich jedoch negativ auf zum Beispiel den Verlustanteil und die Latenzschwankung aus.

Für das weitere Vorgehen muss nicht nur der lokale Protokollstapel, sondern auch das Kommunikationsnetz und der Protokollstapel des Kommunikationspartners betrachtet werden. Zur Vereinfachung wird im Rahmen dieser Arbeit davon ausgegangen, dass alle Kommunikationsteilnehmer identische Protokollstapel nutzen und die Dateneinheiten zwischen Sender und Empfänger identische symmetrische Pfade gleicher Eigenschaften nutzen. Dies führt dazu, dass die Dateneinheiten in beide Richtungen die gleiche Beeinflussung – zum Beispiel in Bezug auf Latenz – erfahren. Bei den funktionalen Blöcken dieser Protokollstapel wird zwischen eingehenden und ausgehenden unterschieden, auch wenn in der Praxis beide gemeinsam implementiert werden können. Die Wirkungen der eingehenden funktionalen Blöcke werden mit $\Psi_i^{in}, i \in [1;n]$ und die der ausgehenden mit $\Psi_j^{out}, j \in [1;m]$ bezeichnet. Die Bestimmung der Kommunikationseigenschaften geschieht wie folgt:

1: $\vec{\rho} \leftarrow \vec{\rho}_0$
2: **for** $i = 1$ **to** n **do**
3:    $\vec{\rho} \leftarrow f(\vec{\rho}, \Psi_i^{out}, \Xi)$ {Berücksichtige Wirkung der FBs (ausgehend, out)}
4: **end for**
5: $\vec{\rho} \leftarrow f(\vec{\rho}, \nu, \Xi)$ {Berücksichtige Kommunikationseigenschaften des Netzes}
6: **for** $j = m$ **to** 1 **do**
7:    $\vec{\rho} \leftarrow f(\vec{\rho}, \Psi_j^{in}, \Xi)$ {Berücksichtige Wirkung der FBs (eingehend, in)}
8: **end for**

Tabelle 6.1 fasst die wichtigsten in diesem Kapitel verwendeten Symbole zusammen. Im folgenden Abschnitt werden generische Aggregationsformen vorgestellt. Im Anschluss daran werden mögliche Auswirkungen der funktionalen Blöcke auf Latenz (Abschnitt 6.2.2), Energiebedarf (Abschnitt 6.2.3), Länge/Overhead (Abschnitt 6.2.4), Kapazität (Abschnitt 6.2.5), Zuverlässigkeit (Abschnitt 6.2.6) und Sicherheit (Abschnitt 6.2.7) exemplarisch betrachtet.

6.2.1 Generische Aggregationsformen

Für die Bestimmung der Kommunikationseigenschaften von komponierten Kommunikationsprotokollen ist es notwendig, die Wirkungen der funktionalen Blöcke auf die be-

FB_i	Funktionaler Block i
Ψ_i	Wirkungen des funktionalen Blocks FB_i
v	Wirkung des Netzes
Ξ	Zustand des Systems
ρ^x	Kommunikationseigenschaft x
$\vec{\rho}$	Aggregierte Eigenschaften der Kommunikation
$\vec{\rho}_0$	Initiale Eigenschaften der Kommunikation
$\vec{\rho}_i$	Kommunikationseigenschaften nach dem funktionalen Block FB_i
f	Transferfunktion

Tabelle 6.1: Symbol der Aggregation der Wirkungen funktionaler Blöcke

trachteten Kommunikationseigenschaften zu definieren. Die einzelnen Wirkungen hängen dabei nicht nur von der betrachteten Kommunikationseigenschaft selbst, sondern auch sehr stark von den funktionalen Blöcken ab. Da sich funktionale Blöcke sehr stark unterscheiden können, sind auch verschiedene Aggregationsformen denkbar. Im Folgenden wird eine Auswahl generischer Aggregationsformen vorgestellt.

Einige Kommunikationseigenschaften wachsen in der Regel für jeden Verarbeitungsschritt. Beispielsweise werden durch weitere Verarbeitung die Latenz (Abschnitt 6.2.2) und der Energiebedarf (Abschnitt 6.2.3) bestenfalls gleich bleiben und im Allgemeinen ansteigen. Diese Kommunikationseigenschaften steigen additiv an und bilden als Ganzes eine *Summe* (Gleichung 6.3). ρ^x ist also eine Summe von x_i.

Wird hingegen beispielsweise die Verarbeitungsrate von Dateneinheiten betrachtet, so ist eine Addition nicht angebracht. Sind die Verarbeitungszeiten der einzelnen funktionalen Blöcke zueinander unabhängig, könnte für die gesamte Verarbeitungsrate der Komposition das Minimum angesetzt werden (Gleichung 6.7). Nutzen die funktionalen Blöcke jedoch eine einzelne Verarbeitungseinheit, so ist diese Unabhängigkeit nicht mehr gegeben und eine Aggregation muss zum Beispiel mittels Kehrwert der Summe der Kehrwerte (Gleichung 6.4) erfolgen. Die Aggregation der Verarbeitungsrate von Dateneinheiten wird für die Bestimmung der Kapazität in Abschnitt 6.2.5 betrachtet.

Das Produkt (Gleichung 6.5) und das inverse Produkt (Gleichung 6.6) sind sinnvoll für die Aggregation von Wahrscheinlichkeiten, wie zum Beispiel Fehlerraten, und Anteilen, wie zum Beispiel dem Paketverlustanteil.

Die Minimumfunktion (Gleichung 6.7) und die Maximumfunktion (Gleichung 6.8) können als einfache Näherung für Zuverlässigkeits- oder Dienstgüteeigenschaften genutzt werden. Eine weitere Aggregation kann auch dadurch geschehen, dass ein funktionaler Block einfach einen Wert festsetzt (Gleichung 6.9). Diese Aggregation ist unter anderem für die Kommunikationseigenschaft effektive Bitstärke denkbar.

$$\rho^x = \sum_{i=0}^{n} x_i \tag{6.3}$$

$$\rho^x = \left(\sum_{i=0}^{n} \frac{1}{x_i} \right)^{-1} \tag{6.4}$$

$$\rho^x = \prod_{i=0}^{n} x_i \tag{6.5}$$

$$\rho^x = 1 - \prod_{i=0}^{n} (1 - x_i) \tag{6.6}$$

$$\rho^x = \min_{0 \le i \le n} (x_i) \tag{6.7}$$

$$\rho^x = \max_{0 \le i \le n} (x_i) \tag{6.8}$$

$$\rho^x = a \tag{6.9}$$

Es ist zu beachten, dass diese Gleichungen nur allgemeine Formen der Aggregationen darstellen. Was zum Beispiel durch die Summe aufsummiert wird (x_i in Gleichung 6.3), hängt sehr stark von der jeweiligen Kommunikationseigenschaft und dem betrachteten funktionalen Block ab. Es könnte ein einfacher Messwert oder ein Zwischenergebnis einer komplexeren Berechnung sein.

Da die Aggregationsform auch vom funktionalen Block abhängt, ist es möglich, dass die Aggregation für die gleiche Kommunikationseigenschaft durch unterschiedliche Aggregationsformen durchgeführt wird. Es ist dann sinnvoll, die Aggregation in *schrittweise Darstellung* zu betrachten. Die schrittweise Darstellung für zum Beispiel eine Summe ist die Addition, da die Summe durch mehrfache Addition dargestellt werden kann. So können verschiedene Aggregationen in den verschiedenen Schritten angewendet werden. Geeignete schrittweise Darstellungen der hier gezeigten sowie anderer Aggregationen werden im Anschluss für einige exemplarische Kommunikationseigenschaften hergeleitet.

6.2.2 Latenz

In Protokollimplementierungen wie Protokollstapeln und funktionalen Blöcken treten in der Regel Verarbeitungszeiten und Wartezeiten auf, welche in die Latenz eingehen (siehe auch Abschnitt 3.3.1.1). Betrachtet man einen funktionalen Block, so hängt die Verarbeitungszeit sehr stark von seiner Ausprägung und Konfiguration ab. Aber auch das ausführende System und dessen Zustand Ξ, sowie die Länge der zu verarbeitenden Dateneinheit ρ^{la} können einen Einfluss auf die Verarbeitungszeit besitzen. Beinhaltet ein funktionaler Block zudem eine Warteschlange, so kann diese zu Wartezeiten führen. Die Summe aus Verarbeitungszeit und Wartezeit des funktionalen Blocks FB_i wird mit Δ_i^{la} bezeichnet. Da die Verarbeitungszeit und Wartezeit sehr stark vom betrachteten funktionalen Block abhängen, kann keine allgemeine Form für Δ_i^{la} angegeben werden. Die Bestimmung des Δ_i^{la} kann jedoch je nach funktionalem Block durch analytische Betrachtungen und/oder Messungen erfolgen.

Für die Bestimmung der aggregierten Kommunikationseigenschaften nach dem funktionalen Block FB_i muss nun Δ_i^{la} mit ρ_{i-1}^{la} verknüpft werden. Hierfür bietet sich eine Addition an (Gleichung 6.10) und die Gesamtlatenz kann demnach durch eine Summe bestimmt werden (Gleichung 6.11). Wenn eine Abhängigkeit zwischen einem Δ_i^{la} und $\vec{p}_{i-1}$ bestehen kann, ist eine Aggregation wie Gleichung 6.11 für eine Implementierung des Aggregationsverfahrens nicht optimal geeignet, denn $\vec{p}_{i-1}$ muss für die Bestimmung von Δ_i^{la} bereitstehen; für die Berechnung der Summe müssen jedoch bereits alle $\Delta_i^{la}, i \in [1;n]$ bekannt sein. Die schrittweise Darstellung (Gleichung 6.10) ist in diesem Fall besser geeignet.

$$\rho_i^{la} = \rho_{i-1}^{la} + \Delta_i^{la} \qquad (6.10)$$

$$\rho_n^{la} = \rho_0^{la} + \sum_{i=1}^{n} \Delta_i^{la} \qquad (6.11)$$

Kategorie Kommunikationseigenschaft	Einheit	Aggregation
Dienstgüte: Latenz/Latenzschwankung		
Minimale 1-Weg-Verzögerung	s	Summe
Mittlere 1-Weg-Verzögerung	s	Summe
Latenzschwankung	s	Summe
Dienstgüte: Kommunikationsaufbaulatenz		
Aufbauwartezeit	s	Summe
Aufbauwartezeit (# 1-Weg-Verzögerungen)	#	Summe

Tabelle 6.2: Aggregation der Latenzeigenschaften

Die Aggregation durch Summe kann für Verzögerungen und Kommunikationsaufbaulatenzen verwendet werden. Für die Latenzschwankungen ist sie je nach deren Definition jedoch nur begrenzt geeignet. Wird sie wie in der vorliegenden Arbeit als Differenz zwischen minimaler und maximaler 1-Weg-Verzögerung definiert, reicht eine einfache Aggregation durch Summe. Falls allerdings komplexere Definitionen auf Basis von IPDV und/oder 99,9%-Quantil genutzt werden, so sind komplexere Aggregationen (wie zum Beispiel in [102] dargestellt) notwendig. Dieses Näherungsverfahren benötigt für jeden benutzten Netzabschnitt, und bei Anwendung auf komponierte Protokollstapel auch für jeden funktionalen Block, Mittelwert und Varianz der Latenzschwankungen sowie verschiedene 99,9%-Quantile.

Tabelle 6.2 fasst die Aggregationen dieses Abschnitts zusammen.

6.2.3 Energiebedarf

Die Berechnung der Energiebedarfseigenschaft erfolgt analog zur Latenz und basiert ebenso auf der Summe. Beiden ist gemein, dass kein negativer Energiebedarf – beziehungsweise keine negative Verzögerung – durch einen funktionalen Block auftreten kann und der Energiebedarf und Verzögerung sich bei der Verarbeitung mehrerer funktionaler Blöcke akkumuliert. Sowohl die schrittweise Darstellung (Gleichung 6.12) als auch die Aggregation (Gleichung 6.13) sind daher analog zu denen der Latenz.

$$\rho_i^e = \rho_{i-1}^e + \Delta_i^e \tag{6.12}$$

$$\rho_n^e = \rho_0^e + \sum_{i=1}^n \Delta_i^e \tag{6.13}$$

Die Bestimmung des Energiebedarfs einschließlich des durch FB_i verursachten Energiebedarfs wird mit ρ_i^e bezeichnet und ergibt sich aus der Summe des Energiebedarfs ohne den FB, also ρ_{i-1}^e, und des Energiebedarfs des funktionalen Blocks, also Δ_i^e.

Ebenso wie die Kommunikationseigenschaften der Latenz sind die des Energiebedarfs stark vom jeweiligen funktionalen Block, dessen Konfiguration, dem Gesamtsystem, dessen Konfiguration und der Länge der Dateneinheit abhängig. In Ausnahmefällen kann der Energiebedarf sogar abhängig vom Inhalt der Dateneinheit sein. Diese Fälle werden allerdings in der vorliegenden Arbeit nicht betrachtet.

Der Energiebedarf wird durch folgende Kommunikationseigenschaften dargestellt: *Energiebedarf pro Bit* beschreibt den von der Länge der Dateneinheit abhängigen Energiebedarf. Der von der Länge der Dateneinheit unabhängige Energiebedarf hingegen wird durch den *Energiebedarf pro Dateneinheit* beschreiben. Die Kombination aus Energiebedarf pro Bit und Energiebedarf pro Dateneinheit ermöglicht es, den Energiebedarf einer bestimmten Dateneinheit zu beschreiben. Allerdings kann bei einem Kommunikationsprotokoll auch Energiebedarf auftreten, der nicht einer bestimmten Dateneinheit zugeordnet werden kann. Beispiele hierfür sind Operationen zum Aufbau der Kommunikation und periodische Operationen. Der Energiebedarf, der durch den Aufbau der Kommunikation verursacht wird, wird durch die Kommunikationseigenschaft *Energiebedarf Kommunikationsaufbau/-abbau* dargestellt. *Energiebedarf pro Zeit* beschreibt hingegen den Energiebedarf, der durch periodische Operationen verursacht wird. Ein Beispiel hierfür ist die Schlüsselerneuerung eines Sicherheitsprotokolls, die durch den Einsatz von DH einen zusätzlichen, im Vergleich zu anderen kryptografischen Verfahren signifikanten Energiebedarf bedeutet. Tabelle 6.3 fasst die Aggregation der Kommunikationseigenschaften des Energiebedarfs zusammen.

Kategorie Kommunikationseigenschaft	Einheit	Aggregation
Energie		
Energiebedarf pro Bit	J	Summe
Energiebedarf pro Dateneinheit	J	Summe
Energiebedarf pro Zeit	J/s	Summe
Energiebedarf Kommunikationsaufbau/-abbau	J	Summe

Tabelle 6.3: Aggregation der Energiebedarfseigenschaften

6.2.4 Länge und Overhead

Auch wenn sie nicht im Rahmen der Entscheidungsfindung in Kapitel 4 betrachtet wird, ist die *Länge von Dateneinheiten* als Hilfseigenschaft für die Aggregation der Kommunikationseigenschaften wichtig. Denn sie kann abhängig des funktionalen Blocks Auswirkungen auf andere Kommunikationseigenschaften, wie zum Beispiel Latenz und Energiebedarf, besitzen. Beeinflusst wird die Länge vor allem durch die Länge der zu Dateneinheiten und durch funktionale Blöcke, die diese Dateneinheiten verarbeiten. Die funktionalen Blöcke können zum Beispiel einer Dateneinheit zusätzliche Kontrolldaten hinzufügen oder vorhandene entfernen. Die Länge der hinzugefügten Daten kann dabei auch variabel und abhängig von der Länge der Dateneinheit vor der Verarbeitung durch diesen funktionalen Block sein. Beispielsweise fügen Sicherheitsprotokolle (zum Beispiel IPsec ESP bei Nutzung von AES-CBC) Kontrolldaten fester Länge sowie Padding für die Verschlüsselung hinzu. Das Padding ist abhängig von der aktuellen Länge der Dateneinheit und vom verwendeten Verfahren. Somit hängt auch Δ_i^l von der Länge der Dateneinheit und dem verwendeten Verfahren ab. Die Summe aller hinzugefügten Kontrolldaten wird als Overhead bezeichnet.

Wie bereits bei Latenz und Energiebedarf zuvor basiert die Länge und auch der Overhead auf der Summenfunktion. Die schrittweise Darstellung (Gleichung 6.14) und die Aggregation (Gleichung 6.15) sind daher ähnlich zu den Funktionen der Latenz und des Energiebedarfs.

$$\rho_i^{len} = \rho_{i-1}^{len} + \Delta_i^{len} \qquad (6.14)$$

$$\rho_n^{len} = \rho_0^{len} + \sum_{i=1}^{n} \Delta_i^{len} \qquad (6.15)$$

Ein bemerkenswertes Verhalten ist das Hinzufügen von Padding, denn es basiert auf der Länge der in den funktionalen Block eingehenden Dateneinheit. Padding ist in der Regel abhängig von der Blockgröße b des kryptografischen Verfahrens. In diesem Fall gilt:

$$\Delta_i^{len} = b - \left(\rho_{i-1}^{len} \bmod b \right) \qquad (6.16)$$

Ein funktionaler Block kann aber nicht nur die Länge einer Dateneinheit vergrößern oder konstant lassen. Es ist auch eine Verringerung der Länge einer Dateneinheit möglich, zum Beispiel durch Kompression oder das Entfernen von Teilen der Dateneinheit. Bei der Kompression ist zwischen deterministischer und indeterministischer Kompression zu unterscheiden. Bei der deterministischen Kompression ist die Längenreduktion durch die Kompression vorhersagbar. Hierbei kann es sich beispielsweise um vorhersagbare Kompression von Nachrichtenköpfen handeln. Unvorhersagbare Kompression hingegen basiert oft auf der Kompression der Nutzdaten, über welche kein oder wenig a-priori Wissen vorhanden ist. Es ist jedoch auch denkbar, dass bei der Kompression von Nachrichtenköpfen abhängig des Inhalts vorgegangen wird und dann die Vorhersagbarkeit nicht mehr gegeben ist. Es kann in beiden Fällen auf stochastische Modelle zurückgegriffen werden, um Δ_i^{len} zu berechnen. In der vorliegenden Arbeit werden vorhersagbare und unvorhersagbare Kompression nicht weiter betrachtet.

Für die aus Abschnitt 3.3.1.4 bekannten Kommunikationseigenschaften der Kategorie Overhead kann, wie oben beschreiben, die Aggregation durch Summenbildung durchgeführt werden. Gleiches gilt für die in diesem Kapitel eingeführte Kommunikationseigenschaft Länge, welche für die Aggregation einiger Kommunikationseigenschaften notwendig ist. Die Aggregation der Kommunikationseigenschaften von Overhead und Länge wird in Tabelle 6.4 dargestellt.

6.2.5 Kapazität

Der maximal erreichbare Durchsatz eines Datenstroms wird nicht nur durch das Kommunikationsnetz beschränkt, sondern er wird auch durch die eingesetzten Protokolle beschränkt, da funktionale Blöcke von einer oder mehreren Ausführungseinheiten,

| Kategorie | | |
Kommunikationseigenschaft	Einheit	Aggregation
Länge		
Länge der Dateneinheit (Hilfseigenschaft)	bit	Summe
Overhead		
Overhead pro Bit	bit	Summe
Overhead pro Dateneinheit	bit	Summe
Overhead pro Zeit	bit/s	Summe
Overhead Kommunikationsaufbau/-abbau	bit	Summe

Tabelle 6.4: Aggregation der Overhead-/Längeneigenschaften

wie zum Beispiel Prozessoren, ausgeführt werden müssen. Diese Ausführungseinheiten stellen in der Regel begrenzte Ressourcen dar, was dazu führt, dass auch die durch die Kommunikationsprotokolle angebotenen Kommunikationskanäle nur eine begrenzte Kapazität besitzen. Der Durchsatz eines Protokolls kann höchstens die Kapazität annehmen. Es ist daher notwendig, auch die „Kapazität der Kommunikationsprotokolle" zu bestimmen.

Die Kapazität C_i eines funktionalen Blocks FB$_i$ kann als Produkt der Rate der Dateneinheiten (PDU-Rate) und deren Größe (PDU-Größe) dargestellt werden. Unter der Annahme, dass ein funktionaler Block nach dem Verarbeiten einer Dateneinheit sofort wieder bereit ist, die nächste Dateneinheit zu verarbeiten, gilt: Die maximale PDU-Rate ist gleich dem Kehrwert der Verarbeitungszeit des funktionalen Bausteins. Da die PDU-Rate oft abhängig von der PDU-Größe ist, wird im Folgenden nur noch die PDU-Rate für eine bestimmte PDU-Größe betrachtet.

Zur Vereinfachung gilt für die Bestimmung der Kapazität im Folgenden zunächst die Einschränkung: Die Protokollstapel werden von genau einer Ausführungseinheit ausgeführt, und diese steht dem Protokollstapel exklusiv zur Verfügung. Wie zuvor wird davon ausgegangen, dass die funktionalen Blöcke abhängig von ihrer Reihenfolge im Verarbeitungspfad nummeriert sind und ρ_n^C als die Kapazität der Komposition aus den Bausteinen FB$_1$ bis FB$_n$ definiert.

Da die funktionalen Blöcke um die Ausführungseinheit konkurrieren, verhält sich die Kapazität C_i eines funktionalen Blocks FB$_i$ reziprok zur Verarbeitungszeit. Es gilt also:

$$C_i > 0, \qquad\qquad \forall i > 0 \qquad (6.17)$$

$$C_{ab} = \left(\frac{1}{C_a} + \frac{1}{C_b}\right)^{-1}, \qquad\qquad \forall a > 0, \quad b > 0 \qquad (6.18)$$

C_{ab} bezeichnet hierbei die Kapazität der Kombination der zwei funktionalen Blöcke FB_a und FB_b.

Wird mehr als ein Kommunikationsstrom gleichzeitig verarbeitet, verringert sich die Kapazität der funktionalen Blöcke, da sich die Kommunikationsströme eine gemeinsame Ausführungseinheit teilen müssen. Bei l gleichzeitigen Kommunikationsströmen bleibt dann nur noch eine Kapazität $\frac{C}{l}$ für jeden Kommunikationsstrom, falls die Verarbeitungszeit der Ausführungseinheit gleichmäßig auf alle Kommunikationsströme verteilt wird. Werden nun mehrere Ausführungseinheiten genutzt, so kann dies die Kapazität signifikant erhöhen. Da bei paketorientierter Kommunikation mehrere Dateneinheiten parallel verarbeitet werden können, kann bei m Ausführungseinheiten die Kapazität bis auf mC steigen. Es ist hierbei zu beachten, dass einige funktionale Blöcke, wie zum Beispiel Verfahren zur Sicherung der Datenintegrität, einen gemeinsamen Zustand besitzen, welcher zu Abhängigkeiten führt. Werden in der Implementierung hierfür keine effizienten Lösungen gefunden, kann die Gesamtkapazität bei $m > 1$ weniger als mC betragen.

Auf Basis der Kapazität C_i des funktionalen Bausteins FB_i kann mittels Gleichung 6.20 nun die Kapazität der Komposition für eine bestimmte PDU-Größe berechnet werden. Hierbei gilt: l ist die Anzahl der gleichzeitigen Kommunikationsströme, m die Anzahl der Ausführungseinheiten und es werden die funktionalen Blöcke FB_i mit $i \in [1; n]$ betrachtet. Da Eigenschaften, wie zum Beispiel die PDU-Größe, von funktionalen Blöcken geändert werden können und diese je nach funktionalem Block in C_i einfließen, ist es auch für die Kapazität notwendig, eine schrittweise Berechnung zu ermöglichen. Hierfür kann die schrittweise Darstellung (Gleichung 6.19) verwendet werden.

$$\rho_i^C = \left(\frac{1}{\rho_{i-1}^C} + \frac{1}{\frac{m}{l}C_i} \right)^{-1} \tag{6.19}$$

$$\rho_n^C = \left(\frac{1}{\rho_0^C} + \sum_{i=1}^{n} \frac{1}{\frac{m}{l}C_i} \right)^{-1} \tag{6.20}$$

Die hier vorgestellten Gleichungen können nur als Näherung gelten, da zu erwarten ist, dass die Ausführungseinheiten auch für andere Aufgaben als die Ausführung von funktionalen Blöcken genutzt werden. Hierzu gehört zum Beispiel die Ausführung der Anwendung und des Betriebssystems. Die Aggregation kann jedoch so angepasst werden, dass abhängig von der aktuellen und erwarteten Systemauslastung der Anteil der Rechenzeit für die Protokollstapel entsprechend reduziert wird.

Anpassungen sind auch notwendig, falls Zuteilungsstrategien verwendet werden, die Kommunikationsströme nicht gleichmäßig auf Ausführungseinheiten verteilen, und vor allem auch, wenn die Dateneinheiten unterschiedlich groß sind und hierdurch die Zuteilungsstrategien beeinflusst werden. Diese Fälle werden in der vorliegenden Arbeit nicht näher betrachtet.

Kategorie Kommunikationseigenschaft	Einheit	Aggregation
Kapazität Kapazität	bit/s	Kehrwerte

Tabelle 6.5: Aggregation der Kommunikationseigenschaft Kapazität

Tabelle 6.5 beschreibt die Aggregation der Kapazität, welche durch die Bildung des Kehrwerts der Summe von Kehrwerten geschieht. Werden bei der Aggregation auch die Kommunikationseigenschaften des Netzes berücksichtigt, so ist nicht die *Kapazität* des Netzes, sondern die *freie Kapazität* des Netzes zu nutzen.

Auf eine Aggregation der Kommunikationseigenschaften für freie Kapazität, genutzte Kapazität und Auslastung wird verzichtet, da sie vom Kommunikationsnetz abhängen. Für die Entscheidungsfindung können jedoch diese Kommunikationseigenschaften des Kommunikationsnetzes auch ohne Einfluss der Kommunikationsprotokolle – das bedeutet ohne Aggregation – berücksichtigt werden.

6.2.6 Zuverlässigkeitseigenschaften

Für die Kommunikationseigenschaften der Kategorie Zuverlässigkeit sind verschiedene Aggregationsfunktionen denkbar. Einerseits können funktionale Blöcke Zuverlässigkeit sicherstellen, sodass sie zum Beispiel Fehler, Verluste, Vertauschungen und Duplikate erkennen und beheben. Andererseits können funktionale Blöcke Zuverlässigkeitseigenschaften verschlechtern, indem sie beispielsweise Dateneinheiten vertauschen oder verwerfen. Je nach Fall unterscheiden sich die Aggregationsfunktionen.

Im ersten Fall werden Zuverlässigkeitseigenschaften durch den funktionalen Block auf solche Werte, die die vorhandene Zuverlässigkeit beschreiben, gesetzt. Zum Beispiel kann ein funktionaler Block, der die Reihenfolge von Dateneinheiten wiederherstellt, den Vertauschungsanteil auf 0 setzen, da dieser Wert beschreibt, dass keine Dateneinheiten vertauscht sind (siehe auch Abschnitt 3.3.2.5). Ein anderes Beispiel ist ein funktionaler Block, der die Datenintegrität überwacht und Dateneinheiten verwirft, deren Integrität nicht gegeben ist. Dateneinheiten mit Fehlern werden von diesem funktionalen Block verworfen und somit Paketfehleranteil, Paketfehlerlänge, Bitfehleranteil und Bitfehlerlänge auf Null gesetzt. Dabei kommt es aber zu Paketverlusten, welche in Paketverlustanteil, Paketverlustlänge und Paketverlustzwischenlänge eingehen müssen. Der resultierende Paketverlustanteil ergibt sich dann zum Beispiel durch eine Aggregation mit dem inversen Produkt (siehe Gleichung 6.6) von Paketverlustanteil und Paketfehleranteil.

Im zweiten Fall hängt die Aggregationsfunktion sehr stark vom funktionalen Block ab. Wird ein funktionaler Block genutzt, der Dateneinheiten aufspaltet, wie zum Beispiel ein *Fragmentierer*, dann führt dies dazu, dass die Zuverlässigkeitseigenschaften, die auf Paketanzahlen und Längen basieren, geändert werden. Verteilt beispielsweise ein Fragmentierer jede Dateneinheit auf drei Dateneinheiten, so müssen auch die Paketverlustlängen, Paketverlustzwischenlängen und Vertauschungsentfernungen in diesem Fall näherungsweise verdreifacht werden, da jede Dateneinheit auf drei Dateneinheiten verteilt wird. Die Vertauschungszeit muss verdreifacht werden, wenn die Paketrate konstant bleibt – hiermit ist im Allgemeinen aber nicht zu rechnen. Die Faktoren und Anteile, wie Paketverlustanteil, Duplikatsfaktor, Duplikatsanteil, Paketfehleranteil, Bitfehleranteil und Vertauschungsanteil, bleiben jedoch gleich. Denn diese beziehen sich immer auf zwei Größen, welche in diesem Fall beide verdreifacht werden.

Weitere passende Aggregationsfunktionen für z. B. Verlustrate und Paketfehlerrate finden sich auch in [102].

Da die Aggregationen der Zuverlässigkeitseigenschaften sehr stark von den verwendeten funktionalen Blöcken abhängen, wird auf eine Übersichtstabelle dieser Eigenschaften verzichtet.

6.2.7 Sicherheitseigenschaften

Eine Aggregation der Sicherheitseigenschaften ist in der Regel nicht problemlos möglich. Verschlüsseln beispielsweise zwei funktionale Blöcke die Daten nacheinander, so können zwar die EBS-Eigenschaften z. B. mittels Maximumfunktion aggregiert werden, aber nur genau dann, wenn sich keine anderen Sicherheitseigenschaften, wie z. B. Reichweite, unterscheiden. Denn, ob ein starkes Verschlüsselungsverfahren, das nur bis zum unmittelbaren Nachbarn verschlüsselt, besser oder schlechter ist als ein schwaches Verfahren, das dafür bis zum Kommunikationspartner (Ende-zu-Ende-Verschlüsselung) reicht, hängt sehr stark vom Anwendungsfall und dem dazugehörigen Angreiferszenario ab. In einigen Fällen kann eine Entscheidung nur vom Nutzer getroffen werden. Daher wurde das folgende Vorgehen gewählt: Es werden keine Sicherheitseigenschaften aggregiert, sondern nur ein Sicherheitsverfahren berücksichtigt, welches durch den Entwickler des Protokollstapels bestimmt werden muss.

6.3　Evaluierung

Die in diesem Kapitel vorgestellten Konzepte stellen Lösungsansätze für ein bislang noch nicht existierendes zukünftiges Internet dar. Es ist daher nur schwer möglich, diese Konzepte in einem vollständigen System und einem realen Umfeld zu evaluieren. Es soll trotzdem an dieser Stelle das vorgestellte Verfahren beispielhaft evaluiert werden, um die Funktionstüchtigkeit anhand einiger ausgewählter Kommunikationseigenschaften zu verdeutlichen. Für die Evaluierung wurde die NENA-Implementierung eingesetzt [170], welche die Kombinationen mehrerer funktionaler Blöcke ausführen kann.

Als Beispielprotokoll wird ein einfaches Sicherheitsprotokoll nach Vorbild von IPsec ESP betrachtet. Diese Wahl nutzt den Vorteil, dass das Sicherheitsprotokoll trotz einfachen Aufbaus verschiedene Aspekte, wie Vergrößerung der Dateneinheiten durch Padding und erhöhte Rechenzeit durch Kryptografie besitzt. Zudem sind diese Aspekte gut in verschiedene, unabhängige funktionale Blöcke zu zerlegen. Auf ein Kommunikationsprotokoll mit Verfahren zum zuverlässigen Datentransport wurde verzichtet, da der Kontrolldatenverkehr mit dem Verfahren der vorliegenden Arbeit nur teilweise berücksichtigt wird. Die Wirkungen des Sicherheitsprotokolls auf die Kommunikationseigenschaften der Kategorie Dienstgüte hingegen sind einfacher anhand von Messungen darstellbar. Das Sicherheitsprotokoll wird durch die folgenden funktionalen Blöcke umgesetzt:

- FB_1: Einfügen des Paddings
- FB_2: Verschlüsselung
- FB_3: Konstruktion des Nachrichtenkopfs mit Sequenznummer
- FB_4: Integritätsschutz

Der funktionale Block *Padding der Dateneinheit* fügt eine begrenzte Menge von Padding-Bytes ein, damit die Blockgröße des kryptografischen Verfahrens (hier 16 Bytes für AES-CBC) erreicht wird. Wie auch bei IPsec ESP soll ein Längenfeld (8 Bit) und ein Next-Header-Feld (8 Bit) am Ende des Paddings stehen und beim Padding berücksichtigt werden. Insgesamt muss die Länge der Daten, des Paddings und der zwei Felder durch die Blöckgröße 16 ohne Rest teilbar sein.

Auf diese Daten wird dann die *Verschlüsselung* angewendet. Für die Messungen wurde eine Verschlüsselung auf Basis von AES-CBC ausgewählt. Kryptografisches Material wurde zur Vereinfachung statisch gewählt. Es wird also kein Schlüsselaustauschprotokoll eingesetzt.

Der funktionale Block für die *Konstruktion des Nachrichtenkopfs mit Sequenznummer* legt den Nachrichtenkopf vor den verschlüsselten Daten an. Bei IPsec ESP enthält dieser die Sequenznummer (32 Bit), SPI (32 Bit) und Initialisierungsvektor (128 Bit, optional).

In diesem Beispiel wurde auf den Initialisierungsvektor verzichtet, dieser kann stattdessen dem Vorbild von AES-CTR folgend auf Basis der Sequenznummer festgelegt werden. Die Funktionalität zur Konstruktion des Nachrichtenkopfs wurde in einen eigenen und nicht einen anderen funktionalen Block (zum Beispiel Verschlüsselung) eingebettet, da der Block auch die Überprüfung der Sequenznummer und somit die Verhinderung von Wiedereinspielungsangriffen umsetzt. Zudem erlaubt die Trennung der Kernfunktionalität und der Erzeugung des Nachrichtenkopfs eine höhere Wiederverwendbarkeit. Der funktionale Block Verschlüsselung kann dann auch in Sicherheitsprotokollen mit unterschiedlichen Nachrichtenköpfen genutzt werden.

Abschließend wird der *Integritätsschutz* berechnet und darauf aufbauend ein ICV-Feld (32 Bit) angehängt. Im Unterschied zu IPsec wurde statt des typischerweise eingesetzten HMAC-Verfahrens (zum Beispiel HMAC-SHA-1-96) das CRC32-Verfahren eingesetzt. Dieses Verfahren bietet zwar keinen kryptografischen Schutz der Integrität und Authentizität der übertragenen Daten, wurde jedoch eingesetzt, um auch ein einfaches Verfahren für die Feststellung von Übertragungsfehlern darzustellen.

Für die Untersuchungen wurden die vier funktionalen Blöcke mit Funktionalitäten für ausgehende und eingehende Dateneinheiten umgesetzt. Diese wurden dann zusammengestellt und als Komposition in das System geladen. Mithilfe eines Verkehrsgenerators wurden Dateneinheiten von 1 bis 1400 Bytes für den Transport durch das Sicherheitsprotokoll erzeugt und deren Verarbeitung durch die funktionalen Blöcke gemessen. Für jede Größe erfolgten 100 Wiederholungen. Es wurde nicht nur die Verarbeitung jedes einzelnen funktionalen Blocks, sondern auch die der Kombination der vier funktionalen Blöcke gemessen, um die Vorhersagen der Kommunikationseigenschaften auf Basis des in diesem Kapitel vorgestellten Verfahrens mit den tatsächlichen Werten zu vergleichen. Im Anschluss werden die Ergebnisse dieser Untersuchung dargestellt.

6.3.1 Ergebnisse

Für die einzelnen Kommunikationseigenschaften ergeben sich unterschiedliche Verhaltensweisen. Im Folgenden werden verschiedene Kommunikationseigenschaften betrachtet.

Die Wirkungen der funktionalen Blöcke auf die Kommunikationseigenschaften der Längen und des Overheads werden in Tabelle 6.6 dargestellt. Wie zu erkennen ist, traten Änderungen der *Länge* und des *Overheads pro Dateneinheit* auf. Wirkungen auf *Overhead pro Bit*, *Overhead pro Zeit* und *Overhead pro Kommunikationsaufbau/-abbau* traten nicht auf. In der Tabelle sind nur die Wirkungen für ausgehende Dateneinheiten darstellt. Die Ergebnisse für eingehende Dateneinheiten sind bis auf das Vorzeichen identisch. Diese Auswirkungen der einzelnen funktionalen Blöcke auf Länge und

Overhead wurden für eingehende und ausgehende Dateneinheiten sowohl analytisch als auch experimentell bestimmt und stimmen erwartungsgemäß überein. Mittels des Aggregationsverfahrens wurden diese Wirkungen aggregiert und sichergestellt, dass auch die aggregierten Werte mit den gemessenen Ergebnissen übereinstimmen. In diesem Beispiel stimmen die Wirkung auf die Länge und die Wirkung auf den Overhead pro Dateneinheit überein, da die anderen Kommunikationseigenschaften des Overheads 0 sind. Es ergibt sich daher für beide ein identisches Ergebnis der Aggregation:
$$\Delta^{len} = \Delta^{o2} = 16 + b - \left(\rho_{i-1}^{len} + 16 \bmod b\right) + 64 + 32.$$

Kommunikationseigenschaften		FB$_1$	FB$_2$	FB$_3$	FB$_4$
Länge	Δ_i^{len}	$16 + b - \left(\rho_{i-1}^{len} + 16 \bmod b\right)$	0	64	32
Overhead pro Bit	Δ_i^{o1}	0	0	0	0
Overhead pro D.	Δ_i^{o2}	$16 + b - \left(\rho_{i-1}^{len} + 16 \bmod b\right)$	0	64	32
Overhead pro Zeit	Δ_i^{o3}	0	0	0	0
Overhead Komm.	Δ_i^{o4}	0	0	0	0

Tabelle 6.6: Wirkungen auf die Länge/Overhead (Beispiel)

Die Auswirkungen auf die mittlere und minimale 1-Weg-Verzögerungen wurden experimentell bestimmt[3]. Hierfür wurden je Länge der Dateneinheiten jeweils 100 Dateneinheiten mit konstanter Rate von 500 Dateneinheiten pro Sekunde übertragen und dabei die verschiedenen Verarbeitungs- und Verzögerungszeiten gemessen. Die Auflösung der Zeitmessungen lag bei 1 ns.

Für die Untersuchung wurden jeweils für ausgehende und eingehende Dateneinheiten zuerst die minimalen und mittleren 1-Weg-Verzögerungen bestimmt. Auf Basis dieser Messwerte wurden mithilfe der Methode der kleinsten Quadrate Approximationen bestimmt. Diese werden für ausgehende und eingehende Dateneinheiten auf Basis einer linearen Funktion ($f(l) = ml + t$) in Tabelle 6.7 dargestellt. Hierbei wird die Länge der durch die funktionalen Blöcke verarbeiteten Dateneinheiten mit l bezeichnet. Zur Vereinfachung bezieht sich l immer auf die Länge der Dateneinheiten vor FB$_1$, also auf die Länge der durch das Sicherheitsprotokoll transportierten Daten.

Mit diesen Näherungen wurde eine Vorhersage für die minimale und mittlere 1-Weg-Verzögerung des Gesamtprotokolls getroffen. Messungen des Gesamtprotokolls zeigten jedoch starke Abweichungen zu den Vorhersagen. Dies liegt darin begründet, dass an den Übergangen zwischen den funktionalen Blöcken deutliche Verzögerungen auftreten. Diese implementierungsspezifischen Verzögerungen wurden bestimmt, indem ein Protokoll mit „leeren" funktionalen Blöcken vermessen wurde. Abbildung 6.3 zeigt

---

[3] Plattform: 2,53 GHz Intel Core 2 Duo, 8GB RAM, Mac OS X 10.6.4 64bit. Zwei Instanzen der Systemarchitektur auf einem lokalen System. Systemarchitektur wurde mit Optimierungsgrad O2 kompiliert.

FB	Richtung	Minimale 1-Weg-Verz.		Mittlere 1-Weg-Verz.	
		m	t	m	t
FB_1	ausgehend	1.77428e-10	1.92695e-06	2.10517e-10	3.78732e-06
FB_1	eingehend	-2.42132e-13	1.10347e-07	2.77962e-11	1.59716e-07
FB_2	ausgehend	9.93847e-09	1.26086e-06	1.54759e-08	2.47774e-06
FB_2	eingehend	9.91147e-09	7.75736e-07	1.00294e-08	1.44871e-06
FB_3	ausgehend	-2.87206e-11	5.52164e-07	-9.48038e-11	1.25795e-06
FB_3	eingehend	-1.92064e-11	1.33521e-06	-2.33333e-11	1.48611e-06
FB_4	ausgehend	2.34656e-09	2.28753e-06	3.09273e-09	4.18747e-06
FB_4	eingehend	2.40868e-09	7.53785e-07	2.45156e-09	1.11336e-06

Tabelle 6.7: Parameter der Approximationen der minimalen und mittleren 1-Weg-Verzögerungen

Näherungen (Methode der kleinsten Quadrate, $f(l) = ml + t$) der Ergebnisse für 1 bis 5 funktionale Blöcke. Alle diese funktionalen Blöcke haben keine Verarbeitung durchgeführt. Es ist gut zu erkennen, dass diese Verzögerungen nahezu unabhängig von der Größe der Dateneinheiten sind.

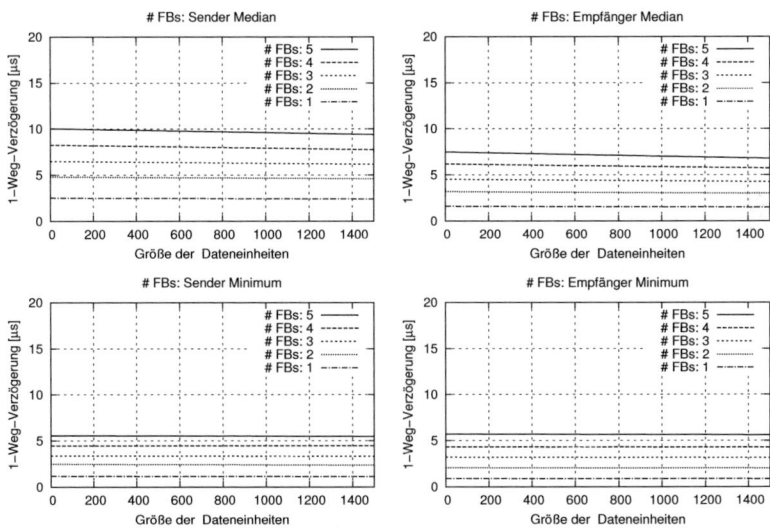

Abbildung 6.3: Verzögerung durch Übergänge funktionaler Blöcke (Approximation)

Nimmt man die Verzögerungen an den Übergängen zur Aggregation hinzu, so ergibt sich eine wesentlich genauere korrigierte Vorhersage. Abbildung 6.4 zeigt Vorhersagen und Messungen im Vergleich. Hierbei wird zwischen den Vorhersagen ohne Berücksichtigung der FB-Übergänge (oben) und denen mit Berücksichtigung der FB-Übergänge (unten) unterschieden. Ausgehende Verarbeitung wird links und eingehende Verarbeitung rechts dargestellt.

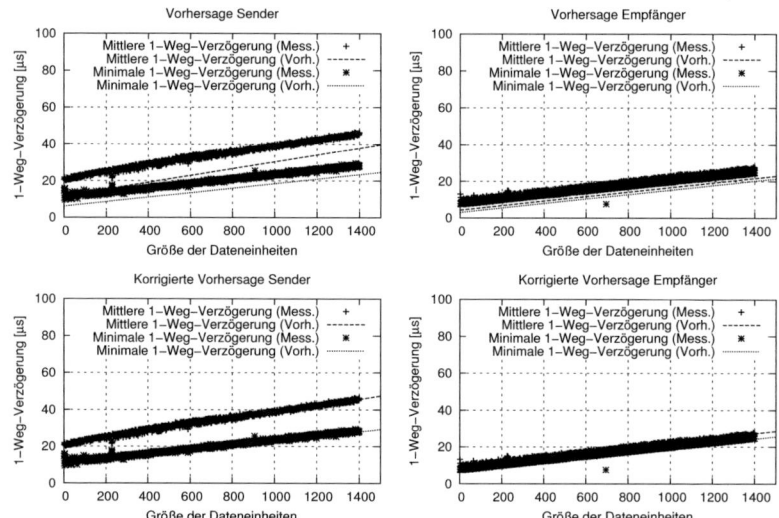

Abbildung 6.4: Vorhersage und Messung von minimaler und mittlerer 1-Weg-Verzögerung

Anhand der Graphen ist gut zu erkennen, dass bei Berücksichtigung der FB-Übergänge die Vorhersagen der minimalen und mittleren 1-Weg-Verzögerung sehr gut mit den Messungen übereinstimmen.

Eine Betrachtung von Kommunikationseigenschaften der Kategorie Energiebedarf sowie der Kapazität konnte mit der vorliegenden Implementierung nicht umgesetzt werden. Auf die Betrachtung der Kommunikationseigenschaften der Kategorie Sicherheit wurde verzichtet, da keine Überprüfung anhand einer Implementierung möglich ist und auf die Betrachtung der Kommunikationseigenschaften der Kategorie Zuverlässigkeit wurde aus Implementierungsgründen verzichtet.

In diesem Abschnitt wurde die Aggregation der Wirkungen funktionaler Blöcke anhand eines Beispiels betrachtet. Hierfür wurden die Wirkungen auf die Kommunikationseigenschaften teilweise analytisch aufgestellt (Länge/Overhead), teilweise durch Messungen bestimmt (minimale und mittlere 1-Weg-Verzögerung). In beiden Fällen konnte die Funktion des Aggregationsverfahrens belegt werden.

Die Betrachtung der Latenzschwankungen wurde zwar durchgeführt, die Abweichung der Ergebnisse nach Länge der Dateneinheit war allerdings so stark, dass kein eindeutiges Ergebnis festgestellt werden konnte. Dies kann unter anderem mit dem Einfluss von Scheduling und Caching-Verhalten des Betriebssystems begründet werden. Eine Betrachtung von Latenzschwankungen im Bereich von ns erscheint daher in dieser Konstellation nicht als sinnvoll. Eine analytische Betrachtung der Latenzschwankungen in Netzen im Bereich von μs hingegen kann sehr gut umgesetzt werden.

Es hat sich zudem gezeigt, dass die Übergänge zwischen den einzelnen funktionalen Blöcken einen implementierungsabhängigen Rechenaufwand bedeuten. Für eine möglichst genaue Vorhersage muss dieser Fehler berücksichtigt werden.

6.4 Vergleich mit dem Stand der Forschung

Da in diesem Kapitel nur ein Baustein einer Architektur beziehungsweise eines Ansatzes für das zukünftige Internet vorgestellt wurde, ist ein Vergleich mit dem Stand der Forschung – und somit anderen Architekturen und Ansätzen – naturgemäß schwierig. Es kommt hinzu, dass ein Vergleich von Architekturen und/oder Architekturansätzen nur selten in numerisch darstellbaren Werten möglich ist. Da allerdings der in diesem Kapitel vorgestellte Lösungsbaustein „Aggregation der Wirkung funktionaler Blöcke" ein wesentlicher Baustein der vorgestellten Architektur ist, wird trotzdem ein Vergleich mit dem Stand der Forschung dargestellt.

Im EU-Projekt *Autonomic Network Architecture* (ANA) wurde eine Architektur für autonome Netze entwickelt. Die Architektur von ANA ist vor allem daher relevant, da die genutzten Protokolle durch Komposition zusammengefügt werden können und ANA eine komplette Architektur und nicht nur einen einfachen Kompositionsansatz darstellt [81, 80]. ANA delegiert die Protokollkomposition an ein „Kompositions-Plugin" und kann dadurch verschiedene Kompositionsansätze unterstützen. Der in [80] vorgestellte Kompositionsansatz basiert auf nachrichtenbasierter Kopplung funktionaler Blöcke. Eine Betrachtung der Eigenschaften und eine automatisierte Wahl des am besten geeigneten Protokolls fehlen allerdings.

ADAPT definiert einen Ansatz zur Generierung von Protokollkompositionen basierend auf Anforderungen und semantischer Beschreibung [82, 83]. Hierfür werden Anforderungen an ein Kommunikationsprotokoll gestellt und auf Basis der Anforderungen eine Menge an Protokollalternativen generiert. Danach soll die am besten geeignete Protokollalternative ausgewählt werden. Ein Verfahren für die Protokollwahl oder die notwendige Aggregation der Kommunikationseigenschaften werden zwar als notwendig dargestellt, aber keine Lösungen hierfür präsentiert.

Ein weiterer Kompositionsansatz ist die *Recursive Network Architecture* (RNA) [74, 76]. Im direkten Vergleich mit den bereits vorgestellten Verfahren setzt RNA auf einen speziellen Ansatz: RNA nutzt ein generisches Metaprotokoll, welches als Basis für mehrere, gestapelte Instanzen (Schichten) verwendet wird. Hierbei wird das Metaprotokoll individuell auf die Bedürfnisse der jeweiligen Schicht angepasst. Die Anpassung besteht hierbei in der Regel nur aus einem Aktivieren und Deaktivieren möglicher Protokollbestandteile, welche mit funktionalen Blöcken vergleichbar sind. Für die Anpassung der Protokolle wird hierbei ein graphenbasierter Ansatz genutzt und eine Aushandlung mit dem Kommunikationspartner durchgeführt. Dies wird mit dem Aushandlungsprotokoll von RNA umgesetzt.

Services Integration, controL and Optimization for the Future Internet (SILO) ist ein weiteres Projekt, dass sich unter anderem mit der Komposition von Protokollen für das zukünftige Internet befasst [77, 171, 78]. Hierbei nutzt SILO Ontologien, um Abhängigkeiten zwischen funktionalen Blöcken zu beschreiben und besitzt ein einfaches Kompositionsverfahren, um Anwendungsanforderungen in Protokolle umzusetzen. SILO zeichnet sich vor allem dadurch aus, dass komponierte Protokolle auch optimiert werden können (tuning).

Auf Basis von [128] wird in [172] ein dienstbasierter Ansatz zur Wahl von Kommunikationsprotokollen und eine Architektur vorgeschlagen. SONA nutzt zudem Ontologien für die Beschreibung und ist in dieser Hinsicht ADAPT ähnlich. Ein Unterschied zur früheren Herangehensweise der SONA-Autoren ist es, dass bei der Entscheidungsverfahren AHP für die Konsistenzprüfung genutzt wird. In früheren Publikationen wurde einzig die Nutzwertanalyse vorgeschlagen. Die Automatisierung von AHP wurde mithilfe von Funktionen erreicht, welche Nutzenfunktionen ähnlich sind und die gleichen Nachteile bedeuten. Unklar an diesem Konzept ist, wie genau bei Inkonsistenzen verfahren werden soll. Die Autoren beschreiben, dass Gewichte – und damit Kriterien – entfernt werden, bis die Konsistenz erreicht wird. Es wird allerdings offen gelassen, wie gut eine solche Entscheidung geeignet ist. Zudem soll das Konzept von SONA genau wie ANA und NENA verschiedene Kompositionsansätze unterstützen, auch wenn dynamische Komposition vorgestellt wird.

In Tabelle 6.8 wird die Kombination der Aggregation und der vorgestellten Systemarchitektur einer Auswahl anderer aktueller Kompositionsansätze und Architekturen gegenübergestellt. Hierbei werden folgende Teilaspekte beim Einsatz komponierter Protokolle im zukünftigen Internet betrachtet:

- Erstellung komponierter Protokolle
- Bestimmung der Eigenschaften komponierter Protokolle
- Auswahl des am besten geeigneten Protokolls
- Systemarchitektur für den parallelen Einsatz von Protokollstapeln

Bei der Erstellung der komponierten Protokolle wird unterschieden, ob statisch (stat.), dynamische (dyn.) oder statische und dynamische (s. & d.) Erstellung unterstützt wird. Bei den anderen Aspekten wird beschrieben, ob ein Ansatz eine Lösung für den Teilaspekt bereitstellt ($\oplus$), eine notwendig Lösung für einen Teilaspekt fehlt ($\ominus$) oder ein Teilaspekt nicht betrachtet wurde ($\bigcirc$).

Die *Komposition der Protokolle* wird von ANA nicht direkt unterstützt, kann aber als „Plug-in" integriert werden. Der in [80] dokumentierte Kompositionsansatz beschreibt nicht, wie die Kompositionen erstellt werden. Während der Ansatz dieser Arbeit das *Erstellen von Protokollen* durch Werkzeuge unterstützt, versuchen ADAPT, RNA, SILO, SONA automatisch Protokolle zu den Anforderungen der Anwendungen zu erzeugen. RNA und SILO zeichnen sich hierbei dadurch aus, dass dies in Kooperation mit dem Kommunikationspartner geschieht. Bei ADAPT und SONA werden Protokolle lokal erzeugt und ANA bietet dank austauschbaren Kompositions-Plugins unterschiedliche Optionen.

Verfahren zur *Bestimmung der resultierenden Kommunikationseigenschaften* und *Auswahl des am besten geeigneten Protokolls* wurden für ANA (und teilweise auch für ADAPT) nicht vollständig beschrieben, wenn auch teilweise angedeutet wird, dass beide notwendig sind. Für RNA und SILO sind diese auf den ersten Blick nicht notwendig, da Protokolle so generiert werden, dass sie auf die expliziten Anforderungen z. B. der Anwendungen eingehen. Da allerdings mehr als nur ein geeignetes Protokoll generiert werden kann, ist eine Bestimmung der am besten geeigneten Lösung notwendig. SONA nutzt einen Ansatz, der auf Nutzwertanalyse und AHP basiert.

ANA und die Netlet-based Node Architecture (NENA) beschreiben *Systemarchitekturen für den parallelen Einsatz* verschiedener komponierter Protokollstapel, wobei auch unterschiedliche Kompositionsansätze kombiniert werden können. SONA beschreibt die Architektur zumindest teilweise, beschränkt sich hierbei hauptsächlich auf die dynamische Komposition von Kommunikationsprotokollen und die Entscheidungsfindung. Auch für RNA, SILO und ADAPT existieren solche Systeme, sie sind jedoch auf den jeweiligen Kompositionsansatz zugeschnitten und in der Literatur nur unvollständig beschrieben. Ein paralleler Einsatz verschiedener Lösungen wird bei diesen Ansätzen überhaupt nicht vorgestellt.

Da die vorgestellten Systeme den Fokus auf unterschiedliche Aspekte und Ansätze legen, ist es möglich, diese Systeme (teilweise) mit den in dieser Arbeit vorgestellten Ansätzen zu kombinieren. Hierbei können die vorgestellte Knotenarchitektur, die Bestimmung der Eigenschaften und die automatisierte Wahl als Grundlage einer integrierten Lösung dienen. Generierte Protokolle verschiedener Ansätze können so verglichen wer-

	ANA	ADAPT	RNA	SILO	SONA	NENA
Protokollerstellung	s. & d.	dyn.	dyn.	dyn.	s. & d.	stat.
Eigenschaftsbestimmung	⊖	⊖	○	○	⊕	⊕
Automatische Wahl	⊖	⊖	⊖	⊖	⊕	⊕
Systemarchitektur	⊕	○	○	○	○	⊕

Tabelle 6.8: Vergleich mit dem Stand der Forschung

den, um das am besten geeignete Protokoll auszuwählen. Eine solche Integration wurde bereits mit Teilnehmern von ANA, RNA und SILO im Detail diskutiert und entworfen.

6.5   Ausblick: Entwicklungswerkzeuge

Als Ausblick wird in diesem Abschnitt kurz auf eine weitere Anwendung des in diesem Kapitel vorgestellten Verfahrens zur Aggregation von Kommunikationseigenschaften eingegangen. Das Verfahren kann nicht nur zur Wahl des am besten geeigneten Netlets genutzt werden, sondern bildet auch die Basis eines Entwicklungswerkzeugen zur Unterstützung des Netlet-Entwurfs. Dies erlaubt es dem Netlet-Entwickler, bereits während der Komposition des Netlets dessen Kommunikationseigenschaften zu betrachten und diese mit zuvor aufgestellten Einschränkungen (constraints) zu vergleichen.

Im Zusammenhang mit der vorliegenden Arbeit entstand ein Werkzeug, das die hier vorgestellte Aggregation von Kommunikationseigenschaften bereits für einige Kommunikationseigenschaften umsetzt [173]. Dieser Netlet-Editor wird in Abbildung 6.5 dargestellt. Er erlaubt es, funktionale Blöcke zusammenzusetzen und somit Netlets zu entwerfen. Verfügbare funktionale Blöcke stellt der Editor rechts in einer Auswahlliste dar. Diese können dann für die Konstruktion des Netlets genutzt werden (im Editor oben). Im unteren Bereich des Editors wird eine Vorhersage über die Größenverteilung der Dateneinheiten getroffen (Verkehrsprofil) und die entsprechenden Kommunikationseigenschaften durch die Nutzung des Netlets können abgelesen werden. In der Abbildung wird als Beispiel die mögliche Kapazität (total throughput), der Gesamtenergieverbrauch (total energy) und eine Latenzverteilung (latency profile) angezeigt. Es ist gut zu erkennen, dass das hier konstruierte Netlet die Dateneinheiten unterschiedlich lange verzögert. Dies liegt darin begründet, dass die Verarbeitungsdauer des funktionalen Blocks *CRC* (oben in der Abbildung) von der Größe der Dateneinheiten abhängt.

Nicht zu sehen ist in dieser Abbildung unter anderem die Verteilung der Größe der Dateneinheiten, welche sich durch den funktionalen Block *Fragmentation* verändert. Da einige große Dateneinheiten in kleinere Dateneinheiten geteilt werden, steigt der Anteil an kleinen Dateneinheiten und der Anteil von Dateneinheiten mit einer Länge größer als MTU fällt auf Null.

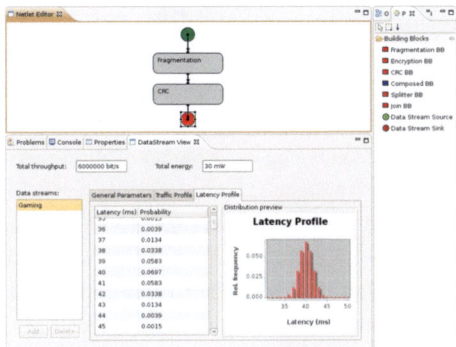

Abbildung 6.5: Screenshot des Netlet-Editors

Auf Basis des Entwicklungswerkzeugs wurde bereits begonnen einen geeigneten Entwicklungsprozess zu entwickeln [174, 175].

6.6 Zusammenfassung und Fazit

In diesem Kapitel wurde ein Verfahren zur Aggregation von Kommunikationseigenschaften vorgestellt, welches es ermöglicht, die Entscheidungsfindung dieser Arbeit auch auf komponierte Protokolle anzuwenden. Da die Aggregation der Kommunikationseigenschaften sehr stark vom betrachteten funktionalen Block abhängt, wurden die Aggregationen vieler Eigenschaften anhand von Beispielen diskutiert.

Die Integration des Aggregationsverfahrens in eine entsprechende Knotenarchitektur erlaubt den Einsatz mehrerer komponierter Kommunikationsprotokolle und kann daher einen wertvollen Beitrag für das Ziel, Tausende parallele Netze zu ermöglichen, leisten. Denn nur wenn Kommunikationsnetz und Kommunikationsprotokolle für die Anwendungskommunikation automatisiert aus Tausenden Netzen mit möglicherweise unterschiedlichen Kommunikationsprotokollen gewählt wird, belastet der Einsatz dieser vielen Netze nicht den Nutzer.

Das vorgestellte Aggregationsverfahren kann zudem für die Entwicklung der Kommunikationsprotokolle eingesetzt werden. Integriert in ein entsprechendes Entwicklungswerkzeug, wie zum Beispiel das in dieser Arbeit vorgestellte, kann es bereits während des Entwurfsstadiums Vorhersagen über die Kommunikationseigenschaften komponierter Protokolle treffen. Hiermit kann unter anderem bereits während der Entwicklung überprüft werden, ob Vorgaben (constraints) eingehalten werden können.

Die in diesem Kapitel vorgestellten Ansätze, Architekturen und Systeme wurden bereits auf renommierten nationalen und internationalen Konferenzen und Workshops sowie in einem Zeitschriftenartikel vorgestellt [166, 167, 176, 174, 175]. Zudem hat der Demonstrator den ersten Preis auf einer renommierten internationalen Konferenz gewonnen [169]. Dennoch stellen die in diesem Kapitel vorgestellten Ansätze nur Lösungsbausteine dar und müssen noch geeignet ergänzt werden. Insbesondere im Bereich der werkzeugunterstützten Entwicklung der Kommunikationsprotokolle, aber auch der dynamischen Anpassung der Kommunikationsprotokolle zur Laufzeit fehlen noch geeignete Verfahren. Das Aggregationsverfahren selbst ist beschränkt auf relativ einfache Datenpfade, auch wenn bereits im Rahmen des Entwicklungswerkzeugs parallele Datenpfade mit Verzweigungen unterstützt werden. Diese Einschränkung ist für die Wahl des am besten geeigneten Kommunikationsprotokolls jedoch tragbar, da sie nur in Sonderfällen die Genauigkeit des Entscheidungsverfahrens beeinträchtigt.

Aber auch das Hinzufügen neuer – möglicherweise mobiler – Knoten in ein zukünftiges Internet mit vielen parallelen maßgeschneiderten Kommunikationsprotokollen stellt die Forschung noch vor einige Herausforderungen, für die jedoch bereits erste Lösungsansätze vorliegen [168].

Gerade durch die Unterstützung der Kompositionsentscheidung zur Entwurfszeit eignen sich die hier vorgestellten Ansätze sehr gut für die anspruchsvollen Anforderungen von Machine-to-Machine-Kommunikation in zum Beispiel Industrieautomatisierung und im Automobilumfeld. Zu den Anforderungen gehören unter anderem Vorhersagbarkeit, Effizienz und Verlässlichkeit. Kompositionsansätze zur Laufzeit hingegen sind hier wesentlich schlechter geeignet und führen zum Beispiel zu wesentlich höheren Test- und Absicherungsaufwänden.

7. Zusammenfassung und Ausblick

Das Internet ist ein äußerst erfolgreiches globales Kommunikationsmedium, das eine große Anzahl verschiedener Anwendungen ermöglicht. Hierfür existiert eine immer größer werdende Anzahl von Kommunikationsprotokollen, aus denen neue Anwendungen solche auswählen, die für ihre Zwecke geeignet sind. Die Wahl der Kommunikationsprotokolle trägt dabei maßgeblich zu den Eigenschaften der Kommunikation bei. Beispielsweise kann ein Sicherheitsprotokoll die Kommunikation schützen und ein Transportprotokoll einen zuverlässigen Transport ermöglichen.

Die resultierenden Kommunikationseigenschaften sind für die unterschiedlichen Anwendungszwecke aber nicht immer gleich wichtig. Vielmehr hängen Anforderungen an die Kommunikationseigenschaften auch von den zu übertragenden Daten ab und reflektieren subjektive Wünsche der Nutzer. Dies wirkt sich auf die Eignung eines Kommunikationsprotokolls aus.

Wird ein neues Kommunikationsprotokoll entwickelt, das andere Anforderungen an die Kommunikationseigenschaften erfüllen kann, so wäre es wünschenswert, auch die Nutzung dieses Protokolls durch bestehende Anwendungen zu ermöglichen. Hierfür sind in der Regel jedoch Änderungen der Anwendung notwendig, da Kommunikationsprotokolle beim Entwickeln der Anwendungen statisch ausgewählt werden.

Besser geeignet, die Wünsche der Nutzer umzusetzen, ist eine dynamische Wahl der Kommunikationsprotokolle. Erfolgt eine solche Wahl zudem automatisiert, wird außerdem noch eine Entlastung des Nutzers erreicht.

7.1   Ergebnisse dieser Arbeit

In der vorliegenden Arbeit wurde die dynamische, automatisierte Wahl von Kommunikationsprotokollen betrachtet. Um Kommunikationsprotokolle wählen zu können, muss zuerst eine *Unterscheidbarkeit verfügbarer Protokolle* erreicht werden. Hierfür wurden Kommunikationseigenschaften vorgestellt, welche unter anderem die Berücksichtigung der Zuverlässigkeit, Dienstgüte, Sicherheit und des Energiebedarfs von Kommunikationsprotokollen erlauben. Da bei einer solchen Betrachtung auch die Eigenschaften der genutzten Kommunikationsnetze wesentlich sind, wurden auch Metriken, die für die Messung der Eigenschaften in Netzen eingesetzt werden, berücksichtigt.

Da durch die Kommunikationseigenschaften die Unterscheidbarkeit verfügbarer Protokolle erreicht wird, können unterschiedliche Kommunikationsprotokolle verglichen werden, um die am besten geeignete Alternative zu bestimmen. Hierfür wurde eine geeignete *Entscheidungsfindung* entwickelt, die unter anderem auch nominal skalierte Kommunikationseigenschaften unterstützt. Sie berücksichtigt zudem, dass die Wahl eines Protokolls zu einem hohen Anteil durch die subjektive Beurteilung des Nutzers geprägt ist. Die Entscheidungsfindung dieser Arbeit ist daher durch Gewichte und Nutzenfunktionen an die Wünsche des Nutzers anpassbar.

Das erste Szenario, in dem die automatisierte Protokollwahl in der vorliegenden Arbeit betrachtet wurde, ist die Wahl von Sicherheitsprotokollen. Ob die Kommunikation geschützt ist oder nicht, ist für den Nutzer oft nicht ersichtlich. Fehlt jedoch der Schutz der Kommunikation, so können die Kommunikation und die übertragenen Daten erfolgreich angegriffen werden. Die vorliegende Arbeit hat daher den Schutz die Kommunikation des Nutzers durch eine automatische Wahl von Sicherheitsprotokollen betrachtet. Hierfür wurde aufbauend auf der Entscheidungsfindung nicht nur ein umfangreiches System namens ACCS vorgestellt, sondern auch die Adaptionen bestehender Sicherheitsprotokolle (zum Beispiel TLS und IPsec) entwickelt, um diese automatisch der Kommunikation hinzufügen zu können. Besonders aufwendig ist die Adaption, die den automatischen Schutz von HTTP ermöglicht, da beim automatischen Schutz dieses Protokolls durch TLS ein Teil der Webserver nicht die vom Nutzer gewünschten Webseiten ausliefern. Es ist jedoch wesentlich, dass ein automatischer Schutz nicht zum Abruf der falschen Webseite führt. Die vorliegende Arbeit stellt daher ein leistungsfähiges Verfahren zum Vergleich von Webseiten vor, welches auch mit dynamisch generierten Webseiten umgehen kann, und zeigt Grenzen des Verfahrens auf.

Durch die Anbindung bereits existierender Sicherheitsprotokolle ist die vorgestellte Lösung ACCS in der Lage, die Sicherheitsprotokolle automatisiert zu wählen und zu nutzen. Gleichzeitig können die erforderlichen Erweiterungen auf das lokale System des Nutzers begrenzt werden. Änderungen an anderen Systemen im Internet sind daher nicht notwendig. Dies führt dazu, dass im Gegensatz zu anderen Lösungen ein *soforti-ger Einsatz* der vorgestellten Verfahren möglich ist.

Zudem bringen mittlerweile auch andere Arbeiten den automatischen Schutz der In-ternetkommunikation voran: Intel stattet bereits einige Prozessoren mit Kryptografie-beschleunigung in Hardware aus, um die Last von zum Beispiel HTTPS zu senken [177]. Die Electronic Frontier Foundation hat eine sehr einfache Webbrowser-Erweite-rung zum automatischen Schutz von HTTP herausgegeben [159], welche zumindest ein einfaches White-List-Verfahren unterstützt. Die IETF hat sich Mitte 2010 mit der Si-gnalisierung der Schützbarkeit zwischen Webserver und Webbrowser befasst [160] und Google erlaubt den per HTTPS geschützten Zugriff auf seine Suche [178].

Es wurde auch gezeigt, dass der Ansatz der automatisierten Protokollwahl im heutigen Internet für das zukünftige Internet von Nutzen sein kann. Im zukünftigen Internet las-sen sich einige der heutigen Probleme vermeiden und gleichzeitig erschließen sich neue Einsatzmöglichkeiten des Ansatzes. Um Tausende Kommunikationsnetze mit speziali-sierten Kommunikationsprotokollen zu betreiben, ist es sinnvoll, einerseits Kommuni-kationsprotokolle zu komponieren und die resultierenden Kompositionen andererseits auch automatisch zu wählen. Hierbei musste jedoch ein wesentliches Problem gelöst werden: die Bestimmung der für die Wahl notwendigen Kommunikationseigenschaf-ten der komponierten Protokolle. Die vorliegende Arbeit stellt eine erste Lösung die-ses Problems vor, die aus Protokollkompositionen die resultierenden Eigenschaften der Kommunikation schrittweise bestimmt, dabei jedoch die Kontrollkommunikation zum größten Teil ignoriert. Für einen Teil der Kommunikationseigenschaften wurde der An-satz zur Bestimmung der für die Wahl notwendigen Kommunikationseigenschaften er-folgreich evaluiert.

Der Ansatz erlaubt es einerseits, eine Vielzahl komponierter Kommunikationsprotokol-le parallel einzusetzen und für die Anwendungskommunikation aus dieser Menge von Protokollen zu wählen. Andererseits konnte das Verfahren auch erfolgreich in ein Ent-wicklungswerkzeug integriert werden, um bereits während des Entwurfs komponierter Protokolle Vorhersagen über die durch das Protokoll erreichten Kommunikationseigen-schaften treffen zu können. Die Arbeit stellt mit der automatisierten Protokollwahl eine Grundlage für den parallelen Einsatz einer großen Menge von Kommunikationsproto-kollen bereit.

Die Konzepte und Ergebnisse der vorliegenden Arbeit wurden wissenschaftlich ver-öffentlicht und auf nationalen und internationalen Konferenzen und Veranstaltungen präsentiert. Die Konzepte und Ergebnisse von Kapitel 3, 4 und 5 finden sich unter an-derem in [112, 151, 111, 110] und die von Kapitel 6 in [166, 167, 174, 176, 175]. Aber auch die prototypischen Implementierungen konnten erfolgreich vorgestellt werden. Der Prototyp zum automatischen Schutz der Kommunikation wurde unter anderem als Demonstrator auf einer großen Konferenz präsentiert [131]. Auch die Verfahren für die Protokollwahl im zukünftigen Internet wurden im Rahmen eines Demonstrators auf einer internationalen Konferenz gezeigt [169] und wurde zudem mit dem ersten Preis prämiert. Zudem flossen Konzepte und Ergebnisse in das EU-Projekt 4WARD ein.

7.2 Ausblick und weiterführende Arbeiten

Obwohl die automatisierte Wahl von Kommunikationsprotokollen bereits eine wichtige Grundlage für den parallelen Einsatz einer großen Menge komponierter Kommunikationsprotokolle bereitstellt, kann die 4WARD-Vision, *Tausende zukünftige Netze zu ermöglichen*, noch nicht vollständig umgesetzt werden. Als wesentliches Problem beim Umsetzen dieser Vision verbleibt die Feststellung, welche Kommunikationsprotokolle und Netze überhaupt für die Kommunikation eingesetzt werden können, da hieraus erst die Alternativen der Entscheidungsfindung bestimmt werden. Ein Teil einer Lösung ist ein geeigneter Namensdienst mit passenden Namensschemata, um die Auflösung von Namen in für verschiedene Kommunikationsprotokolle und Netze geeignete (möglicherweise unterschiedliche) Adressen zu ermöglichen. So können Dienste mit unterschiedlichen Kommunikationsprotokollen genutzt und eine hohe Flexibilität erreicht werden. Einen ersten, sehr einfachen Ansatz bietet bereits das heutige DNS, indem es Namen auf zwei verschiedene Arten von Adressen auflösen kann, nämlich auf IPv4- und IPv6-Adressen.

Ein weiteres wesentliches Feld für weiterführende Arbeiten ist die Konstruktion komponierter Kommunikationsprotokolle. Hierfür konnte diese Arbeit zwar ein erstes Entwicklungswerkzeug präsentieren. Es ist allerdings noch offen, wie zum Beispiel die einzelnen funktionalen Blöcke entworfen und implementiert werden. Erste Ansätze zu einem geeigneten Entwurfsprozess wurden bereits in [174] vorgestellt.

Eine Lösung für das zukünftige Internet sollte zudem mit virtualisierten Netzen umgehen können. Hierfür wurden in der Architektur „virtuelle Netzzugänge" vorgesehen. Von der Seite der Netzvirtualisierung fehlt jedoch noch ein geeignetes Verfahren, das es ermöglicht, die unterschiedlichen Protokollstapel der lokalen Systeme dynamisch mit virtuellen Netzen zu verbinden. Hierbei ist unter anderem offen, wie erkannt werden kann, welche Kommunikationsprotokolle in virtuellen Netzen genutzt werden und wie virtuelle Netze mit den Systemen der Nutzer verbunden werden können. Gerade für mobile Geräte ist ein geeigneter Zugang wichtig, sodass sie auch an verschiedenen Standorten spezialisierte Kommunikationsprotokolle nutzen können. Ein erster Ansatz hierfür wurde bereits in [168] präsentiert.

A. Kommunikationseigenschaften

In diesem Anhang wird eine Übersicht aller in dieser Arbeit betrachteten Kommunikationseigenschaften dargestellt. Hierfür werden Eigenschaften in Kategorien betrachtet. Für jede Eigenschaft werden der Name, der Wertebereich *(Wert.)* und die Einheit *(Einh.)* dargestellt.

Kategorie Name	Wert.	Einh.
Dienstgüte: Latenz/Latenzabweichung (Abschnitt 3.3.1.1)		
Minimale 1-Weg-Verzögerung	$\mathbb{R}_+$	s
Mittlere 1-Weg-Verzögerung	$\mathbb{R}_+$	s
Latenzschwankung	$\mathbb{R}_+$	s
Dienstgüte: Kommunikationsaufbaulatenz (Abschnitt 3.3.1.2)		
Aufbauverzögerung durch Verarbeitung	$\mathbb{R}_+$	s
Aufbauverzögerung durch Kommunikation	$\mathbb{R}_+$	(# 1-Weg-Verz.)
Dienstgüte: Kapazität (Abschnitt 3.3.1.3)		
Kapazität	$\mathbb{R}_+$	bit/s
Freie Kapazität	$\mathbb{R}_+$	bit/s
Genutzte Kapazität	$\mathbb{R}_+$	bit/s
Auslastung	$\mathbb{R}_{[0;1]}$	

Kategorie Name	Wert.	Einh.
Dienstgüte: Overhead (Abschnitt 3.3.1.4)		
Overhead pro Bit	$\mathbb{R}_+$	bit
Overhead pro Dateneinheit	$\mathbb{R}_+$	bit
Overhead pro Zeit	$\mathbb{R}_+$	bit/s
Overhead Kommunikationsaufbau/-abbau	$\mathbb{R}_+$	bit
Zuverlässigkeit: Verlust von Dateneinheiten (Abschnitt 3.3.2.1)		
Verlustanteil	$\mathbb{R}_{[0;1]}$	
Mittlere Verlustlänge	$\mathbb{R}_+$	(# Dateneinheiten)
Maximale Verlustlänge	$\mathbb{R}_+$	(# Dateneinheiten)
Minimale Verlustzwischenlänge	$\mathbb{R}_+$	(# Dateneinheiten)
Mittlere Verlustzwischenlänge	$\mathbb{R}_+$	(# Dateneinheiten)
Zuverlässigkeit: Duplikate (Abschnitt 3.3.2.2)		
Duplikatsfaktor	$\mathbb{R}_+$	
Duplikatsanteil	$\mathbb{R}_{[0;1]}$	
Zuverlässigkeit: Verfälschung (Abschnitt 3.3.2.3)		
Fehleranteil	$\mathbb{R}_{[0;1]}$	
Mittlere Fehlerlänge	$\mathbb{R}_+$	(# Dateneinheiten)
Maximale Fehlerlänge	$\mathbb{R}_+$	(# Dateneinheiten)
Bitfehleranteil	$\mathbb{R}_{[0;1]}$	
Mittlere Bitfehlerlänge	$\mathbb{R}_+$	(# Bits)
Maximale Bitfehlerlänge	$\mathbb{R}_+$	(# Bits)
Zuverlässigkeit: Reihenfolgetreue (Abschnitt 3.3.2.4)		
Vertauschungsanteil	$\mathbb{R}_{[0;1]}$	
Mittlere Vertauschungsentfernung	$\mathbb{R}_+$	(# Dateneinheiten)
Maximale Vertauschungsentfernung	$\mathbb{R}_+$	(# Dateneinheiten)
Mittlere Vertauschungszeit	$\mathbb{R}_+$	s
Maximale Vertauschungszeit	$\mathbb{R}_+$	s
Energiebedarf (Abschnitt 3.3.3)		
Energiebedarf pro Bit	$\mathbb{R}_+$	J
Energiebedarf pro Dateneinheit	$\mathbb{R}_+$	J
Energiebedarf pro Zeit	$\mathbb{R}_+$	J/s
Energiebedarf Kommunikationsaufbau/ -abbau	$\mathbb{R}_+$	J

| Kategorie | | |
Name	Wert.	Einh.

Sicherheit: Schlüsselaustausch (Abschnitt 3.3.4.1)

ID	String	
Schlüssellänge	$\mathbb{N}$	bit
Effektive Bitstärke	$\mathbb{R}_+$	bit
Algorithmenfamilie	(IFP, DLP, ECDLP, Other)	
Vorwärtssicherheit	(ee, es, ss)	
Wiedereinspielungsschutz	(1, 0)	
Schlüsselerneuerung	(b, v, t, n)	

Sicherheit: Authentifizierung (Abschnitt 3.3.4.2)

ID	String	
Schlüssellänge	$\mathbb{N}$	bit
Effektive Bitstärke	$\mathbb{R}_+$	bit
Algorithmenfamilie	(IFP, DLP, ECDLP, Other)	
Authentifizierung	(m, c, s, n)	

Sicherheit: Verschlüsselung (Abschnitt 3.3.4.3)

ID	String	
Schlüssellänge	$\mathbb{N}$	bit
Effektive Bitstärke	$\mathbb{R}_+$	bit
Algorithmenfamilie	(IFP, DLP, ECDLP, Other)	
Reichweite	(1-Hop, E2E, VPN, unknown)	
Schicht	$\mathbb{N}$	

Sicherheit: Datenauthentizität/Integrität (Abschnitt 3.3.4.4)

ID	String	
Schlüssellänge	$\mathbb{N}$	bit
Effektive Bitstärke	$\mathbb{R}_+$	bit
Algorithmenfamilie	(IFP, DLP, ECDLP, Other)	
Reichweite	(1-Hop, E2E, VPN, unknown)	
Schicht	$\mathbb{N}$	
Wiedereinspielungsschutz	(1, 0)	

Tabelle A.1: Eigenschaften der Kommunikation

B. Aggregation der Kommunikationseigenschaften

In diesem Anhang wird eine Übersicht der Aggregationsfunktionen der in dieser Arbeit betrachteten Kommunikationseigenschaften dargestellt. Diese Funktionen werden genutzt, um die Wirkungen Funktionaler Blöcke zu bestimmen. In der folgenden Tabelle wird die Aggregation „Kehrwert der Summe der Kehrwerte" mit *Kehrwerte* abgekürzt.

Kategorie Name	Einh.	Aggregation
Dienstgüte: Latenz/Latenzabweichung (Abschnitt 6.2.2)		
Minimale 1-Weg-Verzögerung	s	Summe
Mittlere 1-Weg-Verzögerung	s	Summe
Latenzschwankung	s	Summe
Dienstgüte: Kommunikationsaufbaulatenz (Abschnitt 6.2.2)		
Aufbauwartezeit	s	Summe
Aufbauwartezeit	#	Summe
(# 1-Weg-Verzögerungen)		
Dienstgüte: Kapazität (Abschnitt 6.2.5)		
Kapazität	bit/s	Kehrwerte
Dienstgüte: Länge (Hilfseigenschaften) (Abschnitt 6.2.4)		
Länge der Dateneinheit (Hilfseigenschaft)	bit	Summe

Kategorie		
Name	Einh.	Aggregation
Dienstgüte: Overhead (Abschnitt 6.2.4)		
Overhead pro Bit	bit	Summe
Overhead pro Dateneinheit	bit	Summe
Overhead pro Zeit	bit/s	Summe
Overhead Kommunikationsaufbau/-abbau	bit	Summe
Energiebedarf (Abschnitt 6.2.3)		
Energiebedarf pro Bit	J	Summe
Energiebedarf pro Dateneinheit	J	Summe
Energiebedarf pro Zeit	J/s	Summe
Energiebedarf Kommunikationsaufbau/-abbau	J	Summe
Zuverlässigkeit: Verlust von Dateneinheiten (Abschnitt 6.2.6)		
Verlustanteil		abh. v. FB.
Mittlere Verlustlänge		abh. v. FB.
Maximal Verlustlänge		abh. v. FB.
Mittlere Verlustzwischenlänge		abh. v. FB.
Maximal Verlustzwischenlänge		abh. v. FB.
Zuverlässigkeit: Duplikate (Abschnitt 6.2.6)		
Duplikatsfaktor		abh. v. FB.
Duplikatsanteil		abh. v. FB.
Zuverlässigkeit: Verfälschung (Abschnitt 6.2.6)		
Fehleranteil		abh. v. FB.
Mittlere Fehlerlänge		abh. v. FB.
Maximale Fehlerlänge		abh. v. FB.
Bitfehleranteil		abh. v. FB.
Mittlere Bitfehlerlänge		abh. v. FB.
Maximale Bitfehlerlänge		abh. v. FB.
Zuverlässigkeit: Reihenfolgetreue (Abschnitt 6.2.6)		
Vertauschungsanteil		abh. v. FB.
Mittlere Vertauschungsentfernung		abh. v. FB.
Maximale Vertauschungsentfernung		abh. v. FB.
Mittlere Vertauschungszeit	µs	abh. v. FB.
Maximale Vertauschungszeit	µs	abh. v. FB.

Kategorie		
Name	Einh.	Aggregation

Sicherheit: Schlüsselaustausch (Abschnitt 6.2.7)

ID		keine
Schlüssellänge		keine
Effektive Bitstärke		keine
Algorithmenfamilie		keine
Vorwärtssicherheit		keine
Wiedereinspielungsschutz		keine
Schlüsselerneuerung		keine

Sicherheit: Authentifizierung (Abschnitt 6.2.7)

ID		keine
Schlüssellänge		keine
Effektive Bitstärke		keine
Algorithmenfamilie		keine
Authentifizierung		keine

Sicherheit: Verschlüsselung (Abschnitt 6.2.7)

ID		keine
Schlüssellänge		keine
Effektive Bitstärke		keine
Algorithmenfamilie		keine
Reichweite		keine
Schicht		keine

Sicherheit: Datenauthentizität/Integrität (Abschnitt 6.2.7)

ID		keine
Schlüssellänge		keine
Effektive Bitstärke		keine
Algorithmenfamilie		keine
Reichweite		keine
Schicht		keine
Wiedereinspielschutz		keine

Tabelle B.1: Aggregation der Kommunikationseigenschaften

C. Daten der Evaluation der Entscheidungsfindung

In diesem Kapitel werden die detaillierten Werte der Kandidaten aus Abschnitt 4.5 dargestellt, welche zur Evaluierung der Entscheidungsfindung genutzt wurden.

In Tabelle C.1 werden für alle Alternativen die Werte jeder Kommunikationseigenschaft der Kategorie Dienstgüte aufgezeigt. Die Kommunikationseigenschaften umfassen:

- Minimale 1-Weg-Verzögerung (µs)
- Mittlere 1-Weg-Verzögerung (µs)
- Latenzschwankung (µs)
- Aufbauverzögerung durch Verarbeitung (s)
- Aufbauverzögerung durch Kommunikation (# Umläufe)
- Kapazität (Mbit/s)
- Overhead pro Bit (bit)
- Overhead pro Dateneinheit (bit)
- Overhead pro Zeit (bit/s)
- Overhead Kommunikationsaufbau/-abbau (bit)

In Tabelle C.2 werden für alle Alternativen die Werte jeder Kommunikationseigenschaft der Kategorien Energiebedarf und Sicherheit aufgezeigt. Die Kommunikationseigenschaften der Kategorie Energiebedarf umfassen:

- Energiebedarf pro Bit (µJ)
- Energiebedarf pro Dateneinheit (µJ)

- Energiebedarf pro Zeit (J/s)
- Energiebedarf Kommunikationsaufbau/-abbau (J)

Die Kommunikationseigenschaften der Kategorie Sicherheit umfassen:

- Effektive Bitstärke (EBS)
- Vorwärtsicherheit (Vorwärtss.)
- Wiedereinspielschutz (Wiedereinspiels.)
- Reichweite (Keine:0, 1-Hop:1, Ende-zu-Ende:2, VPN:3)
- Schicht
- Schlüsselerneuerung (Schlüsselern.)

| Alt. | Dienstgüte | | | | | | | | | |
	1-Weg-Verzögerung Minimale	Mittlere	Latenz-schwankung	Aufbauverzögerung durch Verarbeitung	Kommunikation	Kapazität	Overhead pro Bit	Dateneinheit	Zeit	Auf-/abbau
a0	0	0	0	0,000	0	1000	0	0	0,000	0
a1	4	14	14	0,075	10	140	0	64	1,150	60000
a2	8	28	28	0,075	10	90	0	64	1,150	60000
a3	4	14	14	0,075	10	140	0	192	1,150	60000
a4	8	28	28	0,075	10	90	0	192	1,150	60000
a5	4	14	14	0,075	10	140	0	224	1,150	60000
a6	8	28	28	0,075	10	90	0	224	1,150	60000
a7	4	14	14	0,075	6	140	0	156	1,150	60000
a8	8	28	28	0,075	6	90	0	156	1,150	60000
a9	4	14	14	0,075	6	80	0	128	1,150	80000
a10	8	28	28	0,075	6	60	0	128	1,150	60000
a11	4	14	14	0,075	6	140	0	316	1,150	60000
a12	4	14	14	0,075	6	140	0	316	1,150	60000
a13	8	28	28	0,075	6	90	0	316	1,150	60000
a14	8	28	28	0,075	6	60	0	288	1,150	60000
a15	4	14	14	0,000	4	56	0	32	0,000	0
a16	4	14	14	0,000	4	56	0	96	0,000	0
a17	4	14	14	0,000	4	56	0	64	0,000	0
a18	8	28	28	0,000	4	56	0	64	0,000	0
a19	4	14	14	0,075	4	56	0	64	1,150	60000
a20	8	28	28	0,075	4	56	0	64	1,150	60000

Tabelle C.1: Werte der Kommunikationseigenschaften der Kategorie Dienstgüte

| Alt. | Energiebedarf pro | | | | Sicherheit | | | | | |
	Bit	Dateneinheit	Zeit	Auf-/abbau	EBS	Vorwärtss.	Wiedereinspiels.	Reichweite	Schicht	Schlüsselern.
a0	0,000000	0,000000	0,000000	0,000000	0	0	0	0	0	0
a1	0,202500	33,750000	0,261625	1,062470	0	1	1	2	5	3
a2	0,286250	46,560000	0,261625	1,062470	0	1	1	2	5	3
a3	0,276250	33,823750	0,261625	1,062470	92	1	1	2	5	3
a4	0,360000	46,633750	0,261625	1,062470	92	1	1	2	5	3
a5	0,297500	33,845000	0,261625	1,062470	128	1	1	2	5	3
a6	0,381250	46,655000	0,261625	1,062470	192	1	1	2	5	3
a7	0,297500	33,845000	0,261625	1,062470	128	2	1	2	4	3
a8	0,381250	46,655000	0,261625	1,062470	192	2	1	2	4	3
a9	0,151250	33,750000	0,261625	1,062470	128	2	1	2	4	3
a10	0,381250	46,655000	0,261625	1,062470	256	2	1	2	4	3
a11	0,276250	33,823750	0,261625	1,062470	96	2	1	2	3	3
a12	0,297500	33,845000	0,261625	1,062470	128	2	1	2	3	3
a13	0,381250	46,655000	0,261625	1,062470	192	2	1	2	3	3
a14	0,205000	46,560000	0,261625	1,062470	256	2	1	2	3	3
a15	0,491250	36,600000	0,000000	0,000000	40	0	0	1	2	0
a16	0,276250	33,823750	0,000000	0,000000	64	0	0	1	2	0
a17	0,151250	33,750000	0,000000	0,000000	128	0	0	1	2	0
a18	0,205000	46,560000	0,000000	0,000000	256	0	0	1	2	0
a19	0,151250	33,750000	0,000000	0,000000	128	1	1	1	2	3
a20	0,205000	46,560000	0,000000	0,000000	256	1	1	1	2	3

Tabelle C.2: Werte der Kommunikationseigenschaften der Kategorien Energiebedarf und Sicherheit

D. Messergebnisse

Dieses Kapitel stellt Daten der Untersuchungen von Web- und Mailservern dar. Im Abschnitt D.1 werden die Daten der deutschen Top-50-Webseiten (Abschnitt 5.6.3.1) nach Abrufen vorgestellt. Abschnitt D.2 stellt die Ergebnisse zum Schutz von E-Mail-Kommunikation (Abschnitt 5.5.5.1) detailliert dar.

Auf die Darstellung der Top-1000-Webseiten der Messung mittels transparentem Proxy in einem Wohnheim muss aus Platz- und Datenschutzgründen verzichtet werden.

D.1 HTTP/HTTPS bei den Top-50-Webseiten (DE)

Für diese Messungen wurden die deutschen Top-50-Webseiten laut www.alexa.com in Hinblick auf automatische Nutzung von HTTPS getestet. Hierbei wurde untersucht, ob *HTTPS möglich (HTTPS)* und ein passendes *Zertifikat (Zert.)* vorhanden ist. Einige Webseiten nutzen Dienste der Firma *Akamai* für die Auslieferung ihrer Webseiten. Hierauf weist ein Kommentar unter *Bemerkung* hin. Auch auf Webpräsenzen, die den falschen Inhalt ausliefern, wird hingewiesen (Inhalt falsch). Weitere Bemerkungen sind für Webpräsenzen aufgeführt, die bei einem Aufruf per HTTPS sofort auf HTTP umleiten *(Redirect früh)*, und Webseiten, bei denen ein Abruf mittels HTTP zwar funktioniert, aber die danach versuchen auf HTTP umzuleiten *(Redirect spät)*. Bei frühen Redirects ist in der Regel kein Schutz möglich, da der Webserver Anfragen über HTTPS immer an HTTP verweist. Bei späten Redirects hingegen kann jede Anfrage von ACCS auf HTTPS umgeschrieben werden, auch wenn die Hyperlinks vom Webserver auf HTTP verweisen.

Die Daten wurden am 25.10.2009 erfasst. Webseiten mit nicht-jugendfreien oder möglicherweise illegalen Inhalten wurden unkenntlich gemacht.

Webseite	HTTPS	Zert.	Inhalt	Bemerkung
www.google.de	Ja	Ja	Nein	
www.google.com	Ja	Ja	Nein	Redirect früh
www.youtube.com	Ja	Nein	Nein	Redirect früh
www.ebay.com	Nein			
www.facebook.com	Ja	Ja	Ja	
wikipedia.org	Nein			
www.yahoo.com	Ja	Ja	Nein	Redirect früh
www.amazon.de	Ja	Ja	Ja	Redirect spät
www.spiegel.de	Ja	Ja	Ja	
web.de	Ja	Ja	Nein	Redirect früh
studivz.net	Ja	Nein	Ja	
www.gmx.net	Ja	Ja	Ja	Redirect spät
twitter.com	Ja	Ja	Ja	
www.bild.de	Nein			
www.blogger.com	Ja	Ja	Ja	
www.live.com	Ja	Nein	Nein	Akamai
www.wer-kennt-wen.de	Nein			
www.xing.com	Ja	Ja	Ja	
www.leo.org	Nein			
www.meinvz.net	Ja	Nein	Ja	
www.myspace.com	Nein			Akamai
www.schuelervz.net	Ja	Nein	Ja	
www.chip.de	Nein			
youp***.com	Nein			
www.t-online.de	Nein			
www.msn.de	Nein			
www.immobilienscout24.de	Ja	Nein	Nein	Redirect früh
wordpress.com	Ja	Ja	Ja	Redirect spät
www.1und1.de	Ja	Ja	Ja	
www.heise.de	Ja	Ja	Nein	Redirect früh
rapidshare.com	Ja	Ja	Ja	
www.microsoft.com	Ja	Ja	Ja	
www.flickr.com	Nein			
mpnrs.com	Ja	Nein	Ja	Redirect spät
www.gutefrage.net	Nein			

Webseite	HTTPS	Zert.	Inhalt	Bemerkung
www.bahn.de	Ja	Ja	Ja	
www.sueddeutsche.de	Ja	Ja	Ja	
www.livejas***.com	Nein			
www.mobile.de	Nein			
kino.**	Nein			
www.welt.de	Nein			
www.kicker.de	Nein			
www.rtl.de	Nein			
www.bing.de	Ja	Nein	Nein	Akamai
www.apple.com	Ja	Ja	Ja	
www.focus.de	Ja	Ja	Ja	Redirect spät
www.icq.com	Ja	Ja	Ja	Redirect spät
www.jappy.de	Ja	Ja	Nein	Redirect früh
www.lokalisten.de	Nein			
www.stern.de	Ja	Ja	Ja	

Tabelle D.1: Top-50-Webseiten (DE)

D.2 Schützbarkeit von E-Mail-Kommunikation

In diesem Abschnitt werden die Ergebnisse der Untersuchung von 26 E-Mail-Anbietern dargestellt. Es wurde untersucht, welche Varianten von SMTP, POP und IMAP genutzt werden können. Hierbei wurde auch untersucht, ob TLS oder StartTLS[1] zum Schutz genutzt werden kann.

Tabelle D.2 zeigt die Ergebnisse für SMTP. Hierbei wurden folgende Varianten untersucht und gegenüber gestellt:

- SMTP auf Port 25
- SMTP auf Port 25 mit StartTLS
- SMTP auf Port 465
- SMTP auf Port 587
- SMTP auf Port 587 mit StartTLS

Die letzte Spalte der Tabelle gibt an, ob die Kommunikation mithilfe von ACCS geschützt werden kann.

---

[1] Nur die Ergebnisse für die Untersuchung von StartTLS für SMTP werden dargestellt. Auf die Darstellung der Ergebnisse von StartTLS für POP und IMAP wird verzichtet, da sie keine Verbesserung des Schutzes ermöglichen.

Anbieter	25	StartTLS	465	587	StartTLS	Schützbar
1und1	Ja	Ja	Nein	Ja	Ja	Ja
Alice DSL	Ja	Ja	Nein	Nein	-	Ja
AOL	Ja	Ja	Ja	Ja	Ja	Ja
Arcor	Ja	Ja	Ja	Ja	Ja	Ja
directBox	Ja	Ja	Ja	Nein	-	Ja
Freenet	Ja	Ja	Ja	Ja	Ja	Ja
GMX	Ja	Ja	Ja	Ja	Ja	Ja
Google Mail	Ja	Ja	Ja	Ja	Ja	Ja
Host Europe	Ja	Ja	Nein	Ja	Ja	Ja
Hotmail	Ja	Ja	Nein	Ja	Ja	Ja
Kabel Deutschland	Ja	Ja	Ja	Nein	-	Ja
Kontent	Ja	Ja	(Ja)	Ja	Ja	Ja
mymail.ch	Ja	Ja	Ja	Ja	Ja	Ja
Netcologne						
O2	Ja	Ja	Ja	Nein	-	Ja
Oleco::Mail	Ja	Ja	Ja	Ja	Ja	Ja
Strato	Ja	Ja	Ja	Ja	Ja	Ja
T-Online	Ja	Nein	Nein	Ja	Nein	Nein
Unitymedia	Ja	Ja	Nein	Nein	-	Nein
Versatel	Ja	Nein	Nein	Nein	-	Nein
Vodafone	Ja	Ja	Ja	Ja	Ja	Ja
web.de	Ja	Ja	Nein	Ja	Ja	Ja
Yahoo (com)	Ja	Nein	Ja	Ja	Nein	Ja
Yahoo (de)	Ja	Nein	Ja	Ja	Nein	Ja
KIT	Ja	Ja	Nein	Ja	Ja	Ja
Fakultät Informatik	Ja	Ja	Ja	Ja	Ja	Ja

Tabelle D.2: Untersuchung der Schützbarkeit von SMTP-Kommunikation

Beim Anbieter *Kontent* wurde auf Port 465 statt SMTP mit TLS ein einfaches SMTP mit StartTLS-Option angeboten. Der Anbieter *Netcologne* bietet SMTP nur dann an, wenn man Netcologne für den Internetzugang nutzt. Zusätzliche zu den 24 freien E-Mail-Anbietern wurden auch das Karlsruher Institut für Technologie (KIT) und die Fakultät für Informatik am KIT hinzugenommen.

Anbieter	POP	POP + TLS	IMAP	IMAP + TLS
1und1	Ja	Ja	Ja	Ja
Alice DSL	Ja	Ja	Ja	Ja
AOL	Ja	Ja	Ja	Ja
Arcor	Ja	Ja	Ja	Ja
directBox	Ja	Nein	Nein	Nein
Freenet	Ja	Ja	Ja	Ja
GMX	Ja	Ja	Ja	Ja
Google Mail	Nein	Ja	Nein	Ja
Host Europe	Ja	Ja	Ja	Ja
Hotmail	Nein	Ja	Nein	Nein
Kabel Deutschland	Ja	Nein	Nein	Nein
Kontent	Ja	Ja	Ja	Ja
mymail.ch	Ja	Ja	Ja	Ja
Netcologne	Ja	Ja	Nein	Nein
O2	Ja	Ja	Ja	Ja
Oleco::Mail	Ja	Ja	Ja	Ja
Strato	Ja	Ja	Ja	Ja
T-Online	Ja	Nein	Ja	Ja
Unitymedia	Ja	Ja	Ja	Ja
Versatel	Ja	Nein	Ja	Nein
Vodafone	Ja	Ja	Ja	Ja
web.de	Ja	Ja	Ja	Ja
Yahoo (com)	Ja	Ja	Nein	Nein
Yahoo (de)	Ja	Ja	Nein	Nein
KIT	Nein	Ja	Nein	Ja
Fakultät Informatik	Nein	Ja	Nein	Ja

Tabelle D.3: Untersuchung der Schützbarkeit von POP- und IMAP-Kommunikation

E. Schnittstellenbeschreibung der Sicherheitsadapter

In diesem Anhang wird die Schnittstelle zur Anbindung von Sicherheitsadaptern dargestellt. Eine weitergehende Beschreibung findet sich in Abschnitt 5.5.1.

Beschreibung von Sicherheitsadaptern:

```
const char *module_name = "Beispieladapter";
const char *modinfo = "Beispielbeschreibung";

// Sicherheitsmodule nutzen den Typ DETECT
enum plugin_type module_type = DETECT;

// Diese ID muss eindeutig sein
int module_id = 123;
```

Basisfunktionen von Sicherheitsadaptern:

```
/* Wird beim Starten aufgerufen
 * Parameter ist NULL, keine Rückgabe
 */
void module_init_function(void *)

/* Wird beim Beenden aufgerufen
 * Parameter ist NULL, keine Rückgabe
```

```
*/
void module_close_function(void *)
```

Abfrage des möglichen Schutzes und explizite Schutzanforderung:

```
/* Abfrage des möglichen Schutzes
 *
 * Parameter ist ein struct *thread_mgmt
 * struct *accs_event ev = data->work->ev
 *
 * Rückgabe über data->result und data->done
 */
void module_detection_function(void *data)


/* Explizite Schutzanforderung
 * Parameter ist ein struct action_queue
 * Rückgabe über data->sec_mech->result
 */
void module_action_function(void *data)
```

Ereignisse der Sicherheitsadapter werden an den Sicherheitsmanager von ACCS übergeben:

```
/* Erkennerereignis in die globale Warteschlange einfügen
 * Gibt Fehler zurück, falls nicht erfolgreich (0)
 */
void enqueue_event(struct accs_event *ev)
```

F. Abkürzungsverzeichnis

3DES   Triple DES

ACCS   Auto-Configuration of Communication Security

ADSL   Asymmetric Digital Subscriber Line

AH   Authentication Header

AES   Advanced Encryption Standard

BTNS   Better-Than-Nothing Security

CBC   Cipher-Block Chaining

CCM   Counter with CBC-MAC mode

CCMP   Counter Cipher Mode with Block Chaining Message Authentication Code
          Protocol

CRC   Cyclic Redundancy Check

CSS   Cascading Style Sheets

CTR   Counter mode

DCCP   Datagram Congestion Control Protocol

DES   Data Encryption Standard

DH   Diffie-Hellman-Verfahren

DLC   Discrete Logarithm Cryptography

DLP   Discrete Logarithm Problem

DNS	Domain Name System
DSL	Digital Subscriber Line
E2E	Ende zu Ende
EAP	Extensible Authentication Protocol
EBS	Effektive Bitstärke
ECC	Elliptic Curve Cryptography
ECDLP	Elliptic Curve Discrete Logarithm Problem
ECDSA	Elliptic Curve Digital Signature Algorithm
EC-DH	Elliptic Curve Diffie-Hellman
Einh.	Einheit
ESP	Encapsulating Security Payload
FB	Funktionaler Block
FEC	Forward Error Correction
FFC	Finite Field Cryptography
FIPS	Federal Information Processing Standard
FTP	File Transfer Protocol
GB	Gigabyte (10^9) Byte, SI-Definition
GiB	Gigabyte (2^{30} Byte), IEC-Definition
HMAC	keyed Hash Message Authentication Code
HTTP	Hypertext Transfer Protocol
HTTPS	HTTP Secure
IANA	Internet Assigned Numbers Authority
ICV	Integrity Check Value
IDEA	International Data Encryption Algorithm
IEC	International Electrotechnical Commission
IEEE	Institute of Electrical and Electronics Engineers
IETF	Internet Engineering Task Force
IFC	Integer Factorization Cryptography
IFP	Integer Factorization Problem
IKE	Internet Key Exchange

IMAP	Internet Message Access Protocol
IP	Internet Protocol
IPDV	Inter Packet Delay Variation
IPsec	IP security
ISO	International Organization for Standardization
ITU	International Telecommunication Union
IUN	Implicit Update Notification
kB	Kilobyte (10^3) Byte, SI-Definition
KiB	Kilobyte (2^{10} Byte), IEC-Definition
LAN	Local Area Network
LoF	Leap of Faith
MAC	Message Authentication Code
Max	Maximum
MB	Megabyte (10^6) Byte, SI-Definition
MD5	Message Digest algorithm 5
Med	Median
MiB	Megabyte (2^{20} Byte), IEC-Definition
Min	Minimum
NENA	Netlet-based Node Architecture
NIST	National Institute of Standards and Technology
NSA	National Security Agency
NWA	Nutzwertanalyse
OE	Opportunistic Encryption
OSI	Open Systems Interconnection
PDU	Protocol Data Unit
PDV	Packet Delay Variation
PFS	Perfect Forward Secrecy
PKI	Public Key Infrastructure
POP	Post Office Protocol
$Q_{99,9\%}$	99,9%-Quantil

RACE	Research and Development in Advanced Communications Technologies in Europe
RFC	Request for Comments
RIPEMD	RACE Integrity Primitives Evaluation Message Digest
ROA	Ratcliff/Obershelp-Algorithmus
RSA	Verfahren nach Rivest, Shamir und Adleman
RTT	Round-trip time
SA	Security Association
SAD	Security Association Database
SCTP	Stream Control Transmission Protocol
SHA-1	Secure Hash Algorithm 1
SI	Internationales Einheitensystem
SMTP	Simple Mail Transfer Protocol
SNI	Server Name Indication
SPD	Security Policy Database
SSL	Secure Socket Layer
TCP	Transmission Control Protocol
TLS	Transport Layer Security
UDP	User Datagram Protocol
UMTS	Universal Mobile Telecommunications System
URL	Uniform Resource Locator
Verz.	Verzögerung
VPN	Virtual Private Network
WEP	Wired Equivalent Privacy
Wert.	Wertebereich
WLAN	Wireless LAN
WPA	Wi-Fi Protected Access
XMPP	Extensible Messaging and Presence Protocol
XOR	Exklusives Oder (bitweise Verknüpfung)

Literatur

[1] Birgit van Eimeren and Beate Frees. Ergebnisse der ARD/ZDF-Onlinestudie 2011: Drei von vier Deutschen im Netz – ein Ende des digitalen Grabens in Sicht? *Media Perspektiven*, pages 334–349, 07-08 2011.

[2] Bernd W. Wirtz. Deutschland Online: Unser Leben im Netz. Studie Deutschland Online 5 (2007), Deutsche Telekom AG, Bonn, January 2008.

[3] Stephen Shankland. Amazon suffers U.S. outage on Friday. Webseite, June 2008. Zuletzt abgerufen: 28.08.2011, 21:45. http://news.cnet.com/8301-10784_3-9962010-7.html.

[4] Brian McRoberts and George H. Terhanian. Digital Influence Index: Welche Rolle spielt das Internet im Leben von Konsumenten in Großbritannien, Deutschland und Frankreich. Technical report, Fleischman-Hillard International Communications und Harris Interactive, June 2008.

[5] Thomas Anderson, Larry Peterson, Scott Shenker, and Jonathan Turner. Overcoming the Internet Impasse through Virtualization. *Computer*, 38(4):34–41, April 2005.

[6] Jonathan S. Turner and David E. Taylor. Diversifying the Internet. In *Proceedings of the Global Telecommunications Conference, 2005 (GLOBECOM '05)*, volume 2, pages 755–760, December 2005.

[7] Alma Whitten and J. Doug Tygar. Why Johnny can't encrypt: A usability evaluation of PGP 5.0. *8th USENIX Security Symposium*, 1999.

[8] Simson L. Garfinkel and Robert C. Miller. Johnny 2: A User Test of Key Continuity Management with S/MIME and Outlook Express. In *Proceedings of the 1st symposium on usable privacy and security*, Pittsburgh, Pennsylvania, USA, 2005. ACM, New York.

[9] Stuart E. Schechter, Rachna Dhamija, Andy Ozment, and Ian Fischer. The Emperor's New Security Indicators. In *Proceedings of the 2007 IEEE Symposium on Security and Privacy*, pages 51–65, Oakland, California, USA, 2007. IEEE Computer Society.

[10] Telecommunication Standardization Sector Of ITU. Information Technology – Open Systems Interconnection – Basic Reference Model: The Basic Model. X.200 (ITU-T Recommendation), July 1994.

[11] Wolf-Dieter Haaß. *Handbuch der Kommunikationsnetze*. Springer-Verlag GmbH, Heidelberg, Berlin, 1 edition, 1997.

[12] Claudia Eckert. *IT-Sicherheit*. Oldenbourg, München, 6 edition, May 2009.

[13] Günter Schäfer. *Netzsicherheit – Algorithmische Grundlagen und Protokolle*. dpunkt.verlag, Heidelberg, February 2003.

[14] Danny Dolev and Andrew C. Yao. On the security of public key protocols. In *22nd Annual Symposium on Foundations of Computer Science, 1981. SFCS '81. Nashville, Tennessee, USA.*, pages 350–357, October 1981.

[15] Auguste Kerckhoffs. La cryptographie militaire. *Journal des sciences militaires*, 9(1):5–38, 1883.

[16] National Institute of Standards and Technology (NIST). Data Encryption Standard (DES). Federal Information Processing Standards Publication 46-3, October 1999.

[17] National Institute of Standards and Technology (NIST). Advanced Encryption Standard (AES). Federal Information Processing Standards Publication 197, November 2001.

[18] Joan Daemen and Vincent Rijmen. *The design of Rijndael: AES–the Advanced Encryption Standard*. Springer-Verlag GmbH, Heidelberg, 2002.

[19] Ronald Linn Rivest, Adi Shamir, and Leonard Max Adleman. A method for obtaining digital signatures and public-key cryptosystems. *Communications of the ACM*, 21(2):126, 1978.

[20] Jakob Jonsson and Burt Kaliski. Public-Key Cryptography Standards (PKCS) #1: RSA Cryptography Specifications Version 2.1. RFC 3447 (Informational), February 2003.

[21] National Institute of Standards and Technology (NIST). Digital Signature Standard (DSS). Federal Information Processing Standards Publication 186-3, June 2009.

[22] N. Ferguson and B. Schneier. *Practical Cryptography*. Wiley, Hoboken, 2003.

[23] Henk C. A. van Tilborg, editor. *Encyclopedia of Cryptography and Security*, chapter Hash Functions, pages 256–267. Springer-Verlag GmbH, Heidelberg, 2005.

[24] Ronald L. Rivest. The MD5 Message-Digest Algorithm. RFC 1321 (Informational), April 1992.

[25] National Institute of Standards and Technology (NIST). Secure Hash Standard (SHS). Federal Information Processing Standards Publication 180-3, October 2008.

[26] Bundesamt für Sicherheit in der Informationstechnik. Kryptographische Verfahren: Empfehlungen und Schlüssellängen. BSI – Technische Richtlinie TR-02102, June 2008. Bonn, Deutschland.

[27] Mihir Bellare, Ran Canetti, and Hugo Krawczyk. Keying Hash Functions for Message Authentication. In N. Koblitz, editor, *Advances in Cryptology - Crypto 96 Proceedings, Lecture Notes in Computer Science Vol. 1109*, pages 1–15, Santa Barbara, California, USA, 1996. Springer-Verlag GmbH, Heidelberg.

[28] Hugo Krawczyk, Mihir Bellare, and Ran Canetti. HMAC: Keyed-Hashing for Message Authentication. RFC 2104 (Informational), February 1997.

[29] Cheryl Madson and Rob Glenn. The Use of HMAC-MD5-96 within ESP and AH. RFC 2403 (Proposed Standard), November 1998.

[30] Cheryl Madson and Rob Glenn. The Use of HMAC-SHA-1-96 within ESP and AH. RFC 2404 (Proposed Standard), November 1998.

[31] Whitfield Diffie and Martin E. Hellman. New directions in cryptography. *IEEE Transactions on information Theory*, 22(6):644–654, November 1976.

[32] Henk C. A. van Tilborg, editor. *Encyclopedia of Cryptography and Security*, chapter Perfect Forward Secrecy, pages 457–458. Springer-Verlag GmbH, Heidelberg, 2005.

[33] Stephen Kent and Karen Seo. Security Architecture for the Internet Protocol. RFC 4301 (Proposed Standard), December 2005.

[34] Elaine Barker, William Barker, William Burr, William Polk, and Miles Smid. Recommendation for Key Management – Part 1: General (Revised). NIST Special Publication 800-57, March 2007. National Institute for Standards and Technology: Computer Security Division.

[35] National Security Agency: Central Security Service. Fact Sheet NSA Suite B Cryptography. Webseite. Zuletzt abgerufen: 28.08.2011, 21:49. http://www.nsa. gov/ia/programs/suiteb_cryptography/.

[36] Arjen K. Lenstra and Eric R. Verheul. Selecting Cryptographic Key Sizes. *Journal of Cryptology*, 14(4):255–293, 2001.

[37] Arjen K. Lenstra. *The Handbook of Information Security*, volume 2, chapter 114. Wiley, Hoboken, 2005.

[38] Hilarie Orman and Paul Hoffman. Determining Strengths For Public Keys Used For Exchanging Symmetric Keys. RFC 3766 (Best Current Practice), April 2004.

[39] Nigel Smart. ECRYPT2 Yearly Report on Algorithms and Keysizes (2009-2010). Project Deliverable D.SPA.7, Ecrypt II Project, March 2010.

[40] Bundesagentur für Elektrizität, Gas, Telekommunikation, Post und Eisenbahnen. Bekanntmachung zur elektronischen Signatur nach dem Signaturgesetz und der Signaturverordnung (Übersicht über geeignete Algorithmen). Bundesanzeiger, Nr. 85, Seite 2034, June 2011.

[41] Damien Giry. Keylength – Cryptographic Key Length Recommendation. Webseite, May 2011. Zuletzt abgerufen: 28.08.2011, 21:42. http://www.keylength. com.

[42] Jon Postel. Internet Protocol. RFC 791 (Standard), September 1981. Updated by RFC 1349.

[43] Stephen E. Deering and Robert M. Hinden. Internet Protocol, Version 6 (IPv6) Specification. RFC 2460 (Draft Standard), December 1998. Updated by RFC 5095.

[44] Jon Postel. Transmission Control Protocol. RFC 793 (Standard), September 1981. Updated by RFCs 1122, 3168.

[45] Jon Postel. User Datagram Protocol. RFC 768 (Standard), August 1980.

[46] Eddie Kohler, Mark Handley, and Sally Floyd. Datagram Congestion Control Protocol (DCCP). RFC 4340 (Proposed Standard), March 2006.

[47] Randall R. Stewart. Stream Control Transmission Protocol. RFC 4960 (Proposed Standard), September 2007.

[48] Stephen Kent. IP Authentication Header. RFC 4302 (Proposed Standard), December 2005.

[49] Stephen Kent. IP Encapsulating Security Payload (ESP). RFC 4303 (Proposed Standard), December 2005.

[50] A. Shacham, B. Monsour, R. Pereira, and M. Thomas. IP Payload Compression Protocol (IPComp). RFC 3173 (Proposed Standard), September 2001.

[51] Charlie Kaufman. Internet Key Exchange (IKEv2) Protocol. RFC 4306 (Proposed Standard), December 2005. Updated by RFC 5282.

[52] Tim Dierks and Eric Rescorla. The Transport Layer Security (TLS) Protocol Version 1.2. RFC 5246 (Proposed Standard), August 2008.

[53] Andreas Jungmaier, Eric Rescorla, and Michael Tuexen. Transport Layer Security over Stream Control Transmission Protocol. RFC 3436 (Proposed Standard), December 2002.

[54] Eric Rescorla and Nagendra Modadugu. Datagram Transport Layer Security. RFC 4347 (Proposed Standard), April 2006.

[55] Tom Phelan. Datagram Transport Layer Security (DTLS) over the Datagram Congestion Control Protocol (DCCP). RFC 5238 (Proposed Standard), May 2008.

[56] International Organization for Standardization. Information processing systems – Open Systems Interconnection – LOTOS – A formal description technique based on the temporal ordering of observational behaviour. ISO 8807:1989 (Standard), 1987.

[57] Stanislaw Budkowski and Piotr Dembinski. An introduction to Estelle: a specification language for distributed systems. *Computer Networks and ISDN Systems*, 14(1):3–23, 1987.

[58] Telecommunication Standardization Sector Of ITU. Specification and Description Language (SDL). Z.100 (ITU-T Recommendation), August 2002.

[59] David P. Anderson. Automated Protocol Implementation with RTAG. *IEEE Transaction of Software Engineering*, 14(3):291–300, 1988.

[60] Telecommunication Standardization Sector Of ITU. Abstract Syntax Notation One (ASN.1): Specification of basic notation. X.680 (ITU-T Recommendation), July 2002.

[61] David H. Crocker and Paul Overell. Augmented BNF for Syntax Specifications: ABNF. RFC 5234 (Standard), January 2008.

[62] Stéphane Bortzmeyer. Cosmogol: a language to describe finite state machines. Expired IETF Draft, draft-bortzmeyer-language-state-machines-01, November 2006.

[63] Jim Barnett, Rahul Akolkar, RJ Auburn, Michael Bodell, Daniel C. Burnett, Jerry Carter, Scott McGlashan, Torbjörn Lager, Mark Helbing, Rafah Hosn, T.V. Raman, and Klaus Reifenrath. State Chart XML (SCXML): State Machine Notation for Control Abstraction, May 2009.

[64] Object Management Group. Unified Modeling Language. (OMG Available Specification), November 2007.

[65] David Cheriton. VMTP: Versatile Message Transaction Protocol: Protocol specification. RFC 1045 (Experimental), February 1988.

[66] Alfred D. Whaley. The Xpress transfer protocol. In *Proceedings of the 14th Conference on Local Computer Networks*, pages 408–414, October 1989.

[67] Protocol Engines Inc. Xtp protocol definition, revision 3.4. White Paper, July 1989.

[68] Douglas C.Schmidt and Tatsuya Suda. Transport system architecture services for high-performance communications systems. *IEEE Journal on Selected Areas in Communications*, 11(4):489–506, May 1993.

[69] Thomas Plagemann. A Framework for Dynamic Protocol Configuration. *European Transactions on Telecommunications*, 10(3):263–273, 1999.

[70] Martina Zitterbart, Burkhard Stiller, and Ahmed N. Tantawy. A model for flexible high-performance communication subsystems. *IEEE Journal on Selected Areas in Communications*, 11(4):507–518, May 1993.

[71] Norman C. Hutchinson and Larry L. Peterson. The x-Kernel: An Architecture for Implementing Network Protocols. *IEEE Transactions on Software Engineering*, 17(1):64–76, 1991.

[72] Robert Morris, Eddie Kohler, John Jannotti, and M. Frans Kaashoek. The Click modular router. *SIGOPS Operating Systems Review*, 33(5):217–231, 1999.

[73] Archie Cobbs. All about netgraph. *Daemon News, March*, 2000.

[74] Joseph D. Touch and Venkata K. Pingali. The RNA Metaprotocol. In *Proceedings of the 17th International Conference on Computer Communications and Networks (ICCCN '08)*, pages 1–6, St. Thomas, U.S. Virgin Islands, August 2008.

[75] Yu-Shun Wang, Joseph D. Touch, and John A. Silvester. A Unified Model for End Point Resolution and Domain Conversion for Multi-Hop, Multi-Layer Communication. Technical Report ISI-TR-590, USC/ISI, June 2004.

[76] Joseph D. Touch, Yu-Shun Wang, and Venkata Pingali. A Recursive Network Architecture. Technical report, ISI, October 2006. ISI-TR-2006-626.

[77] Rudra Dutta, George N. Rouskas, Ilia Baldine, Arnold Bragg, and Dan Stevenson. The SILO Architecture for Services Integration, controL, and Optimization for the Future Internet. In G. N. Rouskas, editor, *Proc. IEEE International Conference on Communications ICC '07*, pages 1899–1904, Glasgow, Scotland, 2007.

[78] Manoj Vellala, Anjing Wang, George N. Rouskas, Rudra Dutta, Ilia Baldine, and Dan Stevenson. A Composition Algorithm for the SILO Cross-Layer Optimization Service Architecture. In *Proceedings of the Advanced Networks and Telecommunications Systems Conference (ANTS 2007)*, Mumbai, India, December 2007.

[79] Manoj Vellala, Anjing Wang, George N. Rouskas, Rudra Dutta, Ilia Baldine, and Dan Stevenson. A unified software architecture to enable cross-layer design in the future internet. In *Proceedings of 16th International Conference on Computer Communications and Networks (ICCCN 2007)*, pages 26–32, Honolulu, Hawaii, USA, August 2007.

[80] Manolis Sifalakis, Andreas Louca, Lorenzo Peluso, Andreas Mauthe, and Tanja Zseby. A Functional Composition Framework for Autonomic Network Architectures. In *Proceedings of the IEEE Network Operations and Management Symposium Workshops (NOMS Workshops 2008)*, pages 328–334, Salvador da Bahia, Brazil, April 2008.

[81] Ariane Keller, Theus Hossmann, Martin May, Ghazi Bouabene, Christophe Jelger, and Christian Tschudin. A System Architecture for Evolving Protocol Stacks. In *17th International Conference on Computer Communications and Networks (ICCCN)*, August 2008.

[82] Stefan Götz, Christian Beckel, Tobias Heer, and Klaus Wehrle. ADAPT: A Semantics-oriented Protocol Architecture. In Karin Anna Hummel and James

P. G. Sterbenz, editors, *Proceedings of the Third International Workshop on Self-Organizing Systems IWSOS*, volume 5343/2008 of *Lecture Notes in Computer Science, LNCS*, pages 287–292. Springer-Verlag GmbH, Heidelberg, 2008.

[83] Stefan Götz, Tobias Heer, and Klaus Wehrle. Protocol Orchestration: A Semantic Approach to Communication Stacks. In *Proceedings of the Fourth ACM International Workshop on Mobility in the Evolving Internet Architecture (ACM MobiArch '09)*, Krakow, Poland, 2009. ACM Sigcomm/Sigmobile.

[84] Thomas Kuhn, Reinhard Gotzhein, and Christian Webel. Model-Driven Development with SDL – Process, Tools, and Experiences. *Model Driven Engineering Languages and Systems*, 4199/2006:83–97, November 2006.

[85] Sami Beydeda, Matthias Book, and Volker Gruhn. *Model-driven software development*. Springer-Verlag GmbH, Heidelberg, 2005.

[86] Helmut Laux. *Entscheidungstheorie*. Springer-Verlag GmbH, Heidelberg, 7 edition, February 2007. 484 pp.

[87] Christof Zangemeister. *Nutzwertanalyse in der Systemtechnik: Eine Methodik zur multidimensionalen Bewertung und Auswahl von Projektalternativen*. Wittemann, München, 4 edition, 1970.

[88] Thomas L. Saaty. *The analytical hierarchy process*. McGraw-Hill, New York, N.Y., 1980.

[89] Günter Bamberg, Adolf G. Coenenberg, and Michael Krapp. *Betriebswirtschaftliche Entscheidungslehre*. Vahlen, München, 14 edition, March 2008.

[90] Simon French. *Decision Theory: an Introduction to the Mathematics of Rationality*. Ellis Horwood, Ltd, 1986.

[91] Ching-Lai Hwang and K. Paul Yoon. *Multiple attribute decision making: methods and applications: a state-of-the-art survey*. Springer-Verlag GmbH, Heidelberg, Heidelberg, 1981.

[92] Bernard Roy. The outranking approach and the foundations of ELECTRE methods. *Theory and Decision*, 31(1):49–73, 1991.

[93] Bryan D. Payne and W. Keith Edwards. A Brief Introduction to Usable Security. *IEEE Internet Computing*, 12(3):13–21, Mai/Juni 2008.

[94] Steve Sheng, Levi Broderick, Colleen Alison Koranda, and Jeremy J. Hyland. Why Johnny Still Can't Encrypt: Evaluating the Usability of Email Encryption

Software. In *Proceedings of the 2nd symposium on usable privacy and security*, 2006. Poster.

[95] Laura Falk, Atul Prakash, and Kevin Borders. Analyzing websites for user-visible security design flaws. In *Proceedings of the 4th symposium on usable privacy and security*, pages 117–126, Pittsburgh, Pennsylvania, USA, 2008. ACM, New York.

[96] Guy Almes, Sunil Kalidindi, and Matthew J. Zekauskas. A One-way Delay Metric for IPPM. RFC 2679 (Proposed Standard), September 1999.

[97] Guy Almes, Sunil Kalidindi, and Matthew J. Zekauskas. A Round-trip Delay Metric for IPPM. RFC 2681 (Proposed Standard), September 1999.

[98] Telecommunication Standardization Sector of Internation Telecommunication Union. Y.1540 – Internet Protocol data communication service – IP packet transfer and availability performance parameters. Standard, November 2007. (Vorläufig).

[99] Carlo Demichelis and Philip Chimento. IP Packet Delay Variation Metric for IP Performance Metrics (IPPM). RFC 3393 (Proposed Standard), November 2002.

[100] Al Morton and Benoit Claise. Packet Delay Variation Applicability Statement. RFC 5481 (Informational), March 2009.

[101] Phil Chimento and Joseph Ishac. Defining Network Capacity. RFC 5136 (Informational), February 2008.

[102] Telecommunication Standardization Sector of Internation Telecommunication Union. Y.1541 – Network performance objectives for IP-based services. Standard, February 2006.

[103] Guy Almes, Sunil Kalidindi, and Matthew J. Zekauskas. A One-way Packet Loss Metric for IPPM. RFC 2680 (Proposed Standard), September 1999.

[104] Rajeev Koodli and Rayadurgam Ravikanth. One-way Loss Pattern Sample Metrics. RFC 3357 (Informational), August 2002.

[105] Henk Uijterwaal. A One-Way Packet Duplication Metric. RFC 5560 (Proposed Standard), May 2009.

[106] Internet Assigned Numbers Authority (IANA). IPPM Metrics Registry. Webseite, February 2011. Zuletzt abgerufen: 28.08.2011, 21:43. http://www.iana.org/assignments/ianaippmmetricsregistry-mib.

[107] Al Morton, Len Ciavattone, Gomathi Ramachandran, Stanislav Shalunov, and Jerry Perser. Packet Reordering Metrics. RFC 4737 (Proposed Standard), November 2006.

[108] Frank Bellosa, Simon Kellner, Martin Waitz, and Andreas Weissel. Event-Driven Energy Accounting for Dynamic Thermal Management. In *Proceedings of the Workshop on Compilers and Operating Systems for Low Power (COLP'03)*, pages 1–10, New Orleans, Louisiana, USA, September 2003.

[109] Nachiketh R. Potlapally, Srivaths Ravi, Anand Raghunathan, and Niraj K. Jha. A study of the energy consumption characteristics of cryptographic algorithms and security protocols. *Mobile Computing, IEEE Transactions on*, 5(2):128–143, February 2006.

[110] Lars Völker and Marcus Schöller. SecureTLS: Preventing DoS Attacks with Lower Layer Authentication. In T. Braun, G. Carle, and B. Stiller, editors, *Kommunikation in Verteilten Systemen (KiVS) 2007*, pages 235–248, Bern, Schweiz, February 2007. Springer-Verlag GmbH, Heidelberg.

[111] Lars Völker, Marcus Schöller, and Martina Zitterbart. Introducing QoS mechanisms into the IPsec packet processing. In *Proceedings of the 32nd IEEE Conference on Local Computer Networks (LCN 2007)*, pages 360–367, Dublin, Irland, October 2007. IEEE.

[112] Lars Völker, Christoph Werle, and Martina Zitterbart. Decision Process for Automated Selection of Security Protocols. In *Proceedings of the 33nd IEEE Conference on Local Computer Networks (LCN 2008)*, pages 223–229, Montreal, Quebec, Kanada, October 2008. IEEE.

[113] Telecommunication Standardization Sector Of ITU. Pulse Code Modulation (PCM) of Voice Frequencies. G.711 (ITU-T Recommendation), November 1988.

[114] Henning Schulzrinne and Stephen L. Casner. RTP Profile for Audio and Video Conferences with Minimal Control. RFC 3551 (Standard), July 2003.

[115] Tatu Ylonen and Chris Lonvick. The Secure Shell (SSH) Protocol Architecture. RFC 4251 (Proposed Standard), January 2006.

[116] Jon Postel and Joyce K. Reynolds. Telnet Protocol Specification. RFC 854 (Standard), May 1983. Updated by RFC 5198.

[117] Telecommunication Standardization Sector Of ITU. Analysis and interpretation of INMD voice-service measurements. P.562 (ITU-T Recommendation), May 2004.

[118] Liangzhao Zeng, Boualem Benatallah, Marlon Dumas, Jayant Kalagnanam, and Quan Z. Sheng. Quality Driven Web Services Composition. In *Proceedings of the 12th International Conference on World Wide Web (WWW 2003)*, pages 411–421, Budapest, Ungarn, May 2003. ACM, New York.

[119] Yutu Liu, Anne H.H. Ngu, and Liangzhao Zeng. QoS Computation and Policing in Dynamic Web Service Selection. In *Proceedings of the 13th international World Wide Web conference (WWW2004)*, pages 66–73, New York, New York, USA, May 2004. ACM, New York.

[120] Daniel A. Menasce and Vinod Dubey. Utility-based QoS Brokering in Service Oriented Architectures. In *Proceedings of the International Conference on Web Services (ICWS 2007)*. IEEE Computer Society, 2007.

[121] E. Michael Maximilien and Munindar P. Singh. A Framework and Ontology for Dynamic Web Services Selection. *IEEE Internet Computing*, pages 84–93, September/Oktober 2004.

[122] Tao Yu and Kwei-Jay Lin. Service Selection Algorithms for Composing Complex Services with Multiple QoS Constraints. *Lecture Notes in Computer Science (LNCS)*, 3826:130, 2005.

[123] Tao Yu and Kwei-Jay Lin. Service selection algorithms for Web services with end-to-end QoS constraints. *Information Systems and E-Business Management*, 3(2):103–126, 2005.

[124] Mohamed N. Bennani and Daniel A. Menasce. Resource Allocation for Autonomic Data Centers using Analytic Performance Models. In *Proceedings of the Second International Conference on Automatic Computing (ICAC'05)*, pages 229–240, Seattle, Washington, USA, 2005.

[125] William E. Walsh, Gerald Tesauro, Jeffrey O. Kephart, and Rajarshi Das. Utility Functions in Autonomic Systems. In *Proceedings of the International Conference on Autonomic Computing (ICAC'04)*, pages 70–77, New York, New York, USA, 2004.

[126] Jeffrey O. Kephart and Rajarshi Das. Achieving Self-Management via Utility Functions. *IEEE Internet Computing*, pages 40–48, 2007.

[127] Qingyang Song and Abbas Jamalipour. Network Selection in an Integrated Wireless LAN and UMTS Environment Using Mathematical Modeling and Computing Techniques. *IEEE Wireless Communications*, pages 42–48, June 2005.

[128] Bernd Reuther and Dirk Henrici. A Model for Service-Oriented Communication Systems. *Journal of Systems Architecture: the EUROMICRO Journal*, 54(6): 594–606, June 2008.

[129] Christoph Werle. Dynamische Selektion von Sicherheitsverfahren: Modellierung, Bewertung und Entscheidungsfindung. Diplomarbeit, Universität Karlsruhe (TH), Institut für Telematik, Karlsruhe, March 2008.

[130] Hendrik Sattler. Applikationsspezifische Kontrolle verbindungsbezogener Sicherheit. Diplomarbeit, Universität Karlsruhe (TH), Institut für Telematik, Karlsruhe, November 2006.

[131] Lars Völker, Christoph Werle, Marcel Noe, and Benjamin Behringer. Auto-Configuration for Communication Security. Demonstrator, March 2009. Kommunikation in verteilten Systemen (KiVS 2009), Kassel.

[132] Dug Song. dsniff. Webseite, May 2002. Zuletzt abgerufen: 28.08.2011, 21:40. http://monkey.org/~dugsong/dsniff/.

[133] Paul Hoffman. SMTP Service Extension for Secure SMTP over Transport Layer Security. RFC 3207 (Proposed Standard), February 2002.

[134] Daniel L. McDonald, Craig Metz, and Bao G. Phan. PF_KEY Key Management API, Version 2. RFC 2367 (Informational), July 1998.

[135] Nicolas Williams and Michael C. Richardson. Better-Than-Nothing Security: An Unauthenticated Mode of IPsec. RFC 5386 (Proposed Standard), November 2008.

[136] Joe Touch, David L. Black, and Yu-Shun Wang. Problem and Applicability Statement for Better-Than-Nothing Security (BTNS). RFC 5387 (Informational), November 2008.

[137] Roy Arends, Rob Austein, Matt Larson, Dan Massey, and Scott Rose. DNS Security Introduction and Requirements. RFC 4033 (Proposed Standard), March 2005.

[138] Michael C. Richardson. A Method for Storing IPsec Keying Material in DNS. RFC 4025 (Proposed Standard), March 2005.

[139] Vijay Bollapragada, Mohamed Khalid, and Scott Wainner. *IPSec VPN Design*, chapter Extended Authentication (XAUTH) and Mode Configuration (MODE-CFG). Cisco Press, 2005.

[140] Chris Newman. Using TLS with IMAP, POP3 and ACAP. RFC 2595 (Proposed Standard), June 1999. Updated by RFC 4616.

[141] Rohit Khare and Scott Lawrence. Upgrading to TLS Within HTTP/1.1. RFC 2817 (Proposed Standard), May 2000.

[142] P. Saint-Andre. Extensible Messaging and Presence Protocol (XMPP): Core. RFC 3920 (Proposed Standard), October 2004.

[143] John C. Klensin. Simple Mail Transfer Protocol. RFC 5321 (Draft Standard), October 2008.

[144] Roy T. Fielding, James Gettys, Jeffrey C. Mogul, Henrik Frystyk Nielsen, Larry Masinter, Paul J. Leach, and Tim Berners-Lee. Hypertext Transfer Protocol – HTTP/1.1. RFC 2616 (Draft Standard), June 1999. Updated by RFC 2817.

[145] Eric Rescorla. HTTP Over TLS. RFC 2818 (Informational), May 2000.

[146] Simon Blake-Wilson, Magnus Nystrom, David Hopwood, Jan Mikkelsen, and Tim Wright. Transport Layer Security (TLS) Extensions. RFC 4366 (Proposed Standard), April 2006. Obsoleted by RFC 5246.

[147] Apache HTTP Server Project. Complete ChangeLog for 2.2. Webseite, October 2009. Zuletzt abgerufen: 28.08.2011, 21:39. http://www.apache.org/dist/httpd/CHANGES_2.2.

[148] Eric Rescorla. The Internet is Too Secure Already. Invited Talk, August 2003. 12th USENIX Security Symposium, Washington, District of Columbia, USA.

[149] Vladimir I. Levenshtein. Binary codes capable of correcting spurious insertions and deletions of ones. *Problems of Information Transmission*, 1(1):8–17, 1965.

[150] John W. Ratcliff and David E. Metzener. Pattern Matching: The Gestalt Approach. *Dr. Dobb's Journal*, 13(7):46–51, July 1988. http://www.ddj.com/184407970?pgno=5.

[151] Lars Völker, Marcel Noe, Oliver P. Waldhorst, Christoph Werle, and Christoph Sorge. Can Internet users protect themselves? Challenges and Techniques of Automated Protection of HTTP Communication. *Elsevier Computer Communications*, 34(3):457–467, March 2011.

[152] Jakob Nielsen. *Usability Engineering*. Morgan Kaufmann, Boston, Massachusetts, USA, November 1994. ISBN 0-12-518406-9. Zuletzt abgerufen 28.08.2011, 21:52. Ausschnitt, http://www.useit.com/papers/responsetime.html.

[153] Michael Weber. Signalisierung und Visualisierung transparent genutzter Sicherheitsmechanismen. Studienarbeit, Universität Karlsruhe (TH), Institut für Telematik, Karlsruhe, September 2009.

[154] Jan-Hendrik Spieth. Firefox-Extension für benutzerfreundlich-automatisiertes HTTPS. Studienarbeit, Universität Karlsruhe (TH), Institut für Telematik, Karlsruhe, August 2008.

[155] Marcel Noe. Entwurf und Implementierung eines Systems zur proaktiven Erkennung von Sicherheitsverfahren. Studienarbeit, Universität Karlsruhe (TH), Institut für Telematik, Karlsruhe, June 2008.

[156] Andreas Klenk, Marcus Masekowsky, Heiko Niedermayer, and Georg Carle. ESAF – an Extensible Security Adaptation Framework. In *10th Nordic Workshop on Secure IT-systems, Tartu, Estonia*, October 2005.

[157] Andreas Klenk, Heiko Niedermayer, Marcus Masekowsky, and Georg Carle. An Architecture for Autonomic Security Adaptation. *Journal Annals of the Telecommunications*, 61(9/10):1066ff, November 2006.

[158] Nicolas Williams. IPsec Channels: Connection Latching. RFC 5660 (Proposed Standard), October 2009.

[159] Electronic Frontier Foundation (EFF). HTTPS-Everywhere. Webseite, 2010. Zuletzt abgerufen: 28.08.2011, 21:41. https://www.eff.org/https-everywhere.

[160] Jeff Hodges, Collin Jackson, and Adam Barth. HTTP Strict Transport Security (HSTS). Internet Draft, July 2010. draft-hodges-strict-transport-sec-02.

[161] Jake Edge. TLS renegotiation vulnerability. Webseite, November 2009. Zuletzt abgerufen: 28.08.2011, 21:41. http://lwn.net/Articles/362234/.

[162] Larry Peterson, Tom Anderson, David Culler, and Timothy Roscoe. A blueprint for introducing disruptive technology into the Internet. *SIGCOMM Computer Communication Review*, 33(1):59–64, 2003.

[163] Andy Bavier, Nick Feamster, Mark Huang, Larry Peterson, and Jennifer Rexford. In VINI veritas: realistic and controlled network experimentation. In *SIGCOMM '06: Proceedings of the 2006 conference on Applications, technologies, architectures, and protocols for computer communications.*, pages 3–14, Pisa, Italien, 2006. ACM, New York. ISBN 1-59593-308-5.

[164] Phuoc Tran-Gia, Anja Feldmann, Ralf Steinmetz, Jörg Eberspächer, Martina Zitterbart, Paul Müller, and Hans Schotten. G-Lab Phase 1 – Studien und Experimentalplattform für das Internet der Zukunft, 1 2009.

[165] N.M. Mosharaf Kabir Chowdhury and Raouf Boutaba. A Survey of Network Virtualization. Technical Report CS-2008-25, David R. Cheriton School of Computer Science, University of Waterloo, Waterloo, Ontario, Canada, October 2008.

[166] Lars Völker, Denis Martin, Ibtissam El Khayat, Christoph Werle, and Martina Zitterbart. An Architecture for Concurrent Future Networks. In *2nd GI/ITG KuVS Workshop on The Future Internet*, Karlsruhe, November 2008. GI/ITG Kommunikation und Verteilte Systeme.

[167] Lars Völker, Denis Martin, Ibtissam El Khayat, Christoph Werle, and Martina Zitterbart. A Node Architecture for 1000 Future Networks. In *Proceedings of the International Workshop on the Network of the Future 2009*, Dresden, June 2009. IEEE.

[168] Christoph Werle, Lars Völker, and Roland Bless. Attachment of End Users to Virtual Networks. In *4th GI/ITG KuVS Workshop on The Future Internet*, Zürich, November 2009.

[169] Denis Martin, Helge Backhaus, Lars Völker, Hans Wippel, Peter Baumung, Benjamin Behringer, and Martina Zitterbart. Designing and Running Concurrent Future Networks. Demonstrator, October 2009. The 34th IEEE Conference on Local Computer Networks (LCN 2009), Zürich, Schweiz.

[170] Karlsruher Institut für Technologie Institut für Telematik. Node Architecture Website. Webseite, 2009. Zuletzt abgerufen: 28.08.2011, 21:42. https://i72projekte.tm.uni-karlsruhe.de/trac/nodearch.

[171] Daniel Stevenson, Rudra Dutta, George Rouskas, Douglas Reeves, and Ilia Baldine. On the Suitability of Composable Services for the Assurable Future Internet. Technical report, RTI and NCSU, 2007.

[172] Rahamatullah Khondoker, Bernd Reuther, Dennis Schwerdel, Abbas Siddiqui, and Paul Müller. Describing and selecting communication services in a service oriented network architecture. In *Proceedings of the ITU-T Kaleidoscope event: Beyond the Internet? – Innovations for Future Networks and Services*, Pune, India, December 2010.

[173] Timo Rohrberg. Werkzeug zur eigenschaftsorientierten Protokollkomposition. Studienarbeit, Universität Karlsruhe (TH), Institut für Telematik, Karlsruhe, June 2009.

[174] Lars Völker, Denis Martin, Timo Rohrberg, Helge Backhaus, Peter Baumung, Hans Wippel, and Martina Zitterbart. Design Process and Development Tools for Concurrent Future Networks. In *3rd GI/ITG KuVS Workshop on The Future Internet*, München, May 2009. GI/ITG Kommunikation und Verteilte Systeme.

[175] Denis Martin, Lars Völker, and Martina Zitterbart. A flexible framework for future Internet design, assessment, and operation. *Elsevier Computer Networks*, 2011. (Zur Veröffentlichung akzeptiert im Dezember 2010. Vorab online verfügbar).

[176] Lars Völker, Denis Martin, Christoph Werle, Martina Zitterbart, and Ibtissam El Khayat. Selecting Concurrent Network Architectures at Runtime. In *Proceedings of the IEEE International Conference on Communications (ICC 2009)*, Dresden, June 2009. IEEE Computer Society.

[177] Satyajit Grover, Xiaozhu Kang, Michael Kounavis, and Frank Berry. https://everywhere! ENCRYPTING THE INTERNET. *Intel Technology Journal*, 13(2):66–79, 2009.

[178] Evan Roseman. Search more securely with encrypted Google web search. The official Google Blog, May 2010. Zuletzt abgerufen: 28.08.2011, 21:44. http://googleblog.blogspot.com/2010/05/search-more-securely-with-encrypted.html.